项目资助

本书受鲁东大学"声速输入法"基金语言文字研究课题资助（SSCB202308）

坚守与创新

大学教学管理组织变革研究

刘若谷 ◎ 著

中国社会科学出版社

图书在版编目（CIP）数据

坚守与创新：大学教学管理组织变革研究 / 刘若谷著. -- 北京：中国社会科学出版社，2024. 11

ISBN 978 – 7 – 5227 – 3643 – 3

Ⅰ. ①坚… Ⅱ. ①刘… Ⅲ. ①高等学校 – 教学管理 – 研究 Ⅳ. ①G647.3

中国国家版本馆 CIP 数据核字（2024）第 110709 号

出 版 人	赵剑英
责任编辑	赵　丽
责任校对	夏慧萍
责任印制	郝美娜

出　　版	中国社会科学出版社
社　　址	北京鼓楼西大街甲 158 号
邮　　编	100720
网　　址	http://www.csspw.cn
发 行 部	010 – 84083685
门 市 部	010 – 84029450
经　　销	新华书店及其他书店
印　　刷	北京明恒达印务有限公司
装　　订	廊坊市广阳区广增装订厂
版　　次	2024 年 11 月第 1 版
印　　次	2024 年 11 月第 1 次印刷

开　　本	710×1000　1/16
印　　张	16
字　　数	254 千字
定　　价	88.00 元

凡购买中国社会科学出版社图书，如有质量问题请与本社营销中心联系调换
电话：010 – 84083683
版权所有　侵权必究

目 录

绪 论 …………………………………………………………………（1）

第一章 组织变革与大学教学管理 ……………………………………（21）
 第一节 组织变革的内涵 ……………………………………………（21）
 第二节 组织变革的相关理论 ………………………………………（29）
 第三节 组织变革相关理论的启示 …………………………………（38）
 第四节 大学教学管理组织变革及其关注的基本问题 ……………（47）

第二章 中国大学教学管理组织变革的历史检视 ……………………（59）
 第一节 清末大学堂及其教学管理组织 ……………………………（59）
 第二节 民国时期大学教学管理组织变革 …………………………（68）
 第三节 南京国民政府时期大学教学管理组织变革 ………………（80）
 第四节 中华人民共和国成立后至改革开放时期大学教学
    管理组织变革 ………………………………………………（93）

第三章 中国大学教学管理组织变革现状剖析 ………………………（107）
 第一节 中国大学教学管理组织变革的背景与动因 ………………（107）
 第二节 中国大学教学管理组织变革的主要成就 …………………（121）
 第三节 中国大学教学管理组织变革存在的主要问题 ……………（136）

第四章 走向教学治理的组织变革目标、原则与认识路径 …………（150）
 第一节 大学教学由管理走向治理的组织变革目标 ………………（151）
 第二节 大学教学由管理走向治理的组织变革原则 ………………（171）

第三节　大学教学由管理走向治理组织变革的认识路径 ………（179）

第五章　新时代中国大学教学治理组织变革的分类探讨 …………（191）
　　第一节　研究型大学本科教学治理组织的变革与重构 …………（191）
　　第二节　应用研究型大学本科教学治理组织的变革与重构 ……（209）
　　第三节　应用型大学本科教学治理组织的变革与重构 …………（225）

结　语 ……………………………………………………………………（246）

参考文献 …………………………………………………………………（248）

绪　　论

变与不变，是人们在时间的推移中，对社会、人生、事物的一种最基本的阅读与感知。谈到变，我们会想到古希腊"人不能两次踏入同一条河流"的哲理箴言，会想到古代中国"生生不息为之易"的哲学命题；说到不变，我们会联想到北宋苏轼"逝者如斯，而未尝往也；盈虚者如彼，而卒莫消长也"的变化中不变的永恒。我们在变与不变的时间过程中，立足当下，回望历史，面向未来，表达着价值选择、价值坚守与价值追求。变是变革，是创新，是发展，是革旧图新面向未来的追求；不变的是使命与精神，是初心与品格，是理想与操守，是苏世独立，横而不流的卓然姿态。

变与不变，为我们提供了对中国大学教学管理组织变革及其现代化演进的历史与现实进行反思与观照的视角；坚守与创新，则构成了对中国大学教学管理组织变革及其现代化演进研究的逻辑起点与思维导向。新时代所倡导的以多元主体参与共同治理为特征的教学治理，是教学管理现代化的重要表现。大学教学治理在本质上是一种组织行为，其现实的载体是治理组织。因此，大学的教学治理改革，不应游离于教学治理组织变革。大学教学治理组织变革的逻辑起点是治理行为的合目的性，其目标是充分发挥治理组织的整体功能，提高教学治理的效益，保障人才培养的质量。大学教学治理组织变革的合规律性，表现在无论是变革的类型、途径和方式的选择，还是调整、改革和创新教学治理组织结构等，都必须遵循不同类型大学作为特定学术组织存在和运行的规律性。我们应当认识到在治理这个概念进入高等教育领域前，中国大学一直依照教学管理理论运作。研究中国大学教学治理，是不能抛弃120多年的教学管理历史而进行空中楼阁式的研究。本书以组织变革的相关理论为基础，立足于中国大学教学管理组织变革的历史与现实，通过对中国大学教学管理组织的历史检视与现状分析，对中国大学教学从管理走向治理的组织变革问题进行全面、系统的研究，探讨新时代中国研究型大学、应用研究型大学、应用型大学本科教学治理组织的变革与重构，为新时代中国大学进行合目的性与合规律性的本科教学治理组织变革与重构提供理论借鉴与实践参考。

一　研究背景

大学是一个功能独特、富有生命活力的文化共同体。在漫长的历史发展进程中，大学为适应社会发展的需要从未停止过改革创新的生命律动，在不断丰富、完善、调适与矫正中，坚守着大学的精神、使命与初心。

1988年欧洲430所大学校长参加了意大利博洛尼亚大学创建900周年的校庆，参加庆典的大学共同签署了《欧洲大学宪章》，并一致确认博洛尼亚大学为"欧洲大学之母"。如果从1088年博洛尼亚大学创建算起，大学已经走过了近千年的漫长历程。"人事有代谢，往来成古今"，兴亡更替，适者生存，构成了历史的演进逻辑。根据有关统计，从1530年以来，西方世界存活下来的机构只有85个，这其中有70个是大学。到目前全球共有各类大学3万多所，在校大学生超过了1.7亿人。由此可见，大学的旺盛生命力，历久弥新。在长期的历史发展过程中，大学的功能与性质、标准与规模、学科与专业、组织与结构、管理与手段等都发生了很大的变化，"大学从社会边缘走向了社会的中心，从精英教育走向了大众教育，从学术共同体话语走向了世界尺度，从分科发展走向了综合交叉，从大学自治走向了多元治理，从技术辅助走向了互联网的深度融合"①。在大学的发展变化中，适应社会需要培养人才的使命担当，对真、善、美的执着追求，对学术发展的创新引领，都始终如一。大学已经成为当代社会文化进步的象征、科技发展的引擎、国家富强的根基，正如

---

① 袁振国：《培养人才始终是大学的第一使命——大学变革的历史轨迹与启示之一》，《中国高等教育》，2016年第Z2期。

纽曼·布鲁克在《高等教育哲学》一书中所反复赞美的：大学是"现代社会的思想库"，"是一座人类精神的殿堂"，是"真、善、美的保护人"。

在现实社会中，人们对大学寄予了很多的理想与要求、很高的期待与标准、很美的愿望与境界：大学是"知识之城""文化之城""智慧之城"；大学是"自由的乐园""新民的摇篮""社会的灯塔"；大学是"创新的活水""知识的源泉""文化的酵母"；大学是"真理的福地""道德的高地""良心的堡垒"；大学是"动力站""聚宝盆""轴心机构"……这种种美誉是激励与鞭策，时时激励和鞭策着大学人不忘初心、牢记使命、发展创新，为人类社会进步和经济发展提供不竭的动力。但是，大学在历史的发展过程中，不可避免地会出现种种问题，而出现问题的原因则往往是在不同程度上淡漠了大学的初心、忽略了大学的根本、偏离了大学的使命，而每一次的修复与矫正，都离不开坚守与创新、回归与变革。

20 世纪 80 年代以来，美国大学本科教育质量下降，学校偏离教学中心，教师不重视教学，无暇关注学生，教师很少关心学生"学了多少东西"，也很少深入大学课堂去了解学生到底"学会了什么"。[①] 美国大学本科的这种教育现状，引起了人们的广泛关注和讨论。《走向封闭的美国精神》《濒临毁灭的大学》《道德沦丧的大学》《圣殿里的骗子》《扼杀大学的灵魂》等一系列针砭大学教育的著作先后出版。在美国社会对高等教育质量提出批评的浪潮中，曾任纽约州立大学校长、联邦教育署长、卡内基教学促进会主席的欧内斯特·L. 博耶开风气之先，提出了"教学学术"的重要命题，倡导大学要全力"为学生的成长和发展服务"。世纪之交，针对美国研究型大学偏离大学的核心使命，导致本科教育边缘化的实际，以博耶为名的一个委员会强力发出"重构研究型大学本科教育"的呼吁。哈佛学院原院长哈瑞·刘易斯教授直言不讳地批评以哈佛、斯坦福为代表的研究型大学的本科教育是"失去灵魂的卓越"。哈佛大学原校长德雷克·博克出版了 *Our Underachieving Colleges：A Candid Look at*

---

① ［美］德雷克·博克：《回归大学之道：对美国大学本科教育的反思与展望》，侯定凯、梁爽、陈琼琼译，华东师范大学出版社 2012 年版，第 9 页。

How Much Students Learn and Why Should Be Learning More 一书，译者出于中文表达的方便，将书名译为《回归大学之道：对美国大学本科教育的反思与展望》，直译应该是"我们那些成绩不佳的本科高校：对学生学了多少以及为什么他们应该学得更多的坦率考察"，书中论述了大学本科教育的根本使命与教育目标，发出"回归大学之道"的强烈呼唤。教育界权威人士的大声疾呼与激烈批评，唤起了美国大学的反思。通过回归与"重构"行动，将学生投身学习的经历、体验、效果、成长，作为教育评价和质量控制的核心观点与重要维度，从而重塑了美国大学本科教育教学的卓越。

中国是高等教育的"后发国家"，如果以 1898 年创办的京师大学堂为标志，现代意义上的大学至今也只有 130 余年的历史。中国的大学是在模仿、借鉴、学习、改造的过程中，不断探索前行。在恢复高考后的 40 余年中，中国的高等教育在观念、功能、规模、结构、模式等方面都发生了很大的变化。特别是在 20 世纪末，为满足国家经济社会发展的需求和莘莘学子求知求学的渴望，国家加大经费投入，扩大办学规模，加快高等教育的发展。1978 年高等教育在学总规模为 228 万人，毛入学率仅为 2.7%。1999 年开始实施连续数年高校大扩招，至 2002 年高等教育的在学总规模达到 1462.52 万人，毛入学率达到 15.3%，标志中国高等教育由精英教育进入大众教育阶段。到 2019 全国各类高等教育在学总规模已达 4002 万人，高等教育毛入学率 51.6%，全国共有普通高等学校 2688 所（含独立学院 257 所），其中，本科院校 1265 所。普通高等学校校均规模 11260 人，其中本科院校 15179 人。跨越式发展，使中国步入了高等教育大国之列，开始了高等教育的普及化。为了使教育大国尽快成为教育强国，国家先后启动了"985 工程""211 工程"等建设项目，加大了国家财政与相关政策的支持力度，加快推进中国创建世界一流大学的进程。2015 年，国家又启动了"世界一流大学和一流学科建设"的"双一流"战略目标规划，确定了首批国家双一流大学名单共计 137 所，其中世界一流大学建设高校 42 所（A 类 36 所，B 类 6 所），世界一流学科建设高校 95 所。通过这一系列推动高等教育规模和质量发展的重大举措，使中国的高等教育迅速发展，取得了令世人瞩目的成就。改革开放四十多年来，高等教育毛入学率从 2.7% 提升到 51.6%，达到或超过了中高收入国家的水平，为社会主义现代化建设提供了有力的人才保障。"211工程""985工程""2011计划""'双一流'建设"等重大项目的实施，推动了中国高校在全球的位次整体大幅前移，进入世界排名前列的数量显著增加，高等教育的国际影响力不断提升。

当前，中国高等教育正处于内涵发展、质量提升、改革攻坚的关键时期和全面提高人才培养能力，形成高水平人才培养体系，建设高等教育强国的关键阶段。但随着高等教育由大众化向普及化的推进，我们所面临的问题也毋庸回避：高校的领导精力、教师精力、学生精力、资源投入仍不到位，教育理念仍相对滞后，评价标准和政策机制导向不够聚焦的问题依旧突出；大学教师的职称晋升与绩效考核的显性竞争，高等学校"向上漂移"的发展渴求，重科研轻教学的现象依然存在；中国大学课堂的挑战性与美国等高校相比还有明显差距，内容陈旧、轻松易过的"水课"不在少数，学业考核不严，师生之间、校生之间的惰性默契、"安逸同谋"现象不同程度地存在。"玩命的中学，轻松的大学"，大学生刻苦读书、积极学习的状况依然堪忧。这一现象不能不令人对高校的管理、教学、质量、标准等产生疑问。面对高等教育的现状，"使命错位""导向偏颇""教学边缘""重科研轻教学""人才培养质量下降""大学生应用能力差"等种种质疑与批评仍是不绝于耳。尽管这种种言论难免有所偏激，但其包含的警示性意义却不能不引起人们的警醒与反思。"大学确实到了需要追问的时候，我们在行进的途中是否忘记了根本的使命？是否丢失了我们珍贵的东西？是否一时找不到适合的方向？要找到这些问题的答案，就需要回归与守望。回归与守望既是一种蕴含思想与方法的理论，也是一种现实的实践，既要回归到科学发展的轨道上来，又要回到大学的本体；既要守住大学的家园，又要眺望大学的未来。"①

进入新时代以来，高等教育综合改革全面推进，高等学校办学聚焦人才培养。2018年6月，教育部在四川大学召开了"新时代全国高等学校本科教育工作会议"，会议明确提出了高校要全面坚持以本为本，要以学生为中心办教育，以学生的学习结果为中心评价教育，以学生学到了什么、学会了什么评判教育的成效，以此推进高等教育回归常识——学

---

① 蔡先金：《回归与守望：大学应面对的问题》，《高等教育研究》2012年第9期。

生要刻苦读书、回归本分——教师要潜心教书育人、回归初心——高等学校要倾心培养建设者和接班人、回归梦想——高等教育要倾力实现教育报国、教育强国梦。国家召开新时代全国本科教育工作大会、印发"新时代高教40条"、启动"六卓越一拔尖"计划2.0、发布实施涵盖全部本科专业类的教学质量国家标准等一系列举措,均致力于回归教育规律、回归教育本来、回归教育宗旨。回归就是一种坚守,是对大学精神家园的守护,是对大学传统的认同,是对大学德行的守望,也是对大学理念的践行。

回归与坚守为变革与创新奠定坚实的思想与文化基础,提供源远流长的源头活水,因为"那些前向外驰逐的精神将恢复到它自身,得到自觉,为它自己固有的王国赢得空间和基地,在那里人的性灵将超脱日常的兴趣,而虚心接受那真的、永恒的和神圣的事物,并以虚心接受的态度去观察并把握最高的东西"[①]。变革是立足现实、回望本来,面向未来的求变创新,是发现问题、剖析问题、解决问题的改革发展,是不忘初心、牢记使命、弘扬传统的与时俱进。变革与创新是时代发展的永恒主题,是文明进步的不竭动力,是大学这个文化共同体常新常青的蓬勃生命。但是,回归与坚守并不排斥和抵御变革与创新,而是为变革与创新确认着可为与不可为的价值论疆域,或者说回归与坚守为变革和创新提供制衡的力量。如果缺失了对历史的坚守、对传统的回归、对文化的认同,变革就可能失去必需的制约而走向自身的反面。如此,变革与创新就失去了自身的意义和价值。

二　概念界定

本书无意对教学管理与教学治理提出新的概念,也不会对二者之间的关系进行新的辨析,仅仅采用学界主流观点明确本书中教学管理与教学治理的含义。

（一）教学管理

本书采用行为科学理论的观点,即管理是通过协调组织内部资源和

[①] [德] 黑格尔:《哲学史讲演录》(第一卷),贺麟、王太庆译,商务印书馆1959年版,第3页。

外部环境之间的关系,以有效地达成组织目标的活动。因此,教学管理是运用管理科学和教学论的原理与方法,充分发挥计划、组织、协调、控制等管理职能,对教学过程、教学环境、参与者等因素加以统筹,以实现教学目的的活动。

应该说,权力是大学教学管理的逻辑起点,至少是逻辑起点之一。① 每所学校内部都包含着行政权力和专业权力。行政权力是一种自上而下的权力结构,它是强制性的权力;专业权力是自主的,是广大教师从事教育教学活动所拥有的权力。行政权力是学校管理所必需的,任何组织的有效运行必须以一定的行政权力为基础。行政能够直接或间接地影响学校教育教学活动的成效,学校教育教学所需要的人、财、物、事、时等各种因素都需要行政力量做有效的控制和支配。要做到人尽其才、物尽其用、事尽其功都有赖于行政力量的成功运作。但在实际操作中,由于科层组织在大学中的强势地位,教学管理中行政权力往往是超越,甚至是压制专业权力。在科学管理思想的影响下,学校领导者倾向于从科学的角度理解教学管理,认为教师的教学活动是可以控制的,通过设计一个合理的组织结构,制定科学完善的规章制度,依托严格的奖惩措施,让教师按照规定的程序做事就能够实现学校的教育教学目标。

(二) 教学治理

20世纪80年代以来,学术界对治理的理解日益加深,它广泛应用于政治学、管理学、行政学、社会学、经济学等众多学科研究中,并迅速发展为包含治理、善治、全球治理等多重含义的前沿理论。关于治理的定义,联合国全球治理委员会认为治理是各种公共的或私人的个人和机构管理其共同事务的诸多方式的总和,既包括正式制度和规则,也包括约定俗成的非正式制度安排。同时,明确了治理的特征,主要包括四个方面,即过程性、协调性、多元性、互动性②。

本书认为教学治理是由多元主体共同参与的、以教学为对象的治理活动,通过一系列以协商合作为主要特征的规则机制实现教学目的。教

---

① 别敦荣:《大学管理与治理》,中国海洋大学出版社2021年版,第5页。

② The Commission on Global Governance, *Our Global Neighborhood: Report of the Commission on Global Governance*, Oxford: Oxford University Press, 1995, p.6.

育治理主要具有三个特征：一是治理主体的多元化。大学教学治理中的主体包括了高校、教师、学生、家长以及各种社会组织、公民团体在内的多元主体，随着社会发展、民众参与意识的增强，不断发展壮大并成熟，多元主体分别参与治理并推动治理前行。二是治理手段的多样性。从统治时期的发号施令，到管理时期的法律制度、政策文件，这些都依然还是以国家的权威为基础。但随着治理的出现，治理主体的多元化必然带来治理方式的多样化，大学教学治理包括以协商、合作等为主要特征的一系列非正式、非强制的手段，这些治理手段在协调主体关系中具有重要作用。三是治理客体的能动性。治理具有网络化特征，治理中的客体亦是主体。大学教学治理以教学为对象，过去的教师、学生是被动地接受管理。而在大学教学治理中，教师、学生也要参与到治理中成为治理的主体，并且在此过程中发挥主体性与能动性，与其他主体共同推进治理。①

教育治理是国家治理现代化的重要领域，是党的十八大提出"推进国家治理体系和治理能力现代化"赋予高等教育的时代命题，也是高等教育由精英化、大众化教育进入普及化教育阶段的必由之路。现代化作为一个动态演进、发展变化的概念，体现为持续性、渐进性、系统性的变革过程。高等教育治理的现代化则是经由传统向现代转型与变迁的渐进发展过程，② 其根本特征是多主体参与合作管理与共同治理，推动教学管理实现民主化、科学化与法治化。传统教学管理组织封闭固化的组织结构、以管理者为中心的一元管理主体以及自上而下指令性的组织运行机制，导致教学管理的集权化、行政化与一元化。已有的教学管理组织体制和运行机制难以从根本上解决教学管理中存在的现实问题，因此，从管理走向治理便成为新时代教学管理现代化的必然选择。

三 问题提出

影响大学教育教学质量的因素是多方面和复杂的，而教学管理无疑

---

① 彭玮婧：《高等教育治理现代化进程中的政府角色定位及其实现》，博士学位论文，湖南师范大学，2021年。

② 陈良雨：《教育治理现代化视阈下政府能力陷阱研究》，《教育发展研究》2015年第12期。

是保障教育教学质量的重要手段。大学教学管理不是一个单纯的关于教学活动自身管理的概念，而是一个复杂的、关涉多方面因素的组织行为概念。就大学教学管理属性而言，它既包含了科层属性的行政管理，也包含了以知识的保存、传授、创新为基本活动的学术管理，明显地呈现出"二元"交叉的属性。

根据中华人民共和国教育部颁布的《高等学校教学管理要点》规定，高等学校教学管理的基本内容主要包括四个方面，一是教学计划管理，这是学校保证教学质量和人才培养规格的重要文件，是组织教学过程、安排教学任务、确定教学编制的基本依据；二是教学运行管理，是依据教学计划实施对教学活动的最核心、最重要的管理，具体包括以教师为主导、以学生为主体、师生互相配合的教学过程的组织管理和以校、系（院）教学管理部门为主体进行的教学行政管理；三是教学质量管理与评价，通过不断改善影响学校教学质量的内部因素（教师、学生、条件、管理等）和外部因素（方针、政策、体制等），通过科学的评价，分析教学质量，建立通畅的信息反馈网络，营造并维护良好的育人环境，达到最佳教学效果；四是教学基本建设管理，包括学科建设、专业建设、课程建设、教材建设、实践教学基地建设、学风建设、教学队伍建设、管理制度建设等。高校实施教学管理的目的，一是为了维持正常的教学秩序；二是为了合理配置校内有限的教学资源，以降低教学成本、提高教学效益；三是为了"放大"教学功能，提高教学质量，并高质量和高效益地达成人才培养目标。因此，高校实施教学管理，其内容、任务和目的不是单一的，而是多样性的综合，决不能把高校教学管理简单地理解为管理者采用一定的方法和手段对教学活动所展开的控制。高校教学管理在其职能上发挥着教学的决策与规划、教学的组织与指导、教学的控制与协调、教学的评估与激励、教学的研究与创新等功能作用。

正是基于上述原因，大学教学管理需要一个设计合理的管理组织结构和治理体系，能够有效地统筹大学教学管理的各项任务，并能合理处理教学与科研、行政权力与学术权力、学科建设与专业建设等之间的关系；需要制订出科学合理的管理制度和相应的运行机制，有效配置教学资源；需要一支既有一定专业知识又懂教育教学管理理论的高素质管理队伍，提高管理组织的管理效能。

目前，中国高等学校的本科教学管理，依然在不同程度上存在如下方面的问题：

(一) 管理理念的行政化

在中国，大学行政化管理的程度比较高，行政权力与行政系统在大学的内部管理中长久处于主导地位。行政化在组织结构上表现为科层制、等级性，在权力表达上是指令性、强制性和命令式，权力使用的目的是依据效率、约束和控制的原则，遵循上级赋权、自上而下的运行模式，决策权力主要集中于学校上层的行政管理人员。多年来中国高等学校管理工作进行了一系列的改革，行政的强势权力有所减弱，行政的泛化有所收敛，但管理理念与管理实践的行政化仍然没有得到根本性改变。在中国，高校行政权力依然是以学术权利的领导者和管理者的身份出现，表现出行政权力的泛化，以其实际管理中的越位表达着自身存在的意义和价值。因此，中国高等学校的本科教学管理并没有在充分依循和尊重教学活动内在逻辑的意义上展开，其引领性、协调促进性和民主性，并没有在教学管理的实际中得到有效落实。以强制性、指令性、执行性为主要表现的行政化管理意识，依然是目前中国高等学校本科教学管理的一个明显特征。

(二) 管理目标的离散化

学生是学校存在的依据，人才培养是学校一切工作的出发点和落脚点。通常我们所说的"教书育人、管理育人、服务于人"或"全方位育人、全过程育人、全员育人"，强调的都是学校工作的目标是以人才培养为中心，一切工作都是围绕大学生的学习发展与成人成才的逻辑而展开。但是在高校的管理实际中，在逻辑上关注的是从宏观到微观、从顶层到基层行政的贯彻通畅与执行效率。"育人为本"的目标不同程度缺失与离散，或者说相关的管理工作没有聚焦于人才培养，"三全育人"没有得到有效落实，各部门管理工作的目标游离于人才培养的根本目标。高校在迎接教育行政部门组织的各类教学评估中，在"以评促建，以评促改，以评促管，评建结合，重在建设"的口号下，注重的是硬件建设和制度建设，对教育教学质量和人才培养质量关注不够。在高等学校内部的本科质量管理中，把学生投入学习的精力、强度、意愿、体验、效果等作为核心观点与重要维度的校内评估还未有效展开，大多停留于工作检查层面。在"全方位育人、全过程育人、全员育人"的诉求中,育人的质量意识、质量责任、质量要求还没有内化为教育教学管理的共同价值追求和自觉行为实践,自省、自律、自查、自纠的质量文化还没有融汇到相关管理部门和管理人员的思想意识与工作实际中。

(三)管理过程的程式化

大学本科教学管理通常是一种类似于机械运转的常规性活动,教学计划修订、教学运行管理、期中教学检查、教学质量评价、期末考试、学籍管理、实习管理、教务管理等,都属于机械性的常规活动。这种机械性的本科教学管理常规活动,带有很强的重复性,缺少创新的活力,是一种维持性的教学管理活动。教学管理涉及面广,事务性工作多,因此教务处被戏称为天下第一大处。学校的本科教学管理工作的展开,通常是教务处各个科室根据各自的工作职责,把相对固定带有重复性的工作布置给学院,各学院由教学副院长分配给教务人员及学系负责人,最后完成汇总并返回教务处。其管理活动的展开模式,主要是依循一种"计划—执行—检查"的"保姆式",符合管理的规范化要求,但在这种程序化的繁杂且繁忙的事务性管理中,一方面管理工作的内容碎片化,另一方面是管理过程的运行程式化,不仅使教学管理处于僵硬、封闭的状态,而且管理效率很低。

(四)民主管理的虚拟化

大学作为"一个由学者与学生组成的、致力于寻求真理之事业的共同体"①,学者与学生应该成为学校实施民主管理的重要参与者,但在中国大学的本科教学管理中却不同程度地被边缘化。在行政管理模式中,强化了人们关于管理部门和管理干部才是教学管理主体的认识。在管理部门干部与教师、学生的关系中,不同程度地存在主体与对象、管与被管、评与被评、上级与下级的心理差位,形成学者和学生在大学教学管理中不同程度地表现出主体性缺失,缺少教师、学生、领导等多方面的交流与对话、互动与磋商。在中国高等学校都设有学术委员会、教授委员会、教学工作委员会、学位评定委员会、学科建设委员会等专门的委

---

① [德]卡尔·雅斯贝尔斯:《大学之理念》,邱立波译,上海人民出版社2007年版,第19页。

员会，这些学术机构的设置，表达的是高校推行民主管理的要求与组织保障。尽管在高校对不同的委员会都有教授人员比例规定，但其作用的发挥是极其有限的。教学工作委员会应该在学校发展的重要决策、学科与专业结构调整、教学评估与监控、人才培养质量等方面发挥重要作用，但是在具体的管理过程中，也常常流于形式化、程式化地表达。学生在人们的意识中通常是作为被管理者、被教育者，而作为学校教学管理和教育教学改革"参与者"的身份往往被忽略。我们不应该遗忘的是学生既是教育对象，也是服务对象；既是管理对象，也是组织管理参与者；既是学习者，也是教育改革的参与者。学生作为"参与者"，应该享有知情权、选择权、监督权。民主管理的虚化，导致学者和学生在中国高校教学管理中的缺位和失位。学者与学生教学管理主体性地位的缺失，也时常导致教师教学与学生学习的中心地位不牢固，相关部门对教学与学习的服务支持生硬或边缘化，把服务支持变成一种权力化的运行。

简言之，大学本科教学管理理念的落后、管理目标的游离、管理方式和过程的机械僵化以及过于强调行政权力，不仅造成教学管理成本增大和效率降低，更为关键的是，缺失了保障和提升大学教学质量的能力。因此，大学如何改革教学管理，推进教学治理现代化，已经不是可以讨论的理论问题，而是大学必须面对并解决好的现实问题。

在大学本科教学管理中所表现出来的上述问题，与中国大学本科教学管理的组织结构及其运行机制有着必然的联系。

中华人民共和国成立以来，经过院系调整后，中国大学基本上实行的是校（院）、系两级管理或校（院）、系、教研室三级管理。但无论是两级管理还是三级管理，主要是以"直线—职能式"的组织结构作为基本的运行机制，大学本科教学的管理权力高度集中于校（院）一级。随着中国高等教育管理体制改革的逐步深化以及高等学校办学规模的不断扩大，中国大学开始实行校—院两级管理的组织结构，其显著的特征是以学院管理为主体，学校负责教学管理的宏观决策，即在学校统一领导和教务部门的指导协调下，由学院承担具体的教学管理职责。目前中国高等学校实行校—院两级教学管理的组织结构，有着组织创新的制度合理性及现实可行性，但在实践层面上，尚存困境。

目前中国大学本科教学管理组织变革与治理结构重组是改革的重要

领域和关键环节，通过本科教学管理组织变革与治理结构重组，推动教学管理组织走向教学治理的现代化，促进大学的内涵发展和可持续发展，落实"以本为本"，提升本科教学质量与人才培养质量，是目前高校改革的重要目标。正是基于此，研究和探索大学本科教学管理组织变革及其现代化演进，不仅是中国高等学校改革研究的理论问题，也是高等学校发展改革的实践需要。

四　研究意义

在高等教育研究领域，大学本科教学管理组织变革问题，逐步受到高等教育研究者的关注。党的十八届三中全会提出"推进国家治理体系和治理能力现代化"之后，"教育治理现代化"成为教育研究的热点问题，其中对于教学治理体系和组织结构有所涉及。在一些相关学术刊物上也能看到一些关于大学教学管理组织变革与教学治理现代化的研究性文献，表达了由管理走向治理的理论关切。但迄今为止，对大学本科教学管理向教学治理组织变革演进进行整体的、系统的专题性研究并不多见。从这一层面上讲，本书具有一定的前沿性和开拓性，不仅能够进一步丰富和拓展中国大学本科教学治理现代化研究的理论领域，并且对中国大学本科教学管理走向治理组织变革演进具有现实的参考价值，对于构建和完善不同类型大学的本科教学治理体系具有重要意义。

（一）有助于拓展研究大学教学治理的思维新视野

教学治理是教育治理的核心内容。"现代教学治理是教师、学生和相关人员为实现教学目标，依据一定的教育法规，通过一定的制度设计和实践策略进行协商、审议与合作，对教学过程的诸要素进行共同管理，促进教学质量的动态过程。"① 因此，教学治理与教学管理不是一种对立关系，教学治理是教学管理在现代化演进中表现出来的"一种高级形态"②，是对传统教学管理的变革和超越。对于大学教学治理的研究，常常表现为三种不同的思维范式：一是以"条件预设"的思维范式研究高校教学治理问题。这种研究的思维范式沿着"否定性假设—改革和创新"

---

① 郑岚、徐彬:《现代教学治理的内涵、原则与路径》，《教学与管理》2017年第22期。
② 褚宏启:《教育治理：以共治求善治》，《教育研究》2014年第10期。

的认识线路展开，即研究是在这样的预设性条件的前提下展开的：目前高等学校教学管理的观念、制度、模式等，已经陈旧落后，不适应高等学校教学管理的现实需要。因此，要进行改革和创新，将教学管理全部转化为教学治理。但问题是：这种"条件预设"是否具有现实性？我们认为，为保障和提升大学本科教学管理的质量和效益而进行改革和创新，确实具有现实性和必要性，但并不是基于"否定"意义的前提条件上。也可以说，改革和创新大学教学管理，推行教学治理，并不意味着过去的做法全都不合时宜，或缺失了现代问题研究的适切性。如果完全以这样的"条件预设"展开研究，势必忽视了高等学校教学管理的历史延续性，把改革和创新等同于颠覆式的革命，这是研究的思维范式的偏颇或偏差。在这样的思维范式下，研究的结果可能是新的、具有一定的创建性，但可能又使研究的成果缺失了现实实践的支持。二是以"整体分解"的思维范式研究大学教学治理。这种研究的思维范式，习惯于把整体分解为不同的构成部分，并把研究的重点放在不同的构成部分上。这种研究的思维范式，对于细化研究大学教学治理问题，确实具有较高的方法论的意义和价值，但问题是"部分之和"是否等于整体。就目前关于大学教学治理研究的成果来看，可以说林林丛丛。如此之多的研究成果却对高校教学治理的现状改变并没有起到实效性的作用，导致这种状况的原因是多方面的，但其中一个重要的原因是，缺乏整体研究的视野，人为地割裂了部分与整体之间的关系。从一定意义上讲，分解或细化高校教学治理，确实在一定程度上能够较为深入地认识和分析各个不同的构成部分，但并不一定就能全面把握高校教学治理的本质。因此，这一研究的思维范式，虽具有较高的方法论价值，但也容易出现以个别或部分替代整体的弊端。大学教学治理具有组织结构的整体性、组织构成要素间的互动性及动态生成性等属性特征，其功能的发挥并不是哪一构成要素或部分单独作用的结果。三是以"理想类型"的思维范式研究大学教学治理。这种研究的思维范式，主要基于对理想状态的假设，并运用这种假设来衡量现实，从而讨论高校教学管理改革问题。如讨论高校教学管理走向治理是从科学主义向人本管理的转变问题，在"理想类型"这一研究思维范式下，人本管理思想及理论模式当然地就成为高校教学管理改革的理想追求。因而，人本主义的管理思想及理论模式之于高校教学管理改革的意义和价值被放大，科学主义管理思想及理论模式向人本管理的转变就成为符合逻辑的、现实的必然。问题是，虽然人本管理的思想和理论模式具有现代组织管理的意义和价值，但并不是现代组织管理的唯一思想及模式，也并不表明现代高校教学治理不讲求科学化。相反，强调高校教学治理的人本化，也并不能因此排斥科学管理，而是更加重视高校教学治理的科学性。从这一层面上讲，这一研究的思维范式，虽具有诸多的合理性，但容易导致认识论方面的偏颇，忽视高等学校本科教学治理的复杂性。

由此可见，虽然目前关于大学教学管理走向治理的研究成为众多研究者关注的重点和研究的热点，也获得了大量的、具有较高价值的研究成果，但由于不同研究思维范式的局限性，使众多的研究成果并没有真正成为教学治理的有效资源。出现这种研究"贬值"的重要原因就在于，要么在宏观意义上讨论大学教学治理的制度改革与创新，在哲学的层面讨论大学教学治理的理念转变、创新思想等；要么在微观层面上讨论大学教学治理的模式及相关问题，没有从大学教学治理的组织层面上展开讨论，存在把大学教学治理研究理论化、抽象化的趋势，远离了大学教学治理的实体——高校教学治理组织。本选题主要从组织变革的视角来讨论和分析大学教学管理走向治理的问题，以探寻具有理论性、实践实效性的新的思维范式，丰富和拓展关于大学教学治理研究的认识论视野。

（二）有助于确认大学教学管理走向治理组织变革的价值取向

大学的本科教学管理组织是一个比较复杂的系统，具有管理内容的丰富性、管理目标的多样性和管理活动的交叉性等特点。从管理内容的丰富性来看，根据中华人民共和国教育部高教司颁布的《高等学校教学管理要点》，高等学校教学管理分为六个大的方面41个要点，涉及教务处、学生处、人事处、资产处、招生就业处、现代教育技术部、图书馆等多个职能部门。从管理目标的多样性来看，包括提高本科教育教学质量和人才培养质量，提升教师课堂教学水平与管理人员教学管理水平；理顺学校教学管理的权责关系，改革和完善教学管理的运行机制，激发和调动基层教学组织的活力与积极性；协调教学与科研之间的关系、院系之间的关系，行政权力与学术权力的关系，调整、开发和优化配置教学资源；改革和创新教学管理制度与治理体系，积极推动确立教师和学生在教学管理中的主体地位，充分发挥教师和学生在教学管理组织变革中的功能作用；积极开展校地校企合作，建立和完善合作育人机制，提升学校的办学质量和人才培养质量；构建学习型组织，营造和谐的教学管理组织文化与人才培养质量文化等。从管理活动的交叉性来看，行政权力与学术权力在教学管理组织活动的展开中，两者不是单纯的平行延伸，而是交叉互动，相辅相成。但是，在高校的教学管理实践中，职能部门之间没有形成系统的整体性、统一性与协调性，各唱各的调，各吹各的号，支持服务无法围绕学生需求形成合力；工作目标离散，追求单位工作的信息畅通与完成效率，以管理者便捷、省事为中心和目标，没有聚焦到学生的知识学习、能力提高、创业就业、助力发展上来，没有聚焦到服务学生、服务教师、服务教学上来。

与此同时，大学的本科教学管理组织变革研究主要集中于大学的行政管理组织机构、内部管理体制改革、院校组织结构调整、管理组织机构设置及权力分配、教学管理组织结构改革、教学管理中的行政管理与学术管理的关系、教师队伍建设及管理改革，等等，没有落脚和聚焦到"以学生为本"的层面，或者说"以学生为中心"在理念上已形成共识，但却不同程度地表现出抽象化的趋势，不可否认地存在口号化倾向。以人才培养目标为导向的本科教学管理组织变革，还没有进入教育治理的研究视域。本书研究针对上述大学教学管理中面临的现实问题以及大学教学管理走向治理组织变革的研究导向，坚持"以学生为中心""以学习为本"的理念，明确提出以人才培养目标为导向，展开对中国大学教学管理走向治理的组织变革研究，有助于人们确认走向治理的大学教学管理组织变革演进中的价值取向。

（三）有助于从组织的视角认识和理解大学教学管理向治理的转化

大学教学管理首先是合目的性的组织行为，这是我们展开大学本科教学管理组织变革研究的认识论前提。从现实性上讲，大学本科教学管理的展开，一是需要管理上的组织分工。组织分工是组织结构层次化、责权关系明晰化的内在表征。承担高等学校本科教学管理的组织机构不是唯一的。按实际承担高校教学管理组织的垂直层级关系，首先是高校教务处（部），其次是各院系，最低层次是教研室。教学管理的组织机构不同，教学管理的责权关系以及职能定位也是不同的。教务处当然承担总管高校的教学事务，而院系只是负责院系内的教学管理事务，并服从教务处的领导，教研室是最基层的教学单位，负责教学事务及专业教师的教学安排等。所以，从管理组织分工的意义上看，不同的教学管理组织机构在管理教学的责权及职能上，具有机构定位的属性，或者说，教学管理的组织机构决定了所承担的教学管理权限及管理权力的运作方式。二是管理组织中的协调。管理组织中的协调是解决组织中各种矛盾和冲突并理顺各种关系的一种管理机制和基本职能。

大学本科教学管理具有"二元"交叉的属性。因此，无论是教学计划、教学运行、教学质量管理，还是学科、专业、课程、教材、实验室、实践基地、学风、教风、教学管理规章制度等教学基本建设管理，以及教学研究、教学改革、产学研合作管理等，其主体是大学中的管理组织，也可以说是大学内不同层面的管理组织机构具体承担大学的教学及管理的职责和任务。因此，从组织的视角认识和理解大学教学管理问题，才能从实践的意义上把握大学本科教学管理的实质，进一步探寻大学本科教学管理走向治理组织变革的现实性和可行性，增强教学管理的民主化、法治化与科学性、合理性，这一切正是教学管理走向治理的重要表现。

（四）有助于探寻提高本科教学管理质量和效益的现实策略及路径

就目前而言，关于如何保障和提升高等学校本科教学管理的质量和效益方面的研究，不仅早已成为高教界研究的热点和重点问题，而且已获得大量的研究成果。但同样不可否认的现实是，这些具有建设性、策略性的研究成果，并没能很好地解决高等学校本科教学管理的质量和效益问题。这是为什么？我们在此并不是有意否认或贬斥已有研究成果的价值，而是本着实事求是的态度，从现实性和实效性的角度客观地评析目前高等学校本科教学管理的研究现状。

以往的关于探寻保障和提升高等学校本科教学管理质量和效益的策略及路径等方面的研究，存在以下三个方面的问题：一是研究过于理论化、学术化，总习惯于把保障和提升教学管理质量和效益问题拔高到理论抽象的层面，忽视了研究应具有的策略及途径的应用性价值。我们认为，理论的和学术的研究，对于探寻保障和提升高校教学管理的质量和效益问题是必要的、不可或缺的。但探寻保障和提升高校教学质量和效益问题，还应立足于实践，把理论和学术的研究置于实践应用的框架之内，而不是一味地寻求理论的抽象性和学术的高深性。否则，就内在地减弱了理论和学术研究的意义和价值。二是与上述研究相反，许多研究要么只是个案性的经验总结，要么把研究"手册化"，把保障和提升高校教学管理质量和效益的策略及途径的探寻"程式化""碎片化"。三是忽视或弱化了高校教务处在保障和提升高校教学管理质量和效益方面的实际功能。从组织管理的层面上讲，重视教务处的职能转变，是寻求保障和提升高校教学管理质量和效益的有效策略及较现实的路径选择。就目前高校教学管理研究的内容来看，虽然许多成果是关于高等学校教务改革问题的研究，但大多集中在高等学校教务工作科学化、网络化等方面，较少涉及高等学校教务处在保障和提升高等学校教学管理质量和效益方面的策略性意义和路径选择的价值，这种状况不能不说是目前诸多的关于高等学校教务工作改革研究的缺陷。

概而言之，高等学校本科教学管理在本质上是一种组织行为。高等学校本科教学管理组织的变革，直接关系着教学管理组织结构的变化、管理组织机构的重组或改组、责权关系的调整以及不同教学管理组织机构的功能赋予或重新定位，关系着高校教学管理组织在实施教学管理中的整体效能。而上述诸方面的变革，又直接影响和制约高校教学管理的组织模式、运行机制、管理手段和途径，进而影响和制约着高校教学管理的质量和效益。因此，高等学校本科教学管理的质量和效益问题，实质上是高等学校本科教学管理组织变革是否合理以及是否具有实效性的问题。

有的研究者关注高等学校教学管理理念的改革与创新，有的研究者关注高校教学管理模式的改革与创新，有的研究者关注高校教学管理制度及运行机制的改革与创新等。这些方面确实是影响和制约高校教学管理质量和效益的重要因素，但不是改变高校教学管理质量和效益的根本的原因。如果高校教学管理组织仍沿袭集权化的科层组织结构，高校教学管理中的行政力量则仍是占主导地位或者说占绝对的控制地位。那么，即使在观念的层面上倡导教学管理的新理念，其改革高校教学管理的影响力也是有限的。所以，从实践的现实性上讲，变革高校本科教学管理组织，是提升教学管理质量和效益的实际力量。抑或说，在高校的层面上，高校内部教学管理组织变革，才是直接左右高校自身教学管理质量和效益的实际力量。基于此，科学合理地变革高校教学管理的组织体系与结构，使其从管理走向治理，是探寻保障和提升高校教学管理质量和效益问题的有效策略和途径，本书便是在这一认识的基础上展开研究的。

五 研究方法

对中国大学本科教学管理组织变革这一问题在整体上进行系统的专项研究，到目前为止仍然不够充分。虽然笔者已经收集到一些关于大学教学管理组织变革的相关研究，但这些文献资料大多是在理论的层面上展开研究，缺乏对大学教学管理组织变革的全面而系统的分析与探讨。本书力图超越单纯的管理哲学或管理思想的探讨，从理论与实践、历史与逻辑、事实与价值相结合的视角，立足于大学教学管理组织变革这一研究课题，采用文献分析、历史分析、比较分析等方法，对这一研究课题进行较为全面、系统和具体的研究。

（一）文献分析法

文献分析法是本书采用的主要研究方法之一。笔者所分析的文献，一是相关的教育管理学、行政管理学以及组织行为学方面的论著。在这些论著中的不同章节，都对教学管理及组织设计问题有着较为深入的分析，为本书提供了可资借鉴的相关知识、认识论和方法论。二是中国高教研究者近年来关于内部管理组织改革与治理体系创新等问题的研究文献。从这些研究文献中，了解近年来中国大学教学管理与教学治理研究的重点和热点问题以及研究的缺陷或不足，为本书提供了宝贵的参考。

（二）历史分析法

历史分析法是依据特定的研究目的，基于史料的梳理对过去发生的事情及其发展变化进行描述、解释和分析的系统过程，其研究内容包括研究对象自身产生、发展及变化的历史和影响研究对象产生、发展及变化的相关因素。"谁都在谈大学，但是大学作为学者进行教学、科研和从事社会服务的场所，我们只有在不同时代、不同地点的具体环境里才能弄懂大学的这些任务究竟是什么。""一个人如果不理解过去不同时代和地点存在过的不同的大学概念，他就不能真正理解现代大学。""理解过去有助于我们理解现在,且过去和现在都为我们提供某些未来的指导。"①研究中国大学本科教学管理组织变革问题,首先需要我们系统梳理中国大学教学管理组织变革的历史,分析和探讨中国大学本科教学管理组织变革的现状以及现实困境,在此基础上展开面向未来的大学本科教学管理组织变革研究,因此,历史的方法便成为本书的基础性方法。这种研究方法没有停留于对史料的简单梳理,而是通过对中国大学教学管理组织变革及其影响因素的分析,进行以解决现实问题、面向未来发展为目的的总结与探讨。

(三)比较分析法

《辞海》中对"比较"的解释是:"确定事物间同异关系的思维过程及方法。根据一定的标准把彼此有某种联系的事物加以对照,从而确定其相同与相异之处,便可以对事物作出初步的分类。"② 由此可见,比较就是依据一定的标准,在两个或两个以上有关联性的事物之间确定其相同点和不同点以及对事物进行分类,在此基础上揭示出有关联性事物的本质与属性的研究方法。本书的比较分析,重点是对中国大学进行分类比较,根据大学的组织使命、办学定位、发展目标以及人才培养目标定位,分为研究型、应用研究型、应用型三种不同的类型,通过比较分析总结了研究型、应用研究型和应用型大学人才培养的不同特征,在此基础上对三种不同类型大学的本科教学管理组织变革进行分类设计与探讨。

---

① [美]伯顿·克拉克主编:《高等教育新论——多学科的研究》,王承绪等译,浙江教育出版社2001年版,第24、49、123页。

② 辞海编辑委员会编撰:《辞海》,上海辞书出版社1989年版,第1525页。

第一章

组织变革与大学教学管理

分析和探究大学教学管理组织变革及其现代化演进，首先需要在观念上明确什么是组织变革，有哪些组织变革的相关理论，这些理论的基本观点和关注的问题是什么，对我们的研究有何启示等问题。在对这些问题进行分析和总结的基础上，进而探讨大学教学管理组织变革及高等学校教学管理组织变革应关注的基本问题。本章我们正是在上述的逻辑结构和内容框架中展开研究的。

第一节 组织变革的内涵

组织变革是组织管理和组织发展问题研究中的重要领域，许多专家学者也越来越热衷于讨论组织变革的理论和实践问题，但在已有的大量文献中，关于组织变革的界说或定义是多样的。在此，我们不想对不同界说进行差异性评论或分析讨论不同观点的缺陷，只是想说明：其一，人们对组织变革的认识和理解存在不同的视角以及持有不同的理论观点。不同的研究者出于自身研究的目的而对"组织变革"进行符合自身研究需要的界说。因而，不可避免地出现囿于一隅的思维视野，或忽视或弱化或泛化"组织变革"的内涵或外延。其二，人们对组织变革这一概念的认识和理解尚需一步深化。其实，只要我们把上述各种界说作出简略的比较分析，就会产生这样的疑问：首先，组织变革的主体所指是谁？是组织自身还是组织中的人抑或组织之外的某权力主体？其次，组织变革是组织自发的？被动适应的？还是合目的性和有计划的？最后，组织变革的途径或手段主要是对组织的调整和完善、调整和改变、调整和改革还是对组织的整体性改变抑或对组织的"再设计"？或兼而有之？另外，组织变革的对象、内容、任务是哪些？是组织结构、组织中的权力关系，还是运行机制、制度、规范、组织技术等等？也正是上述诸多的疑问，什么是组织变革的问题似乎又变得模糊不清了。那么，究竟什么是组织变革？

为全面分析和理解组织变革，我们首先应在观念上明确，什么是组织，什么是变革，在此基础上揭示"组织变革"的概念内涵。

一　关于组织的内涵

在研究者的理论视野里，对组织内涵的界说不同，对组织存在及运行形态的认识和把握就不同。因此，组织变革的内涵也会呈现出诸多差异。在观念上确认组织的内涵，是我们展开探究高校教学管理组织变革问题研究的认识论前提。

传统组织理论认为：组织是为实现其确定的目标而建立权力的正式机构，并通过正式机构安排、确定和协调各种工作单位。在传统组织理论的视野里，组织是正式的权力机构，有着自身的目标及明确的职务、职责和制度规范，强调权力的科层化及在组织运行中的功能作用。社会系统理论的创始人切斯特·巴纳德则认为，"所谓组织，就是有意识地协调两个以上的人的活动或力量的一个体系"。所以，组织不是权力集团，也不是物化性的结构和权力制约下的制度规范体系，而是相互协作的关系，是人相互协作的系统。在巴纳德的组织概念里，包含三个基本要素：协作的意愿、共同的愿景或目的、信息的联系。而且他认为每一个正式组织的产生和存续只有通过这三个要素的结合才能实现。经验主义学派代表人物欧内斯特·戴尔则是这样来解释组织：把广泛而大量的任务分解为一些可以管理和精确确定的职责，同时又能保证工作上协调的手段。也就是说，组织是那些只有若干人在一起工作才能达到预期目标的手段或工具。

系统管理理论代表人物卡斯特则是从环境、技术、结构、社会心理、管理五个分系统来分析和界说组织。他认为组织是一个属于更广泛环境的分系统，包括怀有目的并为目标奋斗的人们；一个技术分系统——人们使用的知识、技术、装备和设施；一个结构分系统——人们在一起进行整体活动；一个社会心理分系统——处于社会关系中的人们；一个管理分系统——负责协调各分系统，并计划与控制全面的活动。新制度理论的代表人物斯科特则分别从理性系统、自然系统和开放系统三个角度给组织下定义，认为组织是寻求具体目标并且结构化程度较高的社会结构集合体，参与者寻求着各自不同的利益。组织根植于环境之中，它从环境中获得赖以生存的资源，与此同时，组织特性被环境因素塑造着。

综观上述关于组织概念的不同界说或定义，我们不能不追问，究竟什么是组织？首先，我们所讨论的组织，不是生物学、物理学等自然科学范畴里的组织概念，而是在属人的合目的性的社会实践意义上讨论组织这一概念范畴。这是我们分析和把握组织问题的认识论视角，也是首先要说明的逻辑前提。

借鉴上述关于组织概念的不同界说，我们认为，1. 组织是人的组织，而不是一种单纯的物化性结构或满足需要的工具，没有人及其人的合目的性的社会实践活动，就没有组织。因此，组织是属人的合目的性的存在，即任何属人的组织都有自身的目标并承担一定的使命，否则，组织就失去了存在的基本理由。2. 组织有正式和非正式之分。正式组织是根据组织编制、章程或其他正式制度、规范而建立起来的。正式组织有固定的场所及清晰的组织目标、组织结构、权力关系、制度规范、职责分工等，而非正式组织没有定员编制、明确的条文规定，甚至没有明确的组织边界。3. 组织既是封闭的，同时又是开放的。组织的封闭性确保了组织的稳定性、持续性以及相对独立性，而开放性则是组织与外在环境展开物质、信息和能量交换的基本机制，也表征出组织存在和发展的环境制约性。组织的封闭性和开放性，是组织存在和发展的内在规定性，两者是辩证的统一。4. 组织是一个需要决策、领导、管理、指挥、协调和控制的协作系统。也就是说，组织不是简单的人的群聚地，而是为达成一定目的而形成的一个分工和协作的社会系统，需要有计划地分工协作。因而，决策组织发展，实施组织领导，管理、指挥和控制组织等，就成为组织不可或缺的构成要素。

概言之，组织是复杂的、系统的和动态的，而且组织内部充满着各种矛盾关系，如果科学地设置组织机构，有计划、有秩序地实施管理，并及时地协调各种关系等，组织又是可控的和可设计的。从这一层面上讲，组织是合目的性的存在，是人们为高效地达到特定目标，有计划、有意识地建立起来的一种属人的社会性机构。高等学校就是这种属人的社会性机构的典型，本书就是在这一意义上使用组织这一概念来分析高校教学管理组织变革。

二 关于变革的内涵

变革一词，是近些年来诸多领域中广泛使用的术语，也是一个内涵界说极不清晰的术语，特别是变革与改革，在日常生活中是两个含混不清、经常被替换或等同使用的概念。

变革和改革，两者都含有变化、革新的意思。因此，当人们在表达变化、革新以及相近或相似的语义时，并不是从概念区分的意义上来使用，而是从口语化或日常习惯上"混用"或"通用"。这种语义表达上的状况，就导致人们在理解和把握变革的内涵所指上产生惯习性的认知障碍或概念性阻隔。

其实，变革和改革，它们之间在语义上还是存在差异。如，当我们谈及"教育现状发生转变"时，使用"变革"一词，但当我们谈及"教育制度已不适应社会发展需要"时，我们可以脱口而出，需要"改革"。由此可见，变革强调整体和过程，关注从一种状态向另一状态发生的转变，而改革强调的是手段和方式，关注的是问题解决。当然，这种区分还是在特定语境下的语义表达层面上。其实，"教育现状发生转变"，也可以说是"改革"的成果。如果不展开必要的"改革"，教育的现状会发生如此的转变吗？基于此，变革又是改革的成果，而改革又成为变革的手段。所以，两者之间既具有内在的联系性，又存在一定的差别。

按《辞海》中对变革的解释：变革就是改变；改革。易言之，变革包括改革，或者说改革是变革的一部分或一种方式和途径。如果进一步对改变、改革做出解释，那么，改变主要是指从旧变新、变化、变形或变样，而改革则主要是指改去、革除。两者的区别在于，改变不一定是弃旧，更在于要使旧的模样变化，含有改良性的意义，侧重于"除弊"。当然，改革也是"除弊"的重要方式和手段，但改革更侧重于"弃旧图新"、另行选择，即改革更侧重于创新或组织的重组改组以及组织的再设计。

由此可见，变革是一个多义性、多维度的概念。虽然在概念意义上变革内含着改革，但要把两者作出严格的区分或划定清晰的界限，仍存在语义辨析上的诸多困难。所以，我们区分变革与改革两者之间的差异，充其量是在寻找两者在语义上所侧重的某些不同的区间，为我们认识和理解变革提供参照性的语义范畴。正是基于这样的理解，我们只是在简约、总括的意义上，把变革解释为一种状态向另一种状态的转变，既包含改良性的"除弊"，又包含"弃旧"性的改革和创新。

三 组织变革的内涵厘定

如果我们单纯地从变革的概念意义上来看，组织变革是指组织现状所发生的转变，或者说是组织的现实状态向另外一种状态所发生的转变。其转变的实质是组织现有运行秩序或现实平衡状态被突破，同时组织新的运行秩序或平衡状态开始形成。

从本质上来看，组织是合目的性的存在，任何组织的现实状态发生转变，都不是随心所欲或者是无目的的行为，而是从人的合目的性出发的。如果脱离了人的合目的性，被改变和打破的组织运行秩序、平衡状态就可能会导致混乱，阻碍或破坏组织目标的达成。组织的现状发生任何形态的转变以及如何转变，其转变的过程以及结果，都应体现出属人的合目的性的主观努力，而不是在自然状态下的无目的性的转变。因为属人的社会性组织，其存在、发展及其变革，都需要体现出属人的合目的性的力量，从这一意义上来看，组织变革应该是组织的现实状态所发生的合目的性的转变。

但是任何组织都有其自身所特有的属性、功能、结构及其活动方式，这是组织存在和发展的内在依据与逻辑，在一定程度上表现出组织存在和发展的相对独立性与自主性；同时，任何组织又都不可能是绝对独立与封闭的，都不同程度地与外在环境产生相互作用、相互影响、互动共生的生态关系，并且每时每刻都会与外在的环境发生物质、能量和信息的交流，这是任何组织存在和发展的最基本的条件要求。以上的两个方面，是组织存在、发展的合规律性的基本限定。如果属人的合目的性超越或弱化了组织存在和发展的合规律性制约，也就忽略了组织存在、发展的内在依据与逻辑，忽略了组织存在、发展的前提性条件要求。如此，则会导致人的合目的性的虚妄性膨胀,这样一来,组织的存在、发展的合规律性就会成为人的主观意志和主观努力的非理性代价,而这种非理性代价可能直接导致组织处于混乱、无序乃至于瘫痪的状态。所以,组织又不是完全属人的主观意志或主观努力的"试验田",人的合目的性理应受到组织合规律性的限定与制约,这两者之间的关系是辩证的统一。从这一层面上来看,组织变革则是组织的现实状态所发生的合目的性与合规律性的转变。

但组织的现状为什么会发生转变?或者说组织为什么要变革?组织是如何变革的?组织变革又关涉哪些方面或内容?等等,这些方面,仍是我们分析和把握组织变革应关注的重要问题。

我们认为,制约和影响组织变革的因素和组织变革的动因是多种多样的,概括来说,有以下几个方面:一是组织存在的外部环境发生变化,必然要求组织适应环境变化的需要从而进行组织的变革。外部环境的变化,一方面导致组织使命的变化,另一方面又会给组织的发展提供新的技术与手段。组织使命蕴含着组织的根本目的、发展目标以及对待组织成员、社会以及其他相关方面的基本态度,从某种意义上来说,是组织的基础"宪法"。所以,组织使命发生变化,就会引起组织运行及功能的整体改变。当然,科学技术的发展与进步,也是引发和促进组织变革的非常重要的原因。特别是信息技术在组织运行与管理中的普遍和广泛运用,必然给组织的运行模式、管理手段和管理方式等带来广泛性的影响,必然会推动和促进组织的变革。二是管理理论与实践的发展,也是影响和促进组织变革的重要因素。管理的现代化以及新的管理理论与实践,都会引发组织变革以往的传统模式,进而对组织各要素以及组织运行过程各环节进行改革或完善,从而促进组织变革。三是组织的因循守旧,导致组织不能及时顺应外部环境的变化,或是组织自身出现有序、有效运行的功能障碍,即组织自身出现了发展的惰性,出现了不能适应外部环境变化的滞后的现象,从而阻碍了组织的正常发展。四是组织内部的生态环境与条件发生变化。具体表现为组织内部成员的工作期望、工作态度以及对组织的认知和忠诚度等发生变化。组织内部成员的这些变化,是引发组织变革的重要因素;另外,组织内部的各种矛盾关系,特别是内部的分工与合作的关系出现对立、矛盾、失调,无法形成组织内部的合力，也会直接影响、阻碍组织整体功能的有效发挥。也就是说，组织的运行机制以及协调组织内部各种矛盾关系的能力都出现了功能性障碍，必须实施组织变革，才能解决上述问题，以有利于组织的稳定和功能的发挥。

其实，无论是何种原因引发了组织变革，实施组织变革的目的，不外乎如下几个方面：一是提高组织的适应能力，使组织与外在环境相适应，亦即保持组织的适应性，以对外部环境的变化及要求作出反应。二是满足组织发展需要，改革和创新组织发展模式，提升组织发展的能力和水平，亦即保持组织的发展性和创新性，使组织在条件适宜时富有主动性。三是保持组织内部各种关系的平衡，提高组织整体质量和效益，为组织的持续发展积蓄能量，亦即保持组织的稳定性和动态平衡性，以利于组织目标的高效达成和持续发展。因此，修正、调整或改革组织目标，调整、改革和完善组织结构，改革、协调责权关系，调整、革新、完善或创新组织运行机制，改革和创新组织内部制度及文化环境，转变组织成员的价值观、行为方式，倡导以人为本的管理理念等，都成为组织变革涉及的内容和任务。由此可见，组织变革，简要地讲，是指组织为适应内外部环境条件的变化，有目的、有计划地对组织的目标、结构、内部关系、运行机制等所展开的改革和创新，以促进组织现状发生合目的性和合规律性的转变，满足组织持续发展的需要。本书就是在这一意义上使用组织变革这一概念来分析和探究高校教学管理组织变革问题。

四　组织变革的类型

从现实性上讲，组织变革的类型是多样的，既可能是组织的整体性变革，也可能是组织系统的局部性变革；既可能是问题解决性的组织变革，也可能是关涉未来的发展性组织变革；既可能是革命式的、除弊式的变革，也可能是转型性的变革；既可能是主动性的变革，也可能是反应性的变革；既可能是跃进式的变革，也可能是渐进式或衍化式的变革，等等。在此，我们把组织变革简约地划分为：革命式变革、除弊式变革和转型性变革三种类型，以揭示不同类型组织变革的特性。

（一）革命式变革

简要地讲，革命式变革并不是指简单地对组织中原有系统或组织构成要素进行调整、改进或完善，而是指对组织进行整体性的或局部性的重组、重建或重新设计。这种革命式变革，是对组织内部现有系统的整体或部分的否定。易言之，它不是简单地对现有系统的整体或部分进行改良，而是要放弃现有系统的整体或部分，用新的不同的系统或新的构成要素取而代之。比如，如果变革的对象是整体组织，这对于组织而言，就是组织的使命和战略的转变、组织文化与运作模式的转变，其中包含决策方式、权力分配、职责分工的改变以及同环境互动形式的改变等等；如果变革的对象只是组织系统中的局部或部分，这对组织而言，主要是对那些对组织发展产生障碍或已经产生负面影响或不合时宜的部分，不是进行修正或保留性改进，而是进行"革除"性的革新、改造或舍弃，以寻求新的方式或途径。概言之，革命式的组织变革，其力度较强，速度较快，当然，付出的必然性代价也是不言而喻的。所以，这种变革需要较强的计划性、组织性以及必需的应急性备选方案，以便对变革过程中的偶然性因素加以控制和排除，减少或降低因变革而带来的不必要的代价。

（二）除弊式变革

除弊式变革并不是指对组织中现有系统的全面否定，而是改良性的革新、调整、改组或重组，属于"在盒子里面的变革"。易言之，除弊式的组织变革主要是在不改变组织性质和组织基本结构的前提下，转变组织目标，变革组织结构、权力模式、权责关系以及制度规范，创新组织技术，改革和完善分工与协作的管理机制，优化配置组织资源，激发组织成员的积极性等，以便提升组织高质量和高效益达成组织目标的能力。除弊式的组织变革，既可能是整体性的，也可能是局部性的；既可能是剧烈性的，也可能是渐进性和持续性的，而且变革的动力既可能是外部环境条件变化所引发，也可能主要来自组织内部，或两者兼而有之。

（三）转型性变革

转型性变革主要是指组织不能适应外在环境条件的变化，面临着目标调整和功能转变的问题，因此进行重组、改组或重新设计组织结构，变革权力模式及权责关系，创新制度规范，重新设计或另行选择组织运行模式等。转型性变革具有两个较为显著的特点：其一，组织需要在去向完全被确定之前就开始变革的过程；其二，变革的广度和深度要求组织的文化、人的行为方式和心态都发生根本的转变，以保障变革成功地实施、新状态成功地运作。这就要求组织必须具有预见性，并依据内外部环境条件的变化，有计划地制订出变革的方案及进程设计。表面来看，转型性变革较为清晰，可能也较为容易控制。而事实上，转型性变革是最复杂的组织变革。一是因为转型性变革需要通过改变人的意识，从而改变组织和成员对于组织、工作以及他们自身的看法；二是因为转型性变革，在变革之初具有不确定性，随着变革的深入才能逐步显示出来；三是因为转型性变革涉及组织系统中的方方面面，而且哪一方面都可能成为组织变革能否产生成效的阻力。所以，转型性变革是复杂的、相关因素也是多样的，因此，转型性变革更需要预见性和计划性。

由上述的简要分析可见，组织变革的类型不同，组织变革所关涉的内容也存在诸多的不同。因此，在思考启动和实施组织变革时，应坚持具体问题具体分析，对组织变革的性质和类型等方面作出区分，以避免认识上的机械性或把多样化的组织变革单一化的误区。

第二节　组织变革的相关理论

自组织发展理论产生以来，出现了许多关于组织变革的理论流派。从组织变革理论研究的主题来看，有关组织变革的研究主要集中于以下几个方面：组织变革的背景或动因，变革的模型、方式及方法，变革的趋势与内容，变革的路径选择，变革的过程控制，变革的绩效衡量，管理与领导的变革，变革的成功与失败等。特别是20世纪70年代以来，随着组织变革实践的丰富，研究者们更是对组织变革问题进行了全方位和多层次的探讨，并形成了具有影响力的不同组织变革理论流派，其中较为典型的有以下几种：一是以泰罗、法约尔和韦伯为代表的古典组织理论。二是以梅奥的人际关系理论和巴纳德的组织协作理论为代表的近代组织理论。这两大流派虽都坚持以管理对象为中心的组织变革观，但古典组织理论是以物和理性为中心，用科学性和准确性、严格性和普遍性来诠释组织结构变化的原因，而近代组织理论则是以情感和人的需要来解释组织结构变化的原因。三是以弗雷德·卢桑斯等学者提出的权变理论为代表的现代组织理论，坚持的是以管理者为中心的组织变革观。他们把组织看作是一个开放的动态系统，并认为不存在一成不变、普适性的和最优化的组织模式，管理者可以依据环境的变化，不断地对组织进行调整。四是以杰弗瑞·普菲弗和格罗德·萨兰西克的资源依赖理论、迈克尔·汉南和约翰·弗里曼等的群体生态理论，以及菲利浦·赛兹尼克、梅耶尔、罗万等的制度组织理论为代表的当代组织理论，坚持的是以环境为中心的组织变革观。资源依赖理论认为，组织受其环境控制，组织的生存和发展取决于从不确定的、变化的外部环境中获取资源的能力；群体生态理论认为，组织变革的主要机制并不是由单个组织进行的有目的的调整，而是一个达尔文式的自然选择过程；制度组织理论采用强制同观态、模仿同观态和规范同观态等组织同观态，解释组织种群的同一性和变化性，提出了组织域的概念，认为组织结构主要不是由完成一定任务的客观需要决定的，而是迎合更大社会范围的团体关于组织形式的合法性、有效性和理性看法的产物。近年来，以詹姆斯·钱皮为代表的组织再造理论备受青睐。组织再造理论强调对组织的工作流程、组织结构、组织文化等进行快速、彻底、急剧的重塑以达到组织绩效的飞跃。

如此之多的组织变革理论，我们不可能也没必要一一加以分析和探究，在此，我们只是择取我们认为较为典型的组织变革理论，简要分析其基本观点，析出不同组织变革理论关注的基本问题，并对这些理论作出简要解析，其目的就是为我们进一步深入展开高校教学管理组织变革的研究提供理论基础。

一　卢因的组织变革理论

库尔特·卢因，是最早研究有计划组织变革的专家。他主要是从"力场分析"的视角考察组织变革，分析组织变革的动力和阻力，以便找出组织变革的突破口。他认为，组织变革的过程将涉及放弃旧的态度和习惯，以及学习和建立新的态度和习惯。所以，他特别关注组织变革过程中人的心理机制的变化。关于组织变革，他的基本观点是：组织变革不是一种静止的状态，而是组织中变革的动力和阻力这两种相反方向作用的力量所导致的一种能动的均衡状态。当这两种力量对等时，组织就会达到平衡，而当两种力量处于强弱不等的状态时，组织就会失去平衡，变革就会发生。"力场分析"就是列出变革的动力和阻力因素，按其程序排序，然后采取相应策略，或增加动力，或减少阻力，使变革顺利进行。基于上述的观点，卢因提出了著名的组织变革三阶段模型：第一阶段是解冻（unfreezing）——创造变革的动力，第二阶段是变革（changing），指明改变的方向，实施变革，使成员形成新的态度和行为，第三阶段是再冻结（refreezing）——稳定变革。

卢因的组织变革理论主要关注以下几个方面的基本问题：

一是对组织变革的动力和阻力的考察。卢因的组织变革理论，尤其重视和关注组织变革的动力与阻力问题。卢因的这一观点，一方面是鉴别组织变革的基本标识，另一方面也是启动和实施组织变革的时机。但启动组织变革，并不是单纯地强调动力而忽视阻力或单纯地关注阻力而弱化动力。因此，作为变革者或组织管理者，必须关注组织变革中的动力和阻力问题，识别和判断组织变革是否合理，并对组织需要变革的因素进行诊断。

二是人的因素在组织变革中的关键作用。卢因的组织变革理论，特别关注的是人在组织变革中的关键性地位和作用。从一般意义上讲，变革组织结构、权责关系、运行机制、资源配置方式等，是较为简单的事情。但组织变革真正的决定性因素是人，换句话说，是人的改变决定着组织变革的成功或失败。因此，探讨和推动组织变革，首先应该重视人的变革，以人的变革促进组织的变革，这是卢因的组织变革所遵循的认识线路。

三是组织变革的程序性和阶段性。在组织变革中如何体现组织变革的合目的性，有计划地实施变革？如何有计划地实施组织变革，使组织变革有秩序分阶段地展开？这是卢因提出的实施组织变革应遵循的方法论逻辑。

四是组织变革的方法和手段。不同阶段，组织变革面临和解决的问题不同，如在解冻阶段，需要解释和引领，要指出组织现行模式存在的问题并让组织成员改变目前的状况和接受组织变革的新愿景。所以，方法和手段要依据问题的属性来选择。否则，方法和手段可能就成为阻止组织变革的因素。

五是组织变革的目标。表面来看，在卢因的组织变革理论中，似乎对组织变革的目标没有明晰的论述，其实，这是一个误解，他的组织变革的目标实际上都内含在他的组织变革的阶段里。卢因为什么重视组织变革的动力和阻力？寻求组织的平衡。为什么要让组织处于平衡状态？提升适应环境变化的能力以及人在组织变革中的地位和作用，提高组织整体效益。

卢因的组织变革理论，实际上是一种以人为中心的组织变革理论，或者说，卢因的组织变革理论，其逻辑起点及核心内容是关注组织变革中的人。这一理论，为人们认识和把握组织变革提供了新的观点和视角。从现实的层面上讲，人们往往看到的只是变革的"硬件"方面，也就是组织的战略与构架及组织管理的技术流程、制度规范等，但对如何在变革过程中处理好人的问题，如人对组织的认知、对组织的整体评价以及人在组织中对工作生活等的态度、人的价值观以及组织文化等方面，有所弱化甚至忽视，导致组织变革出现"见物不见人"的偏失。但是当变革因为忽视人与文化的问题而失败后，人们常常又回过头去检讨与反省组织战略与架构、技术流程与制度规范等硬件要素本身是否具有合理性，并且从硬件的层面上对变革的目标进行调整，从而使组织陷于毫无意义的无效变革之中。

从卢因的三阶段组织变革模型来看，组织中的"软件"方面的变革，是组织变革能否成功的基础性和关键性因素。如果变革的价值、目标和变革的决策等，不能被组织成员所认可和接受，那么，组织变革就不会被组织成员所理解和支持。所以，组织要实施变革并获得成功，必须首先获得组织成员在认识上的接受，赢得组织成员的心理接受和支持，毕竟组织变革也会带来必要的"代价"付出，包括人们的生活习惯、已形成的行为方式甚至既得的利益等。因此，作为管理者或变革实施者，首先要理解和努力学会"解冻"，创造变革的动力，明确改变的方向，恰当处理和消解组织变革的阻力，并努力转变组织成员的工作态度、价值取向与行为方式，从而使组织成员成为组织变革的促进者和支持者。

不可否认，把组织变革置于组织成员的心理变化之上，不仅是冒险的，而且也会带来诸多问题：其一，每个人的心理是复杂的，而且每个人对组织的认知、对组织的观点也是多样的，要想使每个人都接受变革，确实是困难的。即使是每个人都从心理机制上接受和支持，也需要付出巨大的努力，因为这需要讨论、协商、妥协以及讨价还价等的过程，那么，时间就成为一个重要的指标。如果时间过长，不仅会增大变革的成本，还可能因时间的关系而错失变革的契机。其二，它在一定程度上弱化了决策者、管理者在组织变革中的地位和作用。创造组织变革的动力，通过一定的手段和方法转变组织成员的态度、价值观以及行为方式、建构新的组织文化等，不仅是应该的，而且是必须的。但这些并不是全部，有计划地组织变革，必须体现组织变革的合目的性、整体性，必须考虑组织发展的整体效益。因此，组织变革的决策者以及组织管理者，必须关注外在环境的变化以及对组织发展的影响，识别和诊断组织的现行运行状况及可能出现的问题，关注组织变革的性质、类型以及变革的范围，并对组织变革作出价值定位和预期。所以，战略的、整体的决策、分析和判断等对于实施组织变革是至关重要的。但从卢因的组织变革理论来看，其对这些方面都有所弱化，不能不说是这一理论的缺憾。

二 莱维特的组织变革理论

哈罗德·莱维特，是美国斯坦福大学的著名学者。莱维特认为组织是一个多变量的系统，在组织系统中任何一个变量发生了变化，其他的变量也必然会发生相应的变化。在组织进行有计划的变革中，有四个变量——结构、任务、人员和技术，这四个变量之间相互依存、相互影响、相互联系。当它们之间的关系处在较稳定的状态时，则意味着组织系统处于相对平衡的状态；当它们之间出现变动时，任何一个变量的变化都将导致其他变量的变化。所以，我们应当把组织变革作为一个完整的系统来对待，通过有计划地改变某一个或某几个变量，实现变革的目标。莱维特提出了组织变革的三种方式，其一是以组织结构为重点的方式，其二是以工作任务和技术为重点的变革方式，其三是以人为重点的变革方式。

莱维特的组织变革理论，主要关注以下几个方面的问题：

一是关注组织变革的计划性。虽然莱维特从系统论的观点明确指出组织变革的四个基本变量，但其关注的重点并不在于寻找这四个变量间的相互关系，而是提出组织变革可以通过有计划地改变某个或几个变量来实施。这就表明，在莱维特的组织变革理论视野里，有计划地改变某个或几个变量来实施组织变革，是最有成效的组织变革。从现实性上讲，强调组织变革的计划性，其一是能彰显出组织的领导者、实施变革者等对组织变革的掌控，体现出组织变革的合目的性；其二是通过确认组织变革的方式，有计划地推进组织变革，可以在一定程度上确保组织变革的秩序性和稳定性，尽可能避免因组织变革而引发的组织的混乱失序，从而提高组织变革的实效性。因此，关注组织变革的计划性，这对我们讨论如何实施组织变革问题确实有着现实的指导意义。

二是关注组织变革的方式方法。如何有效实施组织变革？这是人们思考和探讨组织变革的关键问题。从莱维特提出的组织变革三种方式来看，组织变革的方式是多样的和多起点的。实施组织变革，既可以从组织结构的变革开始，也可以组织任务和技术为起点实施变革，还可以组织成员的态度、价值观等为起点启动和推进组织变革。所以，有效地实施组织变革，方式方法的选择和运用，是一个至关重要的因素。

三是关注组织变革的推进策略。如何推进组织变革？从莱维特的组织变革的理论及三种变革方式来看，最有效地推进组织变革的策略是遵从自上而下的组织变革线路。如第一种方式，以变革组织结构为重点，通过调整和改变组织内部的权力关系、职责分工等方面实现组织变革，而推进的基本策略就是遵循自上而下的组织变革线路，而不是通过改变基层组织推进上层的改革。从现实性上讲，这是一种较为常见的、见效快捷的一种组织变革的推进策略。

四是关注组织变革的"硬件"。从莱维特的组织变革理论及方式来看，无论是改变组织结构还是任务和技术，其实都是在改变组织中的"硬件"要素。当然，莱维特的第三种组织变革方式是以人为重点，体现出对人的关注，但从采取的措施或手段上来看，其重点还是在于制度、规范以及激励的机制等。整体上看，莱维特的组织变革理论主要是关注组织变革的"硬件"。

莱维特主要是从系统论的视域出发，提出组织变革的理论及其变革的方式。莱维特的组织变革理论，为人们从系统的视角把握组织变革提供了可资借鉴的认识论和方法论。

虽然莱维特的组织变革理论有着系统论的理论基础，并提出了较为清晰简洁的三种组织变革方式，但我们认为，莱维特的组织理论也存在自身理论的局限性。其一,莱维特的组织变革理论,关注的只是组织自身内部的变革,并没有把组织置于与外在环境相互作用、互动共生的关系状态中。莱维特的组织变革理论也可以称为"盒子里的变革",因为组织外在环境的变化,并没有被纳入组织变革的动力要素中。如此,就把组织置于封闭的"盒子里",窄化了组织变革的内涵以及变革的动因。其二,莱维特的组织变革,过多地关注了组织变革的"硬件",过于强调自上而下的变革线路。无论是第一种变革方式,还是第二种变革方式,关注的其实都是组织的"硬件",并通过自上而下的权力运行来表征出组织变革的"计划性"。虽然第三种变革方式提出以人为重点,但并不是以人为核心。易言之,这种变革方式,虽然重视了人的因素,但重要的是改变关于人的相关管理制度及管理方式,如激励机制的改变,明显地体现出制度性的控制。所以,这种方式的变革,并没有实质性地把组织成员作为组织变革的主体,组织变革仍是自上而下的。如果说这种变革形式也对组织成员的态度、价值观、行为方式等给予了足够多的关注,那么,这种关注更多的是在"兼顾"的、次要的层面上,以表征出组织变革中的"人本化"。

综观上述的简要论析,我们认为,莱维特的组织变革理论虽有着自身的价值及内在逻辑的合理性,并为我们探究组织变革问题提供了可资借鉴的观点和主张,但其自身理论的局限性和偏失,也是值得关注和检视的。否则,组织变革就会出现"见物不见人"的状况,不可避免地导致组织变革的无效甚至失败。

三 卡斯特的组织变革理论

卡斯特是美国西雅图华盛顿大学管理学教授,也是系统管理理论的代表人物。卡斯特强调组织与环境之间的动态平衡关系,认为组织管理者的责任是通过对实际情况的诊断分析和对当下条件的调整,从而使组织获得动态平衡。卡斯特提出组织变革需要满足四个方面的要求:其一是足够的稳定性,以保证组织当前目标的实现和既定任务的完成;其二是足够的持续性,以保证组织目标得到新的发展和管理方法、得到新的改进;其三是足够的适应性,以保证组织面对外部社会环境的新变化、新要求、新机遇以及组织内部各种因素的新变化时,能够及时做出适当的反应；其四是足够的革新性，使组织能够在立足当下环境、面向未来的条件变化时，富有改革的积极性与主动性。卡斯特以系统论为基础创建了组织变革的系统分析模型，认为组织变革主要包含了目标和价值分系统、技术分系统、社会心理分系统、结构分系统、管理分系统五个部分的变革，这五个分系统之间是相互影响、相互联系和相互制约的，是互动共生的关系。

卡斯特的组织变革理论，对如下几个方面的问题给予了较多的关注：

一是组织与环境之间的动态平衡。在卡斯特的组织变革理论视野里，组织与环境是互动共生的，组织始终处于变化之中。因此，如何启动组织变革以及如何实施组织变革，作为变革者和管理者，首先要做的事情是对组织与环境之间是否处于动态平衡做出判断和衡量。

二是组织的动力来源。卡斯特认为，环境、目标与价值、技术、结构、社会心理、管理这些方面的变化，都是组织变革的动力来源。

三是组织变革的计划性和程序的阶段性。卡斯特的组织变革六步骤，并不是随意的，其一是集中反映出实施组织变革的计划性，其二是体现出实施组织变革所遵循的程序性的相依逻辑，忽视或弱化哪一个步骤或环节，都可能造成实施和推进组织变革过程中的困境。

四是组织变革的系统性和权变性。卡斯特的组织变革理论有两个突出的特点：其一是用系统的观点分析组织变革，提出组织变革的理论及步骤。其二是以权变的视角关注组织与环境之间的互动开放性，提出具体问题具体分析的方法，不能把组织变革固化为特定的状态。这两个方面，对于人们认识和把握组织变革有着认识论和方法论的意义和价值。

卡斯特的组织变革理论，一是以系统论为基础，运用系统论的观点和方法，分析组织变革问题。这种以系统论为基础的组织变革理论，其突出的特点在于：从全局观点出发突破了狭隘的片面性思维，以开放的思维冲破了封闭性研究。卡斯特的组织变革理论一方面注重组织内部的协调，另一方面也重视组织外部的联系，他把组织的内部与外部作为一个相互联系和影响的动态过程和有机整体；既关注组织的结构，同时也关注组织变革的过程；既强调组织变革的目标，也强调组织变革中人的因素。所以，卡斯特的组织理论为人们全面认识和分析组织变革，提供了完整的理论体系。作为组织变革者或管理者，应该形成系统的思维方式，分析和关注组织变革的整体性、层次结构性、系统要素或各子系统之间的相关性以及组织变革的环境适应性，尽量避免"囿于一隅"的片面化思维及行为方式。二是从权变理论的视角，分析组织变革的动态性和复杂性。他认为，从系统论的视角所提出的变革理论及步骤，只是一种分析组织变革的框架，作为变革者或管理者，还应具体问题具体分析，关注组织内外部环境的变化以及组织变革的复杂性，把握组织变革的"点"和"度"。这就从理论的视角，提醒人们在实施组织变革时，不应以理论套装现实，理论只是提供分析和解释组织变革的指导和框架。否则，理论就可能成为内在的阻止组织变革的观念性或概念性因素。

当然，任何理论都不可能是尽善尽美的，卡斯特的组织变革理论也不例外。虽然他的组织变革理论为人们认识和把握组织变革提供了系统的认识和方法。但人的能力，包括认识和分析、决策和管理等方面，毕竟是有限的，也就是说，虽然系统的观点能够让人们树立整体的思维，关注组织变革中诸多因素的相关性，但变革者或管理者，毕竟是人，具有理性认知的有限性。卡斯特的组织变革理论对这一点有所忽视。因为，他的系统论观点总是隐含着这样的观点：只要人们掌握了系统思考的方法，就能把握或掌控组织变革中的所有变量。实际上，仅靠系统理论提供的那些基本观念和方法，是无法使变革者或管理者解决具体的、复杂多变的实际组织变革问题的。忽视人的能力具有有限性以及过于依赖系统理论，可以说是卡斯特的组织变革理论的内在缺陷。

没有人反对在组织变革方面运用系统思想和系统分析的方法，但系统的方法过于宏观和抽象，在实际运用上确实存在诸多的困难。从现实性上讲，人们更欢迎那些能够提供实际应用的、能解决实际问题的理论。因为，过于宏观和抽象的理论，往往失之于笼统，变成"空泛"之学，这也是理论常常被指责为"无用"或"纸上谈兵"的原因。如卡斯特强调作为变革者或管理者，应把握组织变革的"点"和"度"，这在理论上确实具有较高的指导意义和价值，但这个"点"怎样找到？这个"度"又是如何把握？从现实的意义上讲，方法特别是具有实际应用价值的方法，比抽象的理论更受欢迎，但如果把理论手册化，又往往失之于琐碎，变成堆砌之学。所以，如何解决理论与实践之间的内在一致性，仍是卡斯特的组织变革理论面临的现实挑战。

另外，卡斯特的组织变革理论，强调权变性，确实有着现实的意义和价值，这一点是不能否认的。但他又把权变的问题偏于理论化，重视了权变的思维，却没有给出较具实用性的方法和手段，就极易导致如下情形的发生：当人们分析组织变革时，采用系统的理论视角和思维方式，但却要另行寻觅变革的方式和途径。这不能不说是卡斯特组织变革理论的又一缺憾。

第三节　组织变革相关理论的启示

以上我们重点分析了卢因、莱维特和卡斯特的组织变革理论及其关注的基本问题，虽然这些理论对组织变革有着不同的解释和观点，但对这些相关理论的分析，为我们探讨启动和实施组织变革提供了重要的认识论和方法论启示。

一　准确识别组织变革的标识性关键构件

如何识别组织变革？这既是一个认识论问题，也是一个现实的实践问题。从启动和实施组织变革的现实层面上讲，及时准确地识别组织变革，对于有计划地实施组织变革具有关键性意义和价值。如果不能及时和准确地识别组织变革，就可能直接导致如下情况的发生：启动实施组织变革的时机不成熟；错失实施组织变革的时机；缺乏计划性地盲动、乱动或被动应付，等等。上述哪种情况发生，都会对成功启动和实施组织变革产生负面影响，这也是我们重视识别组织变革的原因。但问题是，如何能及时和准确地识别组织变革？

尽管卢因、莱维特、卡斯特所关注的标识组织变革的关键构件有所不同，但通过以上对组织变革的概念分析及对组织变革理论的解析来看，我们还是能够析出标识组织变革的关键构件，这些标识性关键构件主要包括如下方面：

（一）组织内外部环境的变化

实施组织变革，必须适时地把握时机。变革时机的把握，需要对组织内外环境变化做出识别和诊断。这是实施组织变革的基本要求。

组织的外在环境，简要地讲是指存在于组织之外、影响和制约组织变革及发展的一切要素的总和。一般包括社会政治、经济、文化、科技等方面的发展变化。组织不可能像控制组织内部因素那样去控制外在环境，只能预测和诊断外在环境的变化以及对组织变革和发展的影响。比如，社会转型、新知识和新技术的广泛应用、人的生活和生存方式的新变化以及新的组织管理理论在社会其他组织的广泛应用等，都可能带来组织使命、组织结构、管理机制、组织成员的价值观和理想追求等方面的变化。

外在环境的变化是引发组织变革的基本条件和外在动力，而组织是否具备实施变革的条件和现实需求，还需要对组织内部环境因素做出识别和诊断，如组织内部运行状态、组织结构、权力关系、管理模式，组织目标的调整，人员的变动，分工与合作的方式，人的态度、价值和行为方式，组织文化等，这些方面都在一定程度上影响和制约着组织运行的质量以及组织整体效能的发挥。找出问题以及问题的性质和影响力，确定变革的对象及变革的边界，可以使变革既具有现实针对性、可行性，又具有适宜性和合理性，避免变革的盲目或盲动。

（二）组织变革的目标确认

目标是预期达到的目的或观念性结果，但组织目标与组织变革目标并不是同一事件。组织目标是组织功能的基本定位，组织变革的目标是为组织变革所确认的一种合目的性的愿景以及组织变革的基本边界，如组织变革主要是提升组织对环境的适应能力，或者组织变革主要是创建学习型组织，或者组织变革主要是提升组织创新能力等。不同的变革目标的确认，直接关系到组织现实状态的转变、变革对象的确认、变革方式和手段的选择等。在现实中，人们经常对组织目标与组织变革目标不加区分，导致组织变革缺乏明晰的指向性。这种做法使组织变革的不确定性因素增大，在一定程度上弱化了组织变革的计划性和可控性。因此，作为组织的领导者、变革者或管理者，在实施组织变革之前，就应在观念上确认组织变革的目标，这是实施组织变革的基本要求，也是有计划实施组织变革的体现。当然，确认组织变革目标，应考虑组织目标的有效达成问题，但不应把组织目标与组织变革目标混为一谈，两者的属性及功能作用是不同的。

(三) 组织结构的变化

对组织而言，组织结构是组织存在和运行的基本框架，不仅表征出组织中层级的划分以及权力运行的空间及方式，也确定着组织成员在组织中的地位以及其对组织成员行为方式的影响和制约。因此，对组织结构的重新设置与调整，可以说是组织变革的主要内容。一般而言，组织结构变革，最典型的是对组织中部门或机构的重新划分、合并或撤并，尽可能消除因部门重叠或机构臃肿所产生的人浮于事、相互扯皮和效率低下的问题。如果只是小的调整或局部调整，可能表现为人员结构和数量的简单变化，合并或撤并一个或几个部门以及对个别部门的权力和职责进行重新界定。如果是大的变革，可能会涉及管理幅度和管理层次的变革、运行机制的转换和领导体制的变化等。组织结构本身的某些调整虽并不直接就是组织本质的变化，但组织结构的重大调整必然会导致组织的部分质变。

(四) 组织运作方式的变革

组织运作方式的变革，首先必须明确领导决策体制的适度集权和合理分权问题。如果决策权过于分散，影响了组织内部的相互沟通与协调，影响了高层管理机构对中低层权力机构的有效控制，组织目前的决策就应该是以适度集权为主。那么，变革就应该考虑集权的有效性。如果决策权过于集中，阻碍了组织内部的信息反馈渠道，在一定程度上弱化了中低层以及组织成员参与决策的权力，组织目前的决策就应该是以分权为主。那么，变革就应该考虑分权的有效性。以上这些方面，都会直接影响和制约组织管理的有效性以及整体功能的发挥，因此，组织变革必须全面关注组织运行方式。现代组织管理理论及组织行为学都倡导，改变组织运作方式应进一步建立和健全新的决策流程，提倡权力下放和权力共享，使每一个部门都明确自己的权力和责任，遇到问题应该清楚地知道如何汇报和如何处理，使行政化的官僚习气的影响降低到最低程度。进一步加强组织横向部门和机构之间的协调与合作，建立新的合作方式。即使是不同的组织变革理论，也在变革组织运行方式上都给予了较多的关注，提出很多可资借鉴的观点及主张。

(五) 组织变革的阻力

成功地实施组织变革，一个重要的任务就是减少或降低组织的变革阻力。因此，作为领导者、变革者或管理者，必须在认识上对组织中的变革阻力作出清晰的识别和诊断，使组织变革具有针对性、计划性和可行性。

从上述不同的理论中，我们把组织中的变革阻力简要地分为三大类：一是组织成员，二是组织自身，三是对组织发展有直接影响和制约的外在力量。从组织成员的视角来看，主要表现在如下方面：其一是缺乏危机意识。当实施某项变革方案时，组织成员并没有真正意识到组织变革之于组织发展的意义和价值，也没有意识到如果组织不实施变革会产生什么样的不良后果。其二是既得利益受到影响。很多人反对变革，一个主要的原因是变革可能会影响到既得利益，因为组织变革肯定会打破原有的组织形态，包括原有的生活方式、利益分配方式、组织中的原有地位等。其三是习惯的改变。变革对组织成员提出"新"的要求，这就不仅意味着组织成员需要改变原来的习惯，而且要求组织成员重新适应一系列的要求和规范，并形成新的行为方式。其四是害怕不确定性。变革打破了原有的、为人们所熟知的制度，带来了一些新的、让人们觉得陌生的东西。正因为陌生，才带来了不确定性，当然也带来了风险。很多人的意识里，总是对风险存有一定的戒备和恐惧心理。所以，对变革也就可能持反对和阻挠的态度。

从组织自身来看，其变革的阻力主要表现在以下几个方面：一是组织的惯性。组织有较为固定的组织结构、运行机制、规章制度、组织文化等来保证它的稳定性，并以特有的方式塑造和引领成员的行为。当实施组织变革时，组织的惯性所起的稳定作用就成为变革的反作用力。二是组织中的权力关系可能被重新调整。可以说，组织变革的一个先行的行为就是对权力关系的调整，组织中的中低层权力机构以及管理者原有的权力可能受到削弱甚至一部分权力受到剥夺。如此，一部分享有一定权力的机构或管理者就可能产生抵制变革的观念及行为。三是组织中的部门或其他机构的权益受到威胁。组织的部门化、职能的专门化是组织的基本特征，组织中的不同部门或机构不仅享有一定的权力，而且也掌握着一定的组织资源。一旦出现部门或机构的合并或撤并，不但是原有部门或机构间的疆域被打破，更为关键的是一些部门或机构的原有利益肯定受到威胁，特别是出现减员、减少预算等，变革的阻力就会随之出现。

从对组织发展有直接影响和制约的外在力量来看，主要表现在三个方面，一是直接影响和制约组织存在和发展的使命。有些组织的存在和发展，特别是属人的合目的性的社会性组织，虽有自身存在和发展的相对独立性，但组织的使命具有较强的外在制约性。二是从制度、政策的层面上直接影响和制约组织管理体制。三是从人财物等投入上直接影响和制约组织的发展。

概言之，无论阻力来自组织成员、组织自身还是来自外在力量抑或兼而有之，都会成为阻碍组织变革的不可忽视的力量。因此，识别和诊断组织中的变革阻力，应该被作为实施组织变革的一个基本问题来对待，否则，组织变革就可能因这些阻力而失败或无法继续实施变革。

（六）组织变革的创新动力

组织变革内在地意味着组织的创新，而哪些力量或要素能够成为创新的动力，就成为实施组织变革应关注的基本问题。

对组织变革而言，常规性的手段和措施是必需的，但缺失了创新的意识、创新环境的创建等，就失去了创新的基本动力和能力。实施组织变革的策略、计划、方案甚至模式和手段等的选择，都可能是重复原来的老套路，或者说可能出现"新瓶装旧酒"的情况。所以，创新是组织变革的理念，也是组织变革必需的过程、手段和方式。

当然，启动和实施组织变革，并不仅仅关涉上述诸方面，如组织变革的公信力；实施组织变革的执行力；组织变革中的权力分配与共享、信息沟通、质量监控与评价机制等，都是组织变革中的问题，但并不都属于关键构件。所以，我们并没有专门地列出和进行简要介绍。我们列出的上述组织变革的关键构件或应关注的问题，是从认识和分析的视角，而不是在动态的意义上。因为在动态的意义上，我们是很难清晰析出上述诸关键构件的。我们列举出上述诸多关键构件，其目的是在启动和实施组织变革时，要关注上述关键构件，以便找出问题或掌控组织变革的关键因素，达成组织变革的目标。

概言之，组织变革是动态的、复杂的，关注的问题也是可变的、多样的和多维度的。所以，我们只是梳理出一般意义上的关键构件及基本问题，而不是对实施组织变革作出"处方式"的罗列。同时，我们还必须确立权变的意识，因时因地，具体问题具体分析，合理地把握组织变革的"时"和"度"。

二 关注组织成员与组织变革的关系

组织是属人的合目的性的存在，组织的目的实质上是属人的合目的性的外在表达，组织的发展最根本的是人的发展。从这一层面上讲，组织变革的内部力量是人在组织中的改变和发展，组织变革是以人为核心的变革。但在现实中，组织成员与组织变革的关系问题却总是处理不好，主要表现在以下三个方面，一是组织变革只是组织的领导者、变革者或管理者的分内事务，组织成员只是处于执行的地位上。二是组织变革的程序化民主，组织变革的决策及方案制订，仍是领导者、变革者或管理者的职责。易言之，只是少数的组织成员代表参与决策组织变革的咨询或讨论，只是程序上或形式上的民主决策。三是组织变革完全是组织成员的集体决策，领导者、变革者或管理者主要负责召集、评议、监督等事务。

当然，完全属于第一种和第三种情形的较少，但并不是不存在，而第二种情况是较为多见的。从古典组织理论的视角讲，管理是领导者和管理者的分内事务。如何或怎样变革，就属于领导者、变革者或管理者的职责。虽然这种认识和观点在理论的层面早已受到近现代组织管理理论和组织行为学理论的批判，但在现实中，这种传统的认识和观念却根深蒂固，其张力仍被自上而下的权力运作机制和科层化的组织管理方式所强化。这导致即使推行民主化决策和管理，也更多是在程序化的"简单多数"意义上，而实施组织变革的主要力量仍来自组织中的高层领导、变革者或管理者，并没有从根本上处理好组织成员与组织变革之间的关系，组织成员并没有实质性地成为组织变革的主体。第三种情况，表面看来是把组织成员作为组织变革的主体，但实际上，是对组织变革的责任外推。且不说组织成员是否具有实施组织变革的相关知识和能力，即使是取得一致性的意见或观点，也是一个艰难的且需要协商、讨论、妥协、讨价还价的过程。这不仅无谓地增大了组织变革的成本，还极易导致组织成员之间因观点不同而形成不同利益群体之间的矛盾。上述三种情况，无论哪一种情况，都会对组织变革带来负面的影响，甚至成为组织变革的新的阻力。

无论是卢因、莱维特还是斯科特，他们的组织变革理论都对组织成员与组织变革之间的关系处理问题给予了不同程度的关注，只是所提出的主张或观点不同。而在彼得·圣吉的学习型组织理论中，组织成员不再是被动地接受变革的安排，而是真正成了组织变革的主体，成了组织生生不息、创新发展的源泉。由此可见，组织成员是直接影响和制约组织变革成败的关键性要素。因此，如何处理组织成员与组织变革之间的关系，是实施组织变革必须关注的基本问题。否则，离开了组织成员这一组织变革主体，组织变革就不可能取得应有的成效。

三 明确组织为什么要变革

组织为什么要变革，关于这一问题有两个方面的指向：一是指向组织的领导者、变革者和管理者，他们必须在认识上明确为什么要变革的问题。二是指向组织成员，他们了解、认同和接受组织变革。但在组织变革的现实实践中，会经常地出现如下方面的情形，一是当开始启动组织变革时，总是会有这样的疑问：为什么要变革？其实这种疑问，包含了应把组织变革的理由向组织成员讲清楚的内在诉求。这种疑问和要求是合理的，表达出了组织中的成员对组织变革的关注。否则，组织变革就可能仅仅是领导者、变革者或管理者的事情。如此，就会把组织成员排除在组织变革之外。那么，这种组织变革注定不会取得实质性的成功。但遗憾的是，这种疑问和要求总是被自上而下所推动的实施组织变革的"热情"以及"预设的变革愿景"所弱化，并没有真正成为"分解"或"冷却"非理性的一种理性力量，当然也就不可能被置于受关注的地位。二是当组织变革的实施过程中出现问题或没有达到预期"愿景"时，人们也会问这样的问题，为什么要实施组织变革？其实，在这种时候发出这样的疑问，表达出了组织成员对组织变革是否合理的质疑，表现出了组织成员对组织变革现状及组织发展未来愿景的担忧，同时也表现了组织成员"早知如此，何必当初"的旁观者心态。但无论是上述的哪种情形，都集中地反映出人们对组织变革的不理解，缺乏信心，或者不关心和不支持等。

为什么会出现这样的情况？原因可能是多样的，但如下两个方面，是重要的和直接的原因：

1. 缺乏组织变革的愿景设计。为什么要变革的问题，是目的论和价值论的问题，但对组织成员来讲，更为直接和现实的问题是：组织变革的结果会是什么样子？这一问题实质上内含着组织成员对组织变革能否带来利益方面的关注。其实，组织变革的愿景设计，是组织变革目的论和价值论的直接体现。如果组织的领导者、变革者或管理者不清楚，或根本就没有对组织变革的愿景作出设计，这就现实地表明，实施组织变革的方向和目标指向是不明确的。这必然导致组织变革中诸多不确定因素的出现。所以，担忧、质疑或不信任就成为组织成员对为什么实施组织变革的基本态度。

2. 缺乏组织变革的认知引领。组织的领导者、变革者或管理者对"为什么要变革"缺乏对组织成员在认识上的必要解释及宣传发动，特别是革命式变革，更需要领导者、变革者或管理者引领组织成员认识到变革的必然性和必要性，从而在心理上和行动上接受和支持组织变革。

无论是卢因、莱维特还是卡斯特，对组织成员的态度、价值观以及对组织变革的认识和认同问题，都给予了不同程度的关注。这也从理论的层面上表明，"为什么变革"的问题，是组织领导者、变革者和管理者必须清楚的问题，而且要重视组织成员关于组织变革的态度，这对于有效实施组织变革来说是一个至关重要的因素。

四　清楚组织如何变革

在实施组织变革的现实实践中，总有这样的情况发生：组织变革无法继续或持续展开，轰轰烈烈地开始，悄无声息地结束；追求组织变革的新方法新思路，结果却是"新瓶装旧酒"，又回到原来的状态；合并、重组了一些部门或机关，但权力、职能及管理范围和管理幅度等只是原来部门或机构的叠加，并没有实质性的改变，等等。

为什么会如此？我们不能武断地说出现这种状况完全是因为领导者、变革者或管理者的盲动或缺乏变革的思维，也许还是环境条件的突然改变，或领导者、变革者或管理者的突然变动等原因导致的。但任务、对象、方法三者之间缺乏内在的适切性，或者没有从决策变革的策略上作出合理的模式及手段方法的选择，甚至没有作出科学合理的可行性方案等，都是直接的、关键性的原因。

"如何变革"的问题，确实直接关涉到方法和手段的选择和运用问题，但并不是全部。否则，"如何或怎样变革"这个问题就可以简单地手册化和工具化了。

1. 选择和运用方法与手段，必须考虑其与变革任务是否适合或适宜的问题。没有通用一切的方法和手段，任务不同，选择和运用的方法与手段也是不同的。比如对组织中的权力关系作出重新设计，那么简单地运用调整的方式就是不适宜的；再比如，需要对组织的目标作出调整，却选择"革命式"的重新设计，这种方法或手段就属于过激和不适宜。另外，必须考虑手段与对象是否适合或适宜。有些方法或手段运用在企业组织里，是一种适宜的方法，能带来企业经营效益的改变和提升。但如果不加分析，将其简单地套用于学校组织，就可能带来不适应的问题。比如，通过技术和设备更新，可以提高企业生产质量和效益，但在学校组织中，单纯地依靠教学中的现代技术和设备更新，是不可能达到教学质量和效益的整体提升的，只能说可以影响和促进教学质量和效益的提升。所以，"如何或怎样变革"的问题，不是简单地选择和运用方法与手段的问题，必须把变革的任务、对象、方法三者进行系统整体性思考，从而使方法与任务和对象具有内在的适切性。

2. "如何变革"的问题，还是一个决策变革的策略、模式选择的问题。从一般意义上讲，策略是解决具体问题或事件的有针对性的、有组织的和有步骤的方法论思考。策略的选择首先要在观念上清晰变革的目标是什么，目标不同，策略应有所不同。其次，全面分析组织的目前状况，以便把握组织的目前优势并识别和诊断出影响组织发展的因素或阻力。如卢因、莱维特、斯科特等，都重视对组织内部环境作出分析。否则，策略的选择就可能是主观随意的，忽视了策略与任务和对象之间的相互适应性。所以，上述两方面是决策组织变革策略的前提条件。在此基础上，我们可以确定变革的起点、模式、方法和途径。实质上，模式、方法和途径的选择，来自变革起点的确认，而变革起点的确认则来自变革的重点选择，这是一个相依关系的逻辑思路。卢因的变革理论认为，组织变革的核心是组织中成员的态度、价值观和行为方式等心理机制，所以他提出三阶段变革过程。莱维特认为结构、任务、人员和技术是组织中的四个基本变量,变革哪一种或几种变量,都可以达到组织变革的目标,基于此,他提出三种变革方式。卡斯特认为,组织变革主要是组织中目标和价值分系统、技术分系统、社会心理分系统、结构分系统、管理分系统这五个部分的变革,而且这五个分系统之间又是相互影响和互动共生的。所以,他以系统方法为基础,提出组织变革的六个步骤。

概言之,我们不应把"如何变革"的问题简单化为操作层面上的手段、方法的选择和运用,或者把方法、手段的选择游离于任务、对象等诸多条件的限定之外。因此,"如何或怎样变革"的问题是实施组织变革应关注的一个基本问题。

第四节　大学教学管理组织变革及其关注的基本问题

组织变革与大学教学管理组织变革之间是一般与个别的关系,以上通过比较分析,厘清了组织、变革与组织变革的概念意义,这为我们明确大学本科教学管理组织与教学管理组织变革的内涵指向提供了认识论基础。同时,通过对相关组织变革理论及其关注的基本问题的研究,我们总结了组织变革相关理论的启示,为认识和实施大学本科教学管理组织变革提供了方法论指导。

一　大学教学管理组织

大学教学管理组织是一个多层次管理机构的权力分化的组织系统。从教学管理组织的权力结构层面上来看,主要包括因校长、教务处长、学院院长、教研室主任以及其他相关人员之间从属关系而存在的不同的权力结构,据此形成了一个受强有力的中心控制和指挥的、以等级链接的金字塔为形式的组织结构系统。

虽然说中国大学目前所实行的是校院两级教学管理组织结构,但从教学管理的层级上看,基本上可以分为校级教学管理组织、院级教学管理组织以及基层教学组织三个基本层面。当然,基层教学组织已不是过去行政意义上的管理单位,而是教学基层组织单位,在行政上仍隶属于学院。把基层教学组织单独作为一个管理层级,主要是因为学科教学以及教师群体在教学管理中的特殊地位和作用。从一般意义上讲，校级教学管理组织主要包括：校长以及学校教学委员会、学术委员会；分管教学的副校长以及副校长主持领导下的专业建设委员会、教材建设委员会、教学质量评估与监督委员会、教学督导委员会；教务处以及教务处长主持领导下的教务科、教学科、实践科、教材科等。院级教学管理组织主要包括院长以及院长主持领导下的学院教学工作委员会、学术委员会、学科专业建设委员会；分管教学的副院长以及副院长主持领导下的课程与教材建设委员会、教学督导委员会、教务办公室；基层教学管理组织主要包括研究所、教研室、教学团队、学科课程教研组等。

大学本科教学管理中存在诸多的需要解决的矛盾和冲突，需要理顺大学本科教学管理中诸多的责权关系。在大学本科教学管理机构之间的权限中，如果出现权限划分不清，就会直接导致管理权限的越位、失位和错位等现象，造成大学本科教学管理组织机构间权力运行的混乱；否则，不但会造成管理混乱、失效以及管理成本的无谓加大，更为关键的是可能直接扰乱了正常的教学秩序，内在地降低大学自身的教学质量和效益。

二 大学教学管理组织变革

从前文的分析中，我们已经明确了组织变革是组织现状发生的合目的性和合规律性的转变。从概念的包摄性上讲，组织变革是大学本科教学管理组织变革的上位概念。因此，组织变革的内涵也理所当然地用于大学本科教学管理组织变革。但是任何组织又都具有其自身的性质、功能、结构与活动方式，这是组织存在、发展的内在根据与内在逻辑。所以，组织变革与大学本科教学管理组织变革是一般与个别的关系，二者之间存在一定的差异。大学本科教学管理组织变革的合目的性与合规律性具有自身的内涵指向。

大学本科教学管理组织变革，在其本质上是属人的社会实践活动。其直接的"目的"指向，是协调教学管理资源，提高教学管理的质量和效益；其合目的性的内在终极指向，则是大学的育人性功能，是培养和造就高质量的人才。这就使大学本科教学管理组织变革与一般行政管理和企业管理组织变革不同，其在内在目的的终极指向上表现出明显的差异。通常我们所说的大学"教书育人,管理育人,服务育人"和"全员育人,全过程育人,全方位育人",就是要充分发挥整个教育、管理和服务系统的力量,使教师、干部、职工分别在教学、管理、服务工作中,共同创造一个良好的育人环境,承担育人的责任,使学生得到全面、健康的成长。这是大学本科教学管理组织变革的价值论取向和合目的性的内在终极指向。

大学本科教学管理的展开,首先需要管理上的组织分工,使组织结构层次化、权责关系明晰化。就大学内部本科教学管理组织变革的主体而论,校、院(系)、教研室、教师群体和教师个人等,其实都是校内教学管理组织变革的主体,虽然这些不同的主体同属于学校这一实施高等教育的专门组织,但在大学内部,主体因分工的不同,从事着有关教学活动中的不同工作,其直接的目的也存在诸多差异。如果从大学内部教学管理的组织结构、权责关系、资源配置,或者从教学管理的行政权力、学术权力等诸多方面来分析,那么,大学内部的本科教学管理组织变革,就不可能是单主体、单纬度的或单向度的,而是多主体的、多纬度的和多层次的。但无论是哪一层级的管理主体和哪一部门的职能分工,其最终指向都应该是育人功能的最大化发挥。

在大学本科教学管理组织变革中,不同的教学管理思想、管理制度和模式,都作为大学育人的构成要素而发挥着不同的教育功能。无论这种教育功能是正向的还是负向的,都会对管理者、被管理者,特别是大学生的发展产生影响和制约力。如,在高度集权的教学管理思想和制度下,教学管理讲求自上而下的权力运作方式,这就内在地营造着"唯上唯权"以及"服从"的"精神场阈"。在这样的"精神场阈"中,不仅是管理者,即使是教师和学生,也都逐步形成了"唯上唯权"以及"服从"的意识和品性。长此以往,不仅人的主体性、能动性以及创造力都被压制在这种"精神场阈"中,而且人与人之间除单纯的工作关系外,很难出现相互合作、相互信任的和谐的人际关系。这既不利于大学本科教学管理的质量和效益的提升,也不利于学生的全面发展,特别是学生的人格健全发展。如果大学本科教学管理遵从的是"人本化"管理思想,关注人的主体性,尊重人的个性发展,就会内在地营造出民主、开放、和谐的人文氛围。在这样的氛围里,管理者与教师、管理者与学生以及教师与学生之间，不再是管与被管的工作关系，而是可以建立起管理者与教师和学生之间的合作、对话与交流，相互尊重，相互信任。这样，不仅有利于教学管理的顺利实施，更为关键的是，为学生提供了自主发展的空间。因此，大学本科教学管理组织变革，必须重视教学管理的教育性，把大学教育的目的、价值融入本科教学管理组织变革的思想、制度及行为中，发挥管理育人的教育功能。这是大学本科教学管理组织变革的内在要求，也是高等学校本科教学管理的基本职能。

组织变革的"合规律性"，是指启动和实施组织变革必须符合组织活动的规律性，即符合组织存在和运行的内在规定性。大学本科教学管理组织变革，则必须符合大学这一特定组织存在和运行的规律性。

大学不同于行政机关和企事业单位，大学这一特定组织的存在和运行具有自身的规定性。正如我们在绪论所提出的，大学教学管理明显地呈现出"二元"交叉的属性。大学教学管理组织变革的这种行政与学术的二元交叉属性，是大学教学管理组织变革的重要特征。两者之间是大学教学管理组织变革中不可分割的两个方面，忽视或弱化哪一方面，都会直接造成教学管理的偏失和无序，人为地造成教学管理系统整体的失衡。因此，大学教学管理组织变革的"合规律性"，表现在无论是变革的类型、途径和方式的选择，调整、改革和创新教学管理组织结构，还是加强学院一级的权能，创新学院制组织结构，调整、重组或整合相关教学管理职能部门，减少教学管理组织机构的横向交叉与重叠等，都必须遵循大学行政与学术"二元"交叉的规定性，科学合理地启动和实施本科教学管理组织变革。

三　大学教学管理组织变革应关注的基本问题

通过以上对不同组织变革理论及其所关注的基本问题的解析和对大学本科教学管理组织变革特性的认识，我们认为，实施和进行大学本科教学管理组织变革应重点关注以下几个方面的问题。

（一）分析和把握内外部环境条件的变化

正如我们在讨论识别组织变革的标识性关键构件时所指出的，启动和实施组织变革，必须适时地把握时机。变革时机的把握，需要对组织内外部环境变化做出识别和诊断，这也是实施组织变革的基本要求。

大学本科教学管理组织变革，不仅关涉到大学内部教学管理的各个层面，它与高等学校外在环境条件之间，也存在相互规约、交流互动的内在关系。首先，大学是培养人才的社会性专门机构，为社会培养人才是大学教育的基本职能，也是高等学校存在和发展的基本理由。虽然目前中国大学获得了自主办学和管理的相关权力，但服务社会、满足社会发展需要是高等教育的基本使命，因此，中国发展高等教育的方针政策，是推动和实施大学教学管理组织变革的基本准则。其次，社会政治经济、科技文化等方面，也直接和间接地影响和制约着大学本科教学管理组织变革。如社会人才观的变化、科学技术的发展等，都对高等学校人才培养、学科专业设置、课程结构和教学内容体系等产生着影响和制约的作用。也可以说，社会政治经济和科学文化的发展变化，对大学人才培养的规格、层次、培养模式等，都提出了诸多的要求。如果大学无视社会发展的需要，把大学封闭于社会之外，不仅人才培养缺失了方向和规格要求，大学为什么存在也就成为人们不得不质疑的问题了。因此，大学启动和实施本科教学管理组织变革，就必须要关注大学外部环境条件的变化。莱维特组织变革理论之所以被称为"盒子里的变革"，就是因为其割裂了组织与环境之间的关系，在封闭的状态中确认组织变革，这种脱离和无视外部社会环境的变革是很难成功的。所以大学启动和实施本科教学管理组织变革，必须深入分析和全面把握外部社会环境的变化，准确预测和诊断外部社会环境的变化对组织的影响，以便把握时机和清晰各种可能性，因时因地，对外在环境变化做出审慎分析、识别和诊断。

从内外因关系来讲，外因是组织变革的条件或动力因素，内因是组织变革的根本。因此，启动和实施大学本科教学管理组织变革，还需要对大学内部环境条件的变化做出全面分析和把握。首先我们需要分析和判断大学是否具备启动和实施本科教学管理组织变革的基本条件和现实需求，如大学内部本科教学管理机构的设置是否合理、权责关系是否对等、管理制度与管理方法和管理手段是否适宜；教学资源的配置和应用情况是否合理；教师课堂教学的态度、方法以及开展教学改革的积极性、参与教学管理的主动性等是否得到有效激发；教学质量监控体系的运行、质量监督评估的方式是否适宜等等，这些都是影响和制约本科教学管理质量和效益的重要因素。另外，如果准备启动和实施本科教学管理组织变革，那么学校内部可能会出现哪些阻力和障碍，这些阻力与障碍可能会以什么样的方式表现出来，应当怎样排除和解决这些阻力与障碍，大学启动和实施教学管理组织变革的内部优势和动力是什么，如何有效发挥教学管理组织、组织成员以及广大师生的积极性与创造力等等，以上这些方面都与大学本科教学管理组织变革能否顺利进行并取得实效攸关。

我们在分析组织变革相关理论时也指出，无论是卢因、莱维特还是卡斯特，他们的组织变革理论都对组织内部环境条件的变化给予了充分的关注，如卢因特别关注组织内部动力与阻力的考察，重视人在组织变革中的关键作用。卢因的组织变革理论是以人为中心的；莱维特则关注组织内部环境条件的变化，关注组织内部结构、任务、人员和技术这四个变量之间的关系；卡斯特虽然以系统的理论分析组织变革，重视组织与环境之间的动态平衡，但仍关注组织内部环境条件的变化问题。所以，大学启动和实施本科教学管理组织变革，必须全面分析和充分把握大学内部环境条件的变化，全面了解大学内部本科教学管理组织变革可能遇到的阻力、障碍以及变革的优势和动力，使大学本科教学管理组织变革既具有计划性，又具有现实针对性、可行性，尽量避免变革的盲目或盲动。

（二）审慎决策实施教学管理组织变革的策略

确定启动和实施本科教学管理组织变革，还必须关注实施教学管理组织变革的策略问题，这是直接关系大学教学管理组织变革的关键环节。目前中国大学教学管理组织变革所存在的诸多问题，在很大程度上是与大学实施教学管理组织变革的策略是不合理性直接相关的。

所谓策略，简要地讲是指依据条件或目标而制定的行动计划或方案。它不是操作意义上的具体方法和手段，而是关于行动计划或方案设计的战略思考和抉择。策略是否科学合理、是否具有适切性，不仅直接关系着行动路径、方法和手段的选择，更为关键的是直接关系着变革的成败。一旦策略缺乏科学合理性或策略本身存在偏失，就会直接导致战略上的盲目、混乱或缺乏明晰的目标指向，策略反而会成为实施行动计划或方案的阻力。所以，制定或选择策略，绝不是"拍脑瓜式"地作出决定，而是一个系统分析、判断和抉择的理性过程。

从中国大学启动和实施本科教学管理组织变革的策略上看，其大多是在战术的层面上，或者说更多的是在具体方法和手段的层面上展开，缺乏战略的宏观性、系统整体性以及必需的持续性。大学本科教学管理组织变革是一个复杂的、关系到大学许多方面工作的系统工程，而不是教学管理中的一个事件，需要整体的、系统的和战略上的思考，需要制定完整的行动计划和方案设计。否则，教学管理组织变革就可能是一种短期行为，或者虎头蛇尾，轰轰烈烈开始，"秀"了一把便"无言"地结束，一切又回到原点。这种教学管理组织变革很难取得成效。中国大学本科教学管理组织变革的另一个问题就是策略上缺乏整体性，总是简单化地认为：教学管理组织变革主要是教学管理组织结构、权责关系、制度规范、运行机制等方面的改革，其他管理机构只是辅助性的。这种认识已经不是个别现象，而是具有了一定程度的共识。这也是大学本科教学管理组织变革不能取得成效的一个重要原因。

教学及管理是大学的中心工作，如果教学被置于大学工作的中心，高等学校管理的各个部门都必须服从教学这个中心。否则，教学是大学工作中心的地位就没有被确立。如此，启动和实施大学本科教学管理组织变革的路径、方法和手段，就会仅仅局限于教学及管理的范畴内。教学资源的组织和协调，就可能因为部门的职责所限而产生诸多的困难。由此可见，启动和实施本科教学管理组织变革，必须在战略的层面上，从系统整体的视角，决策教学管理组织变革的策略问题。

我们在解析组织变革相关理论时就已经指出，无论卢因、莱维特还是卡斯特，都重视实施组织变革的策略问题，并提出各具特色的实施组织变革的路径，如卢因的三阶段论、莱维特的三种模式、卡斯特的六个步骤。它们虽然都具有一定的局限性，但对我们决策教学管理组织变革的策略，还是有着借鉴的意义和价值，如卢因对组织中人的因素的关注，其基本策略是首先发动组织中人的积极主动性，让组织成员认识和接受组织变革的意义和价值，这是启动和实施组织变革的关键。莱维特则提出三种策略：以组织结构为重点启动和实施组织变革；以工作任务和技术改革为重点启动和实施组织变革；以组织成员为重点启动和实施组织变革。这些变革的策略，都应该成为大学启动和实施教学管理组织变革的策略选择。当然，高等学校启动和实施本科教学管理组织变革时，还应具体问题具体分析，不能生搬硬套，要尽量避免"策略陷阱"，即把过去的做法或他人的做法套用或搬用,一旦出现这种状况,无异于"刻舟求剑"。所以,教学组织变革还必须因时因地改变策略。

(三) 重视教师与学生作用的发挥

卢因、莱维特等人的组织变革理论是建立在以人为中心的基础之上的。因此,启动和实施高等学校本科教学管理组织变革,必须重视教师与学生作用的发挥。

德国哲学家卡尔·雅斯贝尔斯在《大学之理念》一书中指出:"大学是一个由学者与学生组成的、致力于寻求真理之事业的共同体。"[①] "学者"是大学教师身份的学术标志,"学者"不一定都是大学教师,但大学教师必须是"学者"。学者与学生共同构成了大学的"共同体",致力于对真理的追求,推动社会的发展与进步。教师是学校治理体系中不可或缺的管理者,需要在不同的层面参与学校教学管理与教学管理组织。《中华人民共和国教师法》第二章"权利与义务"规定教师应"对学校教育教学、管理工作和教育行政部门的工作提出意见和建议,通过教职工代表大会或其他形式,参与学校的民主管理"。强调了教师参与学校管理的权利与义务。随着中国高校综合改革的不断深入,大学民主管理、教师参与教学改革与教学管理在逐步改善,但是在许多高校特别是地方高校中,教师通过教代会参与民主管理仍是程式化的,参与教学管理及各种委员会组织也是点缀式的,教师的作用没有得到应有的发挥。据调查,美国大学78%的教师以各种形式参加管理活动,69%的教师每周参加1—8个小时的管理活动。这表明美国大学教师普遍参加学校及院系管理,并且有相关的制度保障,这是美国大学学术自治和同行管理制度的基础。[②] 因此,落实教师的主体地位,充分发挥学者在各级组织中的管理作用,其关键在于突破制度性壁垒和障碍,在制度设计上为学者广泛参与学校、院系以及基层学术组织的管理提供制度保障与支持。

通常在人们的意识中,学生是作为被管理者、被教育者的身份定位,而学生作为学校管理和教育教学改革"参与者"的身份往往被忽略,学

---

① [德] 卡尔·雅斯贝尔斯:《大学之理念》,邱立波译,上海人民出版社2007年版,第19页。
② 赵炬明:《美国大学教师管理研究 (下)》,《高等工程教育研究》2011年第6期。

生在学校的管理决策与教育教学改革中是局外人、边缘人。我们不应该忽略的是学生既是教育对象，也是服务对象；既是管理对象，也是组织管理参与者；既是学习者，也是教育改革的参与者。学生作为"参与者"，应该享有对经费预算使用、专业结构调整、师资队伍建设、教学质量监控、专业就业前景等的知情权；对专业、课程、进度、时间以及教师的选择权；对教学资源运用、师德师风建设、教学精力投入、教育教学质量的监督权。学校需要以建章立制的形式，由认识变为实践，由应然变为实然，充分发挥学生在民主管理与教育教学改革中的作用，从而真正构建起同向同行、协调一致的校生关系。

（四）增强学院的自主性与基层教学组织的积极性

随着中国高等教育综合改革的全面推进和不断深入，各高等学校按照《高等学校章程制定暂行办法》，完成了大学章程的制定，在大学章程中围绕学校内部治理结构与组织架构，对于学校与学院的职责权限、管理程序与规则进行了规定。按照事权相宜和权责一致的原则，赋予了学院相应的管理权力，推动了教学管理的重心逐步下移至学院，以发挥学院在教学管理中的作用，增强学院在教学管理中的自主性。但是在教学管理与组织变革的实践中，如何合理分配校、院两级在教学管理中的权力与职能分工，增强学院作为实体性管理中心的自主性与能动性，仍是需要进一步探讨和合理解决的问题。

从目前中国大学实行的校、院两级教学管理的现实状况来看，其仍然不同程度地存在以下两个方面的问题。一是教学管理的职责权限不清晰。实施学校与学院两级教学管理，需要从"权力下移、分权管理"的理念出发，明确学校和学院在教学管理中不同的地位与作用。但是许多高校特别是地方高校管理中心的下移是缓慢和有限的，受过去长时间的行政化、集权化的惯性影响，相关事项的管理权力仍然比较多地集中和滞留于代表学校进行管理的职能部门，权力越位现象依然存在。学院的行政与学术职权比较多地笼罩在学校职能部门的行政管理之中，导致学院按照章程应该拥有的自主权力漂移或虚化，学院作为实体性教学管理中心缺少自主性与能动性。二是教学管理的理念滞后。学校教学管理职能部门和相关管理人员依然没有摆脱集权化行政管理理念的影响，依旧在观念上把教学职能部门当作行政管理部门，重视管控和指挥，习惯于发号施令，忽略了服务与支持、研究与引领、组织与协调等方面的职能发挥。

基层教学组织是大学组织结构中最底层的教学组织形式，是大学开展人才培养和教育教学改革的根基与底座，从大学强调"来自底部"和"自下而上"的学术管理的视角来看，基层教学组织便成了像伯顿·克拉克所主张的高等教育的最佳端点。但是在实践中，基层教学组织却面临重重困境，一是在高校上层次、上水平的"漂移"发展中，科研的地位越来越重要，因而出现了教学与科研的所谓"双中心"。高校在教研室之外另外设置研究所，许多高校甚至撤销教研室，改为研究所或研究中心，突出了基层学术组织的研究功能，造成基层教学组织的制度缺失。二是由于科研的显性效应在考核与职称评审中的刚性要求，"重科研""轻教学"成为高校难以消除的痼疾。教师以教研室为平台开展教学研究、教法改革与集体备课、磨课的积极性严重受挫，作为基层教学组织基本形式的教研室陷入式微、边缘和虚化的境地。因此，在大学本科教学管理组织变革中，如何健全和完善基层教学组织，增强教研室的活力、实力与凝聚力，发挥基层教学组织的积极性、主动性与能动性，便显得尤为重要与迫切。

（五）关注教务处的职能转变

从大学本科管理机构设置的层面上讲，教务处是大学本科教学管理工作的主要职能部门，教务处的工作状态直接反映一所学校教学及管理工作的整体状态。所以，教务处的职能是否转变，直接关涉大学本科教学管理组织结构、权责关系、管理制度及运行机制等方面的改革状况。教务处在大学本科教学管理组织变革中具有举足轻重的地位，甚至可以说是牵一发而动全身。

从目前的实际情况来说，大学教务处是在校长和分管教学副校长的领导下，根据国家和省教育主管部门有关教学工作文件规定，制定全本校的教学工作计划和教学管理规章制度；围绕教学运行，负责教学安排、学生选课、课程重修、调课听课、教学工作量统计期中与期末考试、学业预警等；围绕专业建设，负责专业建设规划、专业结构调整、专业人才培养方案的编制和修订；围绕课程建设，负责课程建设规划、课程教学大纲的制定、课程教学团队建设、教材选用和自编教材建设等；围绕实践教学，负责组织实验教学大纲的编写、实验教学计划的制定、实践教学基地建设、实践教学与毕业论文的管理等；围绕教学研究与创新，负责教学研究项目的遴选、教学研究项目管理、教学成果的培育和评审、教学名师评选与教学创新评优等；围绕质量管理，负责制定教学过程各环节以及学习过程各环节质量标准、开展学校教学质量监控与评价、组织课程和专业的评估与认证、负责年度本科教学质量报告与专业人才培养状况报告等。围绕学籍管理，负责学生学籍建档及电子注册、学籍异动管理、毕业审查及毕业证发放、学籍信息数据及档案管理等的机构。由此可见，高等学校教务处所承担的教学管理工作，事务之多、范围之广、任务之重、工作量之大就不言而明了。

大学教务处确实有责任把与教学相关的一切工作做好，但是必须理性地分析教务处的职责与权限是不是在一个合理与恰当的层面上，要根据教务处的实际，判断它是否真的具有解决一切与教学有关的实际问题的能力。如果大学教务处仍承担着如此之多之广之重的事务性管理工作，那么，教务处的职能也就主要体现在日常教学的"事务"管理上，而且"行政化"是其达成教学管理成效的基本途径和保障。如果大学教学管理组织变革，不能转变高校教务处的职能，或者不能对高校教务处的权责关系作出调整或改革，那么，不能贸然地说这种教学管理组织变革不会成功，但起码可以说，这种教学管理组织变革是很难取得成效的，也是很难推进并具有可持续性的。

那么，大学教务处应如何转变职能？从目前中国大学本科教学管理组织变革的现实来看，许多大学转变教务处职能的做法，基本上是弱化教务处的行政职能。这种做法其实只是在改革的层面上做了点"减法"，并没有从根本上解决教务处目前面临的诸多问题，教务处的教学管理工作依然繁重；并由于缺失了行政性权力的支撑，教务处教学管理的执行力在一定程度上受到削弱，导致教务处在教学资源的调配使用与相关职能机构间的协调愈加困难。从教学管理改革的层面上讲，弱化教务处行政权是合理的，也是应该的，但仅做"减法"是不合理的，也不符合科学性。目前，有些高校，如清华大学、北京大学、南京大学、复旦大学、北京师范大学等，在弱化教务处行政权力的同时，赋予教务处教学管理的研究、咨询、组织、指挥和引领的功能作用，使教务处成为教学工作的权威性中心机构。如此，把教务处从简单且繁重的事务性管理中解脱出来，把日常教学管理的事务下移至学院。还有的高等学校则建立以教学为中心的联动机制和支撑性保障机制，确保高校教务处在协调高校教学资源的功能发挥，等等。简言之，虽然目前中国大学教务处在教学管理中还存在诸多的弊端或不足，但转变高校教务处的职能，已经成为一种基本共识。也正是基于以上的分析，我们认为大学启动和实施本科教学管理组织变革，需要充分重视教务处的职能转变，关注教务处职能转变的方式和途径。

第 二 章

中国大学教学管理组织变革的历史检视

中国近现代的高等教育发端于19世纪末，以1898年建立的京师大学堂为标志，迄今已经有120多年的历史。在这120多年的发展过程中，中国近现代社会政治风云的变幻激荡，这种社会政治风云对高等教育的影响在中国高等教育教学管理组织变革方面有着比较明显的体现。伯顿·克拉克认为一个人如果不理解过去不同时代和地点存在过的不同的大学，那么，他就不可能真正理解现代大学，"理解过去有助于我们理解现在，且过去和现在都为我们提供某些未来的指导"[①]。对历史的检视，能够给我们提供面向未来的经验启示。

第一节 清末大学堂及其教学管理组织

京师大学堂是中国近代大学的开始。从某种意义上来说，京师大学堂的建立并不是单纯地设立了一所高等学府，它的设立是中国探索大学教育新体制和运行新机制，完成中国近代大学初创历史使命的标志。从其性质上来说，京师大学堂既是全国的最高学府，也是全国最高的教育管理机构。

从1862年京师同文馆创立到中日甲午战争失败的30余年，是中国教育近代化的初始阶段。在这一阶段中，洋务运动和洋务教育在一定范围

---

① ［美］伯顿·克拉克主编：《高等教育新论——多学科的研究》，王承绪等译，浙江教育出版社2001年版，第49、123页。

内促进了西学在中国的传播，为近代知识分子认识和接受西学奠定了思想基础。但更为重要的是，洋务运动和洋务教育，向整个中国社会传播了富国强兵、抵御外侮离不开学校教育和人才培养的思想。1895年6月，顺天府尹胡燏棻在上书朝廷的奏章中说："泰西各邦，人才辈出，其大本大源，全在广设学堂。""务必破除成见，设法变更，弃章句小儒之习，求经济匡世之材。应先举省会书院，归并裁改，创立各项学堂。"① 胡燏棻的上书要旨即代表了当时人们对学校教育和人才培养的价值认知。甲午战争失败之后，当中国再次陷入被瓜分的危机之时，全国范围内掀起了轰轰烈烈救亡图存的运动。以康有为、梁启超、谭嗣同等人为代表，发动的维新变法运动，试图学习和效法日本的明治维新，对中国的政治、经济、文化、教育进行改革，从而在中国近代历史上形成了一次影响广泛和深远的思想解放大潮。他们公开主张：实现维新变法，必须从废除科举、兴办学校开始。1896年，李端棻在《请推广学校折》的奏章中，首次正式提出设立京师大学堂。1898年6月11日，光绪下《明定国是诏》，开始了正式变法。《明定国是诏》中申明："京师大学堂为各行省之倡，尤应先举办。"在此严令下，总理衙门委托梁启超起草《京师大学堂章程》。京师大学堂的创建被纳入正式日程。

一 中体西用的办学宗旨与课程设置

"中学为体，西学为用"，是近代洋务运动的核心命题和洋务教育的基本宗旨。这一"中体西用"的教育宗旨，是在反思和总结鸦片战争惨痛教训的基础之上产生的。西方列强凭借坚船利炮攻破中国的大门，掳掠焚毁，横行无忌。清王朝割地赔款，岌岌可危。所谓"岌岌乎一蹶再蹶！输币割地，剐肉饲虎，身肉有尽，而虎欲无厌；他日之患害，其十倍于今日者，且日出而未有已也。故不攘夷则无中国。"② "攘夷"需先师夷长技，然后才能"制夷"，所以魏源在《海国图志》中率先提出

---

① 《戊戌变法》（二），载中国史学会主编《中国近代史资料丛刊》，上海人民出版社1978年版，第288—289页。
② 舒新城：《近代中国教育史料》（第1册），上海科学技术文献出版社2015年版，第40页。

"师夷长技以制夷"的口号,他把夷之长技归结为"战舰""火器""养兵练兵之法"三个方面。随着洋务教育的推进,人们开始思考"西学"与"中学"的关系问题。一些守旧派对"西学"采取排斥、抵制和攻击的态度,认为提倡"西学"是"舍本逐末"。洋务派面对守旧派的攻击,做出了"中体西用"的文化选择,使"中体西用"成为洋务教育乃至维新变法教育的基本宗旨。如 1903 年修订的《奏定学堂章程》就规定:"无论何等学堂,均以忠孝为本,以中国经史之学为基,俾学生心术一归于纯正,而后以西学瀹其智识,练其艺能,务期他日成材,各适实用,以仰副国家造就通才慎防流弊之意。"① 孙家鼐在《议复开办京师大学堂折》中,明确规定了京师大学堂的创办宗旨:"今中国京师创立大学堂,自应以中学为主,西学为辅;中学为体,西学为用。中学有未备者,以西学补之;中学有失传者,以西学还之。以中学包罗西学,不能以西学凌驾中学,此是立学宗旨。"② 后虽颁布了一系列学堂章程,但"中学为体,西学为用"这一根本宗旨始终未变。

"中学为体,西学为用"这一办学宗旨,也直接制约了大学堂的课程设置和教学内容的选择。所谓"中学"亦称"旧学","西学"亦称"新学"。根据张之洞《劝学篇》的总结分析,"中学"包括四书五经、中国史事、政书、地理等内容,但他着力突出强调的还是儒家的纲常名教;"西学"包括西政、西艺、西史。张之洞在《劝学篇》外篇的《设学》中解释西政与西艺说:"政艺兼学:学校、地理、度支、赋税、武备、律例、劝工、通商,西政也;算绘矿医、声光化电,西艺也。"由此可见,西政主要是指西方国家的文教制度、工商财政、军事、法律、工商等管理制度与文化,西艺主要是指西方的现代化科学技术。"中体西用"的办学宗旨,直接影响和制约课程的设置,光绪二十四年(1898)梁启超在为军机大臣总理衙门撰写的《遵筹开办京师大学堂折》第二章"学堂功课例"中指出:"中国学人之大弊,治中学者则绝口不言西学,治西学者亦绝口不言中学;此两学所以终不能合,徒互相诟病若水火不相入也。

---

① 舒新城:《近代中国教育史料》(第 2 册),上海科学技术文献出版社 2015 年版,第 4 页。

② 郑登云编著:《中国高等教育史》,华东师范大学出版社 1994 年版,第 68 页。

夫中学体也，西学用也，两者相需，缺一不可，体用不备，安能成才。且既不讲义理，绝无根柢，则浮慕西学，必无心得，只增习气。"① "功课之完善与否，实学生成就所攸关，故定功课为学堂第一要著。"② 《京师大学堂章程》根据"中西并重，观其会通，无得偏废"的原则，进行课程设置和教学内容的选择。按《京师大学堂章程》规定，京师大学堂的课程分为一般科目与专门科目两大类。一般科目包括经学、理学、中外掌故学、诸子学、初级算学、初级格致学、初级政治学、初级地理学、文学、体操学10门。其所读的规定书目，均由上海编译局纂成功课，要求学生必须于三年之内全数卒业。外国语有英语、法语、俄语、德语、日语五种，学生自选一门，与一般科目同时并习。专门科目包括高等算学、高等格致学、高等政治学（法律学归此门）、高等地理学、农学、矿学、工程学、商学、兵学、卫生学（医学归此门）10门。按《京师大学堂章程》规定，一般科目为必修课，必修课卒业后，学生可在专门科目中选学一门或两门。

从京师大学堂的课程设置来看，虽然这是一种西洋的教学内容与中国的传统文化的混合体，但西洋的教学内容被引进到京师大学堂的课程体系和教学内容体系中，不能不说是中国高校的课程设置和教学内容走向近代化的重要标识。从必修和选修的课程分类来看，其一方面表征出中国高校在课程和教学管理上的重要变革，另一方面也表明，课程和教学管理走向制度化和组织化的实践探索之路。

二 新旧杂糅的教育教学活动与教学管理

清末大学堂处于初创阶段，教育教学活动的开展与教学管理尚在探索、学习与模仿之中。在1902年8月张百熙主持拟定的《钦定学堂章程》、1903年6月张之洞会同张百熙、荣庆重新修订后的《奏定学堂章程》中，对教育教学活动、教学纪律、学业考核、教学管理等方面做出

---

① 舒新城：《近代中国教育史料》（第1册），上海科学技术文献出版社2015年版，第137页。
② 舒新城：《近代中国教育史料》（第1册），上海科学技术文献出版社2015年版，第128页。

了详细的规定。这些制度化的规定一方面包含着浓厚的封建性内容，如"忠孝为本"的培养要求，对高等学堂、大学堂、通儒院毕业分别授予举人、进士、翰林等规定等等；另一方面在对旧的教育体制的革新中，受西风东渐及日本大学的影响，毕竟还是呈现出一些新的面貌，从而使这一时期的教育教学活动与教学管理呈现出新旧杂糅的特点。

（一）教师的聘用与管理

京师大学堂教员列作职官，受学堂监督堂长的统辖节制。教师与教学管理人员的聘用与培养，特别注重品行，"学生既重品行，则凡选派教员学职，均须推择品行端正之员，以资表率。"各科教员的选择不仅要精力强健，教学工作切实耐心，而且要无不良嗜好，凡是有吸食毒品者，一律斥退。在选拔教学管理人员出国学习培训时，也特别强调"品学兼优，性情纯挚"。《学务纲要》要求"各直省于官绅中推择品学兼优、性情纯挚，而平时又能留心教育者，陆续资派出洋，员数以多为贵，久或一年，少或数月，使之考察外国各学堂规模制度，及一切管理教授之法，详加询访体验。目睹外国教习如何教、生徒如何习、管理学堂官员如何办理。回国后，分别派入学务处暨各学堂办事，方能有实效而无靡费。"①教师要精心备课，除章程所列各书，还要求教师要"博览群书，以备参考"。在教学方法上提倡"由浅入深"。对于在教学工作中"能实心任事，不辞劳怨"的教师，则实行褒奖，以资鼓励。对于平日教学不认真的教员严加督责。在毕业考试中，如果经过"复考"，发现学生有"滥冒"现象，质量达不到要求，原考的总理及教习都要受处分，轻者罚薪，重者黜革。

（二）学生的教育与管理

所谓"造士必以品行为先"，在对学生的品行教育中，当然包含着"忠孝为本"的封建性内容，但更注重学生日常的行为表现，采用计分法对学生的品行进行考核。《学务纲要》规定："各学堂考核学生，均宜于各科学外，另立品行一门，亦用积分法，与各门科学一体同记分数。其考核之法，分言语、容止、行礼、作事、交际、出游六项，随处稽查，

---

① 舒新城：《近代中国教育史料》（第2册），上海科学技术文献出版社2015年版，第10页。

第其等差；在讲堂由教员定之，在斋舍由监学及检察官定之。"在教学管理中，其注重因材施教，根据学生学业基础的深浅进行分班，每班学生数不超过 40 人。学生有偏科现象，在学习过程中可适当调整学习时间，以作加强，如"史学功候深，算学功候浅，则移史学之功候补习算学。"每月张榜公布学生学习成绩，教习负责将学生平日功课分数数日一报总教习，总教习把学生一个月的成绩统计后"榜于堂"。学生考试分数与平日分数平均计算，各占 50%。毕业考试尤为严格，由学务大臣亲自主持，修业期间所学课程几乎每一门都要复考，由此可见毕业考试的难度。"凡考试应各视所学程度，分门详加考验，为外场，并须另行扁式论说文字，为内场。俟内外场考毕，合计内外场分数，暨平日品行分数合格者，照另订专章，分别奏请赐予各项出身，分别录用。照此考试奖励之法，优劣能否，众目共睹。其学业既非凭一日之短长，又可考平日之品行，试官既不致臆为高下，教员亦无所用其偏徇，庶足以兼考学行，杜侥幸而得真才。"[1] 毕业成绩与历年考试分数平均计算，即为毕业分数，毕业考试合格的学生才能发给毕业证书，毕业分数都要写在学生的毕业证书上。对于已达修业年限还需要补习者，有屡考下第必须斥退者，根据《大学堂章程》的规定"均由总理教习考验分别去留，任严毋滥"。

（三）学生与教员及校长的关系

《大学堂章程》第七章"堂规"第二节规定："凡开学散学及每月朔，由总教习、副总教习、总办各员，率学生诣至圣先师位前行礼。礼毕，学生向总教习、副总教习、总办各员各三揖退班。"第四节规定："学生平日见管学大臣、总教习、副总教习、分教习，皆执弟子礼。遇其他官员及上等执事人，一揖致敬。"这体现了师道尊严的传统，但在学校中则表现出一种师生平等融洽的关系，从普通教员到校长通过与学生的平等接触，言传身教。如京师大学师范馆，当时的管理人员和重要教师，大多是社会名流和学术大师，出于对学生的教育和感化，对学生都很讲礼貌，平等对待。根据《北京师范大学校史》记载，在京师大学堂开办之初，师生关系表现出一种融洽和睦的氛围，教员从教育感化学生的目

---

[1] 舒新城：《近代中国教育史料》（第 2 册），上海科学技术文献出版社 2015 年版，第 25 页。

的出发，与学生亲密接触，对学生很讲礼貌。当时教职员与学生同桌吃饭，学生坐上位，教员坐下位，完全突破了师道尊严的传统束缚。张鹤龄任总教习时，在到校的第一天，就身着礼服，拿着大红名片，到学生宿舍与学生见面，行"交拜礼"。① 在这样一种师生亲密接触、平等融洽的氛围中，学生也受到了很好的感染和教育。

三 高度集权的教学管理组织

中国高等学校的诞生不同于欧洲中世纪大学由师生自由讲学、自发组织而形成的学术组织，而是在面临列强瓜分、国家和民族生死存亡的关键时刻，作为救亡图存的工具，由清政府建立的。在封建专制统治之下，清末大学的外部和内部组织，都表现出高度的集权特征。

清光绪二十四年（1898）正式开办的京师大学堂，既是全国最高学府，"为各省之表率"，也是类似于此前的翰林院和国子监职能的教育行政机构，统辖各省学堂。京师大学堂设管学大臣，由皇帝亲自任命，由大学士、尚书侍郎为之，略如管国子监事务大臣之职，掌管京师大学堂，并节制各省所设之学堂。光绪二十九年（1903），清政府采纳张百熙、荣庆、张之洞等人的建议，专设总理学务大臣，另外别置京师大学堂总监督，管理京师大学堂事。学务大臣总辖全国学务，"凡整饬各省学堂，编订学制，考察学规，审查专门普通实业教科书，任用教员，选录毕业学生，综核各学堂经费，及一切有关教育之事均属焉。"② 由此可见，由皇帝指派的学务大臣职权之大，对各省学堂的统辖，上至学制、学规的制订，下至教科书、教员、毕业生的选用，统统集中于学务大臣。学务大臣由皇帝授权进行全国学务管理，学务大臣下设六处：专门处管理专门学科学务，普通处管理普通学科学务，实业处管理实业学科学务，游学处管理出洋游学生一切事务，审计处审定各学堂教科书及各种图书仪器，会计处管理各学堂经费。光绪三十一年（1905）十二月，作为"通国典

---

① 北京师范大学校史编写组编：《北京师范大学校史》，北京师范大学出版社1982年版，第8—9页。

② 舒新城：《近代中国教育史料》（第2册），上海科学技术文献出版社2015年版，第29页。

学之总署"的全国最高教育行政机构——学部正式成立，下设总务、专门、普通、实业、会计5司及司务厅，每司分设数科。第二年国子监并入，附设编译图书局、学制调查局、京师督学局、教育研究所、高等教育会议所等。光绪三十二年（1906），学部在《奏请宣示教育宗旨折》中，进一步申明了忠君、尊孔、尚公、尚武、尚实的教育宗旨。清末中国大学通过行政管理的三个发展阶段，形成了中央集权的管理模式，清政府不仅通过官员的任命、财政的分配控制大学，通过制定颁行各种学堂章程、学规约束大学行为，而且不断选派专员对各地学务进行督查。

大学外部行政管理的高度集权化，必然渗透和影响大学内部的行政制度及其教学管理组织运行。京师大学堂建立了一套较为完整的行政管理制度，并配备了相关的管理人员。京师大学堂设管学大臣一员，由大学士、尚书侍郎充任，略如管国子监事务大臣之职，主持全学，统属各员。学堂行政管理的机构设置为：设总办一员、副总办二员，以小九卿及各部院司员充任，以总理全学一切事宜，并受管学大臣领导。设堂提调八员，一人管支应，五人分股稽查学生功课，二人负责堂中杂务。另设有供事十六人，誊录八人；图书馆提调一员，供事十人；仪器设备院提调一员，供事四人。学堂教学管理的设置为：设有总教习一员，不拘资格，由特旨擢用，大略如国子监祭酒之职，主持一切教育事宜；副总教习二员，佐总教习以行教法，并分别稽查中外各教习及各学生功课；设分教习汉二十四员，由总教习奏调，略如翰林院五经博士、国子监助教之职，聘用的外国教习不以官职论。按章程规定，各教习在每学期开学之前，至迟十日前需要做出授课计划书，内容包括该学期有关教学的一切事项，呈送总正教习；各教习在每学期授课结束之后，至迟十五日，将本学期的所有教学事项进行总结，形成授业报告，呈送总正教习；各教习在学期考试与学年考试结束后七日内，必须将考试题目、学生考试分数表及考卷，一同呈送总正教习；凡欲更改已定教科书或欲更改授业计划书，均须预先获总教习批准方可执行；凡有关教育上的一切事宜，各教习如果有意见，需要随时向总正教习陈述报告，其意见能否获得认可或执行，取决于总正教习的态度。讲堂事务员类似于现在的教务员，会同教习提调办理讲堂事务，负责诸如学期功课时间表、收存讲堂日记簿、记录旷课学生名单等事务；每日开讲时提前十到三十分钟到讲堂事务处，做好上课前的有关事务性准备工作；讲堂事务员每日记录其办理事宜，以备考核；备有学生名册、履历以及教习职员名录、履历，遇有变化随时添削更改等。由此我们可以看出，京师大学堂的教学管理初步形成了两条线路：第一条是三层级的教学行政管理：总理大臣—总办、副总办—堂提调；第二条是三层级的教学事务管理：总理大臣—总教习、副总教习—教习。这两条线路比较明显地勾勒出京师大学堂教学管理的体制构成与运行机制。

从1904年开始，京师大学堂设总监督（即校长），由总监督负责学堂的所有事务。1910年3月，京师大学堂又学习和效法日本的东京大学，形成分科大学，在大学堂之下设经科、文科、法政科、农科、商科、工科、格致科七科（相当于学院）十三门（相当于系），每一科设有监督（相当于院长）一人，掌管该科的教务、斋务、庶务事宜，并且要受总监督的节制；每科还设有教务提调一人，负责该科功课及师生的相关事务。京师大学堂学习效法日本东京大学之后，其内部形成了大学堂—科—门的三层级结构，教学管理则呈现出直线式两层次结构：总监督（校长）—各科监督（院长）。需要关注的另外一点是在每一科监督的管理层级上，设置了教务提调这一新的职能性职务。教务提调作为一种新设置的职能性教学管理职务，分解和承担了各科监督在教学管理中的职责和负担。

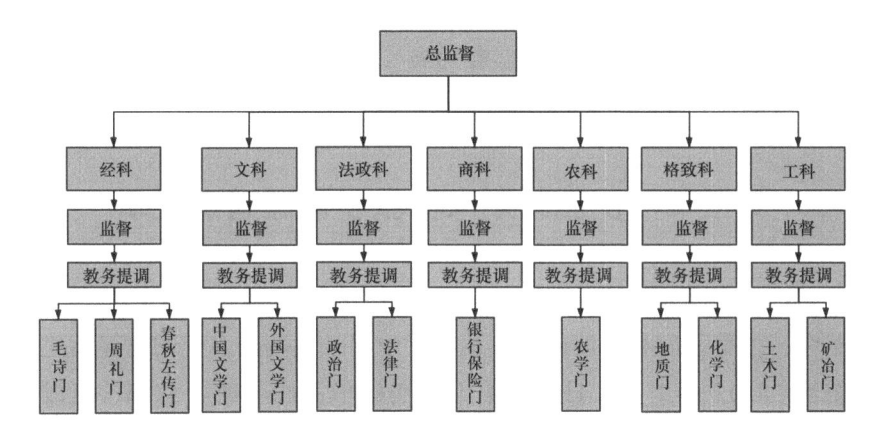

图2—1　1910年京师大学堂教学管理组织系统

资料来源：萧超然等：《北京大学校史（1898—1949）》，上海教育出版社1981年版，第15—26页。

在"师夷长技以制夷""中学为体,西学为用"思潮的影响下,清末学堂的建立、管理及其制度建设,都非常注重对国外大学的学习、借鉴乃至模仿。光绪二十九年(1903)十一月,张百熙、张之洞、荣庆重订学堂章程,于各学堂章程之前,编《学务纲要》一册,详述要旨,并提出派遣官员到国外考察学习大学管理:"各直省亟宜于官绅中推择品学兼优、性情肫挚、而平日又能留心教育者,陆续资派出洋,员数以多为贵,久或一年,少或数月,使之考察外国各学堂规模制度,及一切管理教授之法,详加寻访体验。目睹外国教习如何教,生徒如何习,管理学堂官员如何办理。回国后,分别派入学务处暨各学堂办事,方能有实效而无靡费。"① 因为日本距离近,省费用,且同属汉文化圈,易交流,便学习,所以出国考察学习首重日本,京师大学堂就是效仿日本东京大学的产物。效法日本东京大学后,京师大学堂主要是以科为主线设置教学门类,学生按科和门类展开学习活动。其教学的组织形式是:确定学制年限,制定分年课程计划,并采用班级授课制。这样就在学制、课程设置、教学组织等方面,突破了传统的进度不一的个别教学形式。这是中国大学教学及管理上的一次重要的组织变革。

从京师大学堂的创办到效法日本东京大学的办学,其集中反映出中国近代高校教学管理所经历的组织变革。当然,京师大学堂的教学管理,还不可能完全摆脱封建集权化的官僚体制,但其教学管理的直线式两层次结构、学科分化、教学以及课程和教学内容的变革等,已显示出中国近代高校教学管理组织变革的基本形态。

第二节　民国时期大学教学管理组织变革

1911 年(辛亥年)10 月 10 日,中国爆发了由资产阶级领导的辛亥革命,推翻了腐朽的清政府,结束了中国长达两千多年的封建君主专制统治。1912 年 1 月 1 日,孙中山就任中华民国临时大总统,组成了中华民国临时政府,蔡元培被任命为第一任教育总长,主持制定了包括

---

① 舒新城:《近代中国教育史料》(第 2 册),上海科学技术文献出版社 2015 年版,第 10 页。

《大学令》《大学规程》在内的一系列教育政策、规程，形成了《壬子癸丑学制》，奠定了民国时期教育的基本结构与规模。从1911年的辛亥革命到1928年北洋军阀政府的垮台，在这风云变幻的17年中，资产阶级民主革命迅速发展，反封建反孔教、高举民主与科学大旗的新文化运动和五四运动风起云涌。在这特殊的历史时期，国内教育界面临的非常迫切的首要任务，就是对清末的教育进行改革，建立资产阶级的新教育，从而为民国时期中国大学教学管理的组织变革提供了难得的历史机遇。

一 大学理念与人才培养目标

民国伊始，刚刚成立不久的教育部面临的首要任务是规划教育发展蓝图，在教育改革中，废除了清末"中体西用"的办学宗旨与"忠孝为本"的培养目标，确立新的教育方针，明确新的大学理念与人才培养目标。

民国元年（1912）1月19日颁布的《教育部普通教育暂行办法通令》，规定各种学堂，统统改称学校，监督、堂长一律改称校长，要求"凡各种教科书，务合乎共和民国宗旨，清学部颁行之教科书一律废止。""小学读经科，一律废止。"[①] 1912年（壬子年）9月，教育部公布了民国学制的系统框架，至1913年（癸丑年）8月，教育部又陆陆续续发布了《小学校令》《中学校令》《大学校令》《师范学校规程》《高等师范学校规程》《大学规程》《私立大学规程》《公私立专门学校规程》等一系列法令规程。这些法令规程构成了一个比较完整的学制系统，统称为《壬子癸丑学制》。《壬子癸丑学制》规定，大学6—7年，其中预科3年，本科3—4年。大学毕业后，得入大学院，修业年限不定。1912年颁布的《大学令》，规定了大学开设预科，学生入学资格需要在中等学校毕业或经考试具有同等学力；大学各科学生的入学资格，需要在预科毕业或经考试具有同等学力；大学各科之修学年限三年或四年，预科三年。各科学生修业期满，试验及格，授以毕业证书，得

---

① 舒新城：《近代中国教育史料》（第2册），上海科学技术文献出版社2015年版，第38页。

称学士。

1912年中华民国教育部颁布《大学令》，开宗明义，在第一条就规定大学的办学宗旨是："大学以教授高深学术、养成硕学闳才、应国家需要为宗旨。"① 由于清末以来，京师大学堂官僚习气积弊未除，学生无意于学术，趋炎附势，注重毕业后的升官发财。"教授高深学术、养成硕学闳才、应国家需要为宗旨"的提出，对于改变从京师大学堂延续下来的高等教育的现实弊端，奠定富有现代意义的大学理念具有重要的意义。正如蔡元培在《我在教育界的经验》一文中所指出："北京大学所以著名腐败的缘故，因初办时（称京师大学堂）设仕学、师范馆，所收的学生，都是京官。后来虽逐渐演变，而官僚的习气，不能尽洗。学生对于专任教员，不甚欢迎，较为认真的，且被反对。独与行政司法界官吏兼任的，特别欢迎；虽时时请假，年年发旧讲义，也不讨厌，因有此师生关系，毕业后可以为奥援。所以学生于讲堂上领受讲义，及当学期学年考试时要求题目范围特别预备外，对于学术，并没有何等兴会。讲堂以外，又没有高尚的娱乐与自动的组织，遂不得不于学校以外，竟为不正当的消遣。这就是著名腐败的总因。我于第一次对学生演说时，即揭破'大学学生，当以研究学术为职，不当以大学为升官发财之阶梯'云云。"② 蔡元培提出大学是"研究学术之机关"的理念，倡导学生"当有研究学问之兴趣"，是立足于国家的需要与民族的复兴。他认为："民族的生存，是以学术做基础的。一个民族或国家的兴衰，先看他们民族或国家的文化与学术；学术昌明的国家，没有不强盛的，文化幼稚的民族，没有不贫弱的。青年们既要负起民族的责任，先得负起学术的责任……如果我们要想挽救我们垂危的局面，恢复我们固有的光荣，唯有从学术方面努力研究。"③ 正因为学术研究与国家民族复兴紧密相关，所以蔡元培在历年的开学演说中面向新入学的大学生反复申述。1917年1月9日，在《就任北京大学校长之演说》中，他告诫学生首先要"抱定宗旨"："诸君来此求学，必有一定宗旨，欲求宗旨之正大与否，必先知大学之性质。

---

① 高平叔编：《蔡元培教育论著选》，人民教育出版社2011年版，第25页。
② 高平叔编：《蔡元培教育文选》，人民教育出版社1980年版，第243页。
③ 高平叔编：《蔡元培教育论著选》，人民教育出版社2011年版，第702—703页。

今人肄业专门学校，学成任事，此固势所必然。而在大学则不然，大学者，研究高深学问者也。"① 在《北大1918年开学式演说词》中，他进一步强调："大学为纯粹研究学问之机关，不可视为养成资格之所，亦不可视为贩卖知识之所。学者当有研究学问之兴趣，尤当养成学问家之人格。"② 1919年9月在《北京大学二十二周年开学式演说》中，他再次申明："大学不是贩卖毕业的机关，也不是灌输固定知识的机关，而是研究学理的机关。"③ 蔡元培所提出和倡导的"大学以教授高深学术、养成硕学闳才、应国家需要为宗旨"的办学理念，影响深远，1917年颁布的《修订大学令》、1924年颁布的《国立大学条例令》，都继承了这一大学宗旨。

根据1912年颁布的《大学令》第二条："大学分为文科、理科、法科、商科、医科、农科、工科"，1913年1月，教育部公布《大学规程》。该《规程》将文科分为哲学、文学、历史学和地理学4门；理科分为数学、星学、理论物理学、实验物理学、化学、动物学、植物学、地质学、矿物学9门；法科分为法律学、政治学、经济学3门；商科分为银行学、保险学、外国贸易学、领事学、税关仓库学、交通学6门；医科分为医学、药学2门；农科分为农学、农艺化学、林学、兽医学4门；工科分为土木工学、机械工学、船用机关学、造船学、造兵学、电气工学、建筑学、应用化学、火药学、采矿学、冶金学11门。

围绕"教授高深学术、养成硕学闳才、应国家需要"的大学宗旨，民国对清末的教育方针进行了批判与改造，摒弃了陈旧落后的封建内容，清除了"忠孝为本"的培养目标，撤销了封建性的经学科，取缔了毕业生授予举人、进士出身的做法。1912年2月，蔡元培发表《对于新教育之意见》，提出了军国民主义教育、实利主义教育、公民道德教育、世界观教育、美育，认为军国民主义为体育，毗于意志，实利主义为智育，毗于知识，德育兼意志与情感两方面，美育则毗于情感，世界观教育则处于统合的地位。蔡元培认为"五育"不可偏废，对于"五育"的关系

---

① 高平叔编：《蔡元培教育论著选》，人民教育出版社2011年版，第75页。
② 高平叔编：《蔡元培全集》（第三卷），中华书局1984年版，第191页。
③ 高平叔编：《蔡元培教育文选》，人民教育出版社1980年版，第87页。

与作用,他用人的身体为比喻,进行了形象的说明:"军国民主义者,筋骨也,用以自卫;实力主义者,肠胃也,用以营养;公民道德者,呼吸机循环机也,周贯全体;美育者,神经系也,所以传导;世界观者,心理作用也,附丽于神经系,而无迹象之可求。此即五者不可偏废之理也。"对于清末"忠君""尊孔"的教育宗旨,他明确提出"忠君与共和体制不合,尊孔与信教自由相违",予以取消,对于"尚公""尚武""尚实"则加以改造,指出:"尚武,即军国民主义也。尚实,即实利主义也。尚公,与吾所谓公民道德,其范围或不免有广狭之异,而要为同意。"① 1912年7月10日至8月10日,全国临时教育会议召开,会议讨论通过了民国教育方针:"注重道德教育,以实利教育、军国民教育辅之,更以美感教育完成其道德。"② 其中世界观教育,因陈义过高,未被列入。1919年4月,范源濂、蔡元培等19人组成的审查教育会,撰成了民国教育以"养成健全人格,发展共和精神"的教育提案,呈报教育部采择实施,反映了在民主与科学的新文化运动思潮中教育改革的趋向。培养"完全人格"是蔡元培一直主张和坚持的人才培养目标,早在《一九〇〇年以来教育之进步》中他就提出:"教育者,养成人格之事业也。"其所谓人格包含"调和之世界观与人生观""担负将来之文化""独立不惧之精神""安贫乐道之志趣"等。③ 健全人格的养成需要"四育"并举,体育、智育、德育、美育"一无偏枯",从而达到德、智、体、美和谐发展的完全人格。在1920年12月5日《普通教育和职业教育——在新加坡南洋华侨中学演说词》中,蔡元培申明"前年中国审查教育会,把普通教育的宗旨定为:(一)养成健全人格;(二)发展共和精神。"指出:"所谓健全的人格,内分为四育,即(一)体育;(二)智育;(三)德育;(四)美育。"体育"是要发达学生的身体,振作学生的精神";智育"最要是引起学生读书的兴趣";德育"不是记熟几句格言,就可以了事的,要重在实行";美育则要"注重美感"培养,引起学生"美的兴

---

① 高平叔编:《蔡元培教育论著选》,人民教育出版社2011年版,第5页。
② 陈学恂编:《中国近代教育史教学参考资料》(中册),人民教育出版社1987年版,第178页。
③ 高平叔编:《蔡元培教育论著选》,人民教育出版社2011年版,第46—47页。

趣"。① 体育、智育、德育、美育"四育"并举，一无偏枯，并注意处处要使学生自动，才能达成健全人格的培养目标。

二 教学活动与教学管理的新变化

这一时期的中国大学教育由于受辛亥革命以及后来新文化运动的影响，随着大学教育理念与人才培养目标的变化，在对清季以来教育反思与整理的基础上，其教学活动与教学管理呈现出一些新的变化。

（一）教学方法的改革

清末各学堂在教学上缺少教学方法的研究，以"教授法"习以为常，注重注入教授，忽略学生的学习兴趣与学习动力的培养。1914年公布的《教育部整理方案》，强调学校要注重"养成学生之自动力"，培养学生的学习兴趣和积极性，提出"养成之法，一宜废除注入教授，在引其自行观察及追求之兴趣"②。1915年教育部公布的《特定教育纲要》的说明中，对此做了进一步的阐述："不问学生之资质如何，惟施以同一之教法，不策励学生之自勤自勉，惟以注入教授养成其依赖性。"③ 在对清末学堂注入式教学的批判中，北京高等师范学校首先举起了对教学方法改革的大旗。北高师各科教学采用"自学辅导主义"，为加强学生课外的自学研究，减少了每周的课堂教学时间，限定每周的课堂教学不得超过30小时。加强了学生课前预习和课后的练习、实验，课堂教学注重评点与考问，以激发学生学习的主动性与学习的兴趣。在教学方法上注重启发式，反对注入式。钱玄同、马裕藻所拟的《高等师范学校预科国文教授法草案》提出："高等师范，所以造就将来之中学教师。是以学生自预科始，于听授而外尤贵能自己讲解。且程度较高，又宜启发其自觉心，不当专以注入为主义。教师可随时将新选文辞先行发放，令学生各自参考预备。至讲授时，教师任指数人，各令讲解一节。讲毕，教师则奖其讲

---

① 高平叔编：《蔡元培教育论著选》，人民教育出版社2011年版，第330页。
② 中央教科所教育史研究室编：《中华民国教育法规选编》，江苏教育出版社1990年版，第9页。
③ 中央教科所教育史研究室编：《中华民国教育法规选编》，江苏教育出版社1990年版，第34页。

解明了者而摘其谬误者。其学生讲解忽略之处，则重申讲明之。"① 1917年陶行知任职南京高等师范学校，1918年代理教务长，在5月南京高等师范学校召开的校务会议上，对注入式教授法提出批评，认为这种"教授只管教，学生只管学"的方式不合理，理由是先生的责任不在教而在教学，教学生学；教的法子必须依据学的法子；先生不仅要拿他的法子和学生联络，还要和他自己的学问联络起来，做先生的应该一面教一面学。陶行知在南高师大力倡导教学改革与教学合一，主张用"教学法"代替"教授法"，但在当时却遭到了部分保守派的反对，直到五四运动爆发，才被学校采纳。②

（二）选科制的实行

清末与民国初年的大学普遍实行学年制，不利于因材施教与个性的陶冶养成。受西方大学自治与个性解放的影响，这一时期在中国大学教育的制度设计与教育教学活动中，表现出"注重对学生之个性陶冶的特点"。1914年12月公布的《教育部整理教育方案草案》突出强调"学校宜注重学生之个性陶冶"，指出："学生禀赋不同，个性各异，苟不审其短长，因材陶冶，则教育实效终不可期。如轻躁者必教以真挚，傲慢者必矫以谦恭，孤僻者必导以同情，因循者必振以立志；故个性陶冶要旨有二：一、善导个性，应其禀赋而施以学术；二、个性固重，亦宜采人之长，补己之短，以期造就中和之人。"③ 蔡元培的《在北京高等师范学校〈教育与社会〉杂志社演说词》中指出："论到发展个性一层，现在学校中行分年级制度，不论个性如何，总使读满几年，方能毕业，很不适当。"④ 要加强因材施教，注重学生个性陶冶，"选科制"则成为必然的选择。所谓"选科制"就是选择课程的意思，包括必修课程和任选课程、主系课程与辅系课程。1917年，北京大学召开校务会议，决定由学年制改行选科制，率先在全国高校中试行选科制。1919年，南京高等师范学

---

① 北京师范大学校史编写组编：《北京师范大学校史》，北京师范大学出版社1982年版，第29页。

② 朱斐主编：《东南大学史》（第一卷），东南大学出版社2012年版，第45页。

③ 中央教科所教育史研究室编：《中华民国教育法规选编》，江苏教育出版社1990年版，第9页。

④ 高平叔编：《蔡元培教育论著选》，人民教育出版社2011年版，第278页。

校校务会议决定实施"选科制",并审议通过了《改良课程案》,在《改良课程案》中对学年制与"选科制"的利弊得失进行了比较分析:"(1)各课程皆令学生必修,往往有性之不近者,亦须随班,听讲兴趣即无,成效自难;采用选科制的学生可依兴趣发展其天赋之特长。(2)于规定所限毕业,敏者嫌其太迟,钝者觉其太快;如以学分计算,敏钝各得其平。(3)实行选科制可以打破分科之界限,学生对功课亦不致限于局部学习。(4)现科目规定不能增减,其弊在于或有功课而无相当之教员,或有教员而强迫其担任非所长之功课;实行选科制,则有伸缩之余地。(5)按现行规定,平均分数不及格者应留级,所有功课均须重修,即便是曾经最高分数的科目亦不例外;采用选科制,则只需重修不及格之科目。(6)按照现行制度平均分数及格者即可升级,即便有些科目不及格亦不再重修,采用选科制则此弊可除。"① 东南大学的具体选课规定是:(甲)必修科。国文6学分,英文12学分,总计18学分。另外提供了五组选修科,(1)组:国文、英文、西洋文学;(2)组:历史、政治、经济;(3)组:哲学、数学、心理学;(4)组:生物学、地学;(5)组:化学、物理,每组须选修4—8学分。(乙)自选主系、辅系。学生在本科各系中,自选一系作为主系,然后由主系教师提出若干,学生从中选择一个作为辅系,主系课程至少修满40学分,最多不超过60学分;辅系课程至少要修15学分,最多不超过30学分。(丙)自行选科(科目)。除(甲)(乙)的规定之外,在征得指导教师同意后,学生还可以自修别科的课程。② 选科制的实行,考虑到了学生的程度、兴趣与个性发展,在一定程度上调动了学生的学习积极性。

(三)社团组织与学术活动

1912年5月16日,蔡元培作为教育总长到北京大学参加开学典礼,他在开学典礼的演说中提出"大学为研究高尚学问之地"。1917年蔡元培就任北京大学校长,倡导"思想自由,兼容并包",深受德国大学"学术至上"的影响,反复强调大学要研究高深学问。为营造大学的学术气氛,

---

① 南京高等师范学校校务会议公决:《南高课程应采用选科制案》,载南京大学史编写组《南京大学校史》,南京大学出版社1992年版,第85页。

② 朱斐主编:《东南大学史》(第一卷),东南大学出版社2012年版,第108—109页。

激发学生研究学问的兴趣,丰富学生的课外生活,陶冶学生的高尚情操,提高学生的社会责任感,蔡元培大力倡导举办各种社团组织、创办学校刊物、举行各种学术演讲与报告,思想自由、学术活跃之风充满北大校园。当时的文、理、法各科每个星期都有学术讲座与专题演讲,成为当时新思想的发源地。由北大广大师生发起组织的各类社团组织如同雨后春笋般纷纷出现,如进德会、新闻研究会、哲学研究会、史学研究会、地质研究会、马克思主义研究会、书法研究会、音乐研究会、画法研究会、孔子研究会、健身会、搏击会、雄辩会、消费公社、学生银行、平民教育演讲团等等。比较著名的报刊有《新青年》《每周评论》《新闻周刊》《北京大学日刊》《北京大学月刊》《国民杂志》《音乐杂志》《新潮》《北京大学数理杂志》等。进德会是由蔡元培发起成立的一个旨在提倡培养个人高尚道德的组织,1918年6月召开成立大会,有70余名教员、90余名职员、300余名学生入会。新闻研究会的会长是蔡元培,李大钊经常到会演讲,哲学研究会由杨昌济、马叙伦等人发起成立,毛泽东在北大工作期间,参加了这两个研究会。正是在这样一种文化氛围中,北大在这个时期的新文化运动和"五四"爱国运动中,站在了时代的前列,造就了一大批先进分子和革命先驱。

三 教授治校与教学管理组织变革

随着资产阶级民主革命的推进,以"民主"与"科学"为主要内容的新文化运动深入人心,在民主与科学时代精神的感召下,教授治校与民主管理成为这一时期大学的显著特征。

1912年民国政府成立后,教育部颁发《大学令》,申明大学"以教授高深学术、培养硕学闳才、应国家需要"的办学宗旨,确定了大学的"治学"功能,确立了大学的组织原则:一是大学设校长一人,总辖大学全部事务;各科设学长一人,主持一科事务;二是大学设教授、助教授,遇必要时,可以延聘讲师;三是大学各科设讲座,由教授担任,教授不足时,可使助教授或讲师担任讲座。特别值得关注的是,在教学管理的组织形式上,设立了评议会和教授会。评议会作为大学组织结构中最高的立法和决策机构,由各科学长及各科教授互选若干人组成,校长为议长,随时召集会议。评议会的主要职责是:各学科之设置及废除；讲座之种类；大学内部规则；审查大学院生成绩及请授学位者之合格与否；教育总长及大学校长咨询事件。教授会由各科分设，以教授为会员，学长为议长，可随时召集会议。教授会主要审议以下事项：学科课程；学生试验事项，审查大学院生属于该科之成绩；审查提出论文、请授学位者之合格与否，教育总长及大学校长咨询事件。民国初年《大学令》的颁布，具有划时代的重要意义，彰显了大学的学术功能。评议会、教授会的设置，突出了"教授治校"的民主化精神，也明显地体现出大学教学管理上组织变革的要求。尽管《大学令》中教授治校等相关规定于相当长的时间内并没有在办学实践中得到落实和执行，但大学的基本精神得到了传承，从而使民国时期大学内部学术管理的基本模式得以确立，对后来有关大学办学章程的制定产生了重大而深远的影响。

1917年蔡元培出任北京大学校长，他力主教授治校与民主管理。正如他在1919年9月20日《回任北大校长在全体学生欢迎会上的演说词》中所描述的："我初到北京大学，就知道以前的办法是，一切校务都由校长与学监主任庶务主任少数人办理，并学长也没有与闻的，我以为不妥，所以第一步组织评议会，给多数教授的代表，议决立法方面的事，恢复学长权限，给他们分任行政方面的事。但校长与学长，仍是少数。所以第二步组织各门教授会，由各教授与所公举的教授会主任，分任教务。将来更要组织行政会议，把教务以外的事，均取合议制，并要按事务性质，组织各种委员会，来研讨各种事务。照此办法，学校的内部，组织完备，无论何人来任校长，都不能随意办事。"① 蔡元培主张民主治校，他在同一天的《回任北大校长在全校教职员欢迎会上的演说词》中，明确提出"本校事务，是全体职员共同负责的"② 治校方针。他通过改组评议会、扩大教授会、设行政会议、设教务处及总务处等改革措施，分步推进教授治校与民主化管理。一是改组评议会。1917年3月，蔡元培首先主持改选了北京大学评议会，制定了《评议会简章》，按照章程的规定，评议会由校长和教授互选的评议员组成，评议

---

① 高平叔编：《蔡元培教育论著选》，人民教育出版社2011年版，第244页。
② 高平叔编：《蔡元培教育论著选》，人民教育出版社2011年版，第245页。

员数额设定为以全体教授的五分之一，任期为一年，在每年暑假后一月之内，采用无记名投票的方式选举产生。评议会议决的事项包括：各学系的设立、废止与变更；校内机关的设立、废止与变更；审议学校的各种规章；各行政委员会的委任；审议学校预算；教育总长及校长咨询的事件；将建议与教育部有关的高等教育事项；关于校内其他重要事项。二是设教授会。参加评议会的教授只有五分之一，为了使更多的教职员参与学校管理，1917年12月北京大学评议会决议设置教授会，根据《北京大学学科教授会组织法》："每一部教员，无论其为研究科、本科、预科教授，讲师，外国教员，皆为本部教授会之会员。"1919年北大组织改革废门设系后，改为按系设教授会，负责本系的教学管理工作，包括：课程设置、教材选用、教学方法改革、学生选科指导、学生学业考核等。三是设行政会议。行政会议是学校的最高行政机构和执行机构，主要负责学校评议会议决事项的执行与落实。在行政会议之下设有组织委员会、预算委员会、聘任委员会、审计委员会、庶务委员会、图书委员会、出版委员会、仪器委员会等，各行政委员会的委员都由教授担任。四是设立教务处。1919年2月，北京大学评议会决议废止学长制，由各科教授会主任合组文理两科教务处，撤销各科学长，设立教务会议。1920年，《国立北京大学现行章程》中明确了教务会议的职责是："增减及支配各学系之课程；增设或废止学系建议于评议会；举荐赠予学位之候补人于评议会；关于其他教务上之事件。"① 教务会议由教务长和学校各系主任组成，教务长是在各系主任中经过互选产生的，任期一年。五是设立总务处。设总务长一人，由校长从总务委员会委员当中聘任，任期为三年，以教授为限。总务处下设总务部、注册部、图书部、仪器部、出版部、庶务部，职责分工明确。一系列改革使教授治校落实到学校工作的各个方面。另外，对于学校教学改革与发展事务，不仅评议员拥有提案权，作为非评议员的教职员也可以五人以上联名提案，体现了民主管理的广泛性。

---

① 《指令》第一千九百号，王学珍、郭建荣主编：《北京大学史料》第二卷，北京大学出版社2000年版，第83—84页。

第二章　中国大学教学管理组织变革的历史检视 / 79

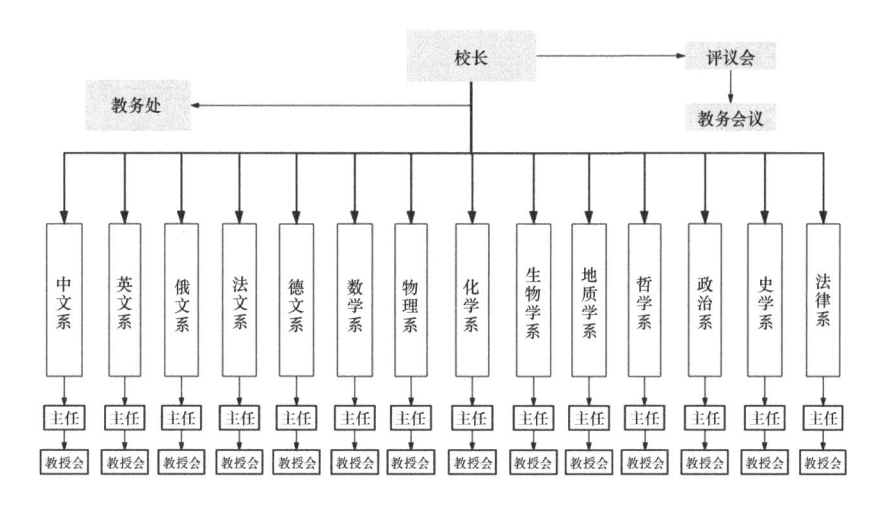

图 2—2　1919 年北京大学教学管理组织结构

资料来源：萧超然等：《北京大学校史（1898—1949）》，上海教育出版社 1981 年版，第 42—43 页。

北京大学在全国的大学中率先设立评议会与教授会，实行教授治校与民主管理，对全国其他大学起了示范和引领的作用。许多大学纷纷学习和效法北京大学，如东南大学，1921 年 7 月 13 日经教育部核准的《东南大学组织大纲》规定，校长总辖全校事务，凡是各科主任、教授、讲师、助理、行政各部主任与部员，均由校长聘用。为体现民主管理与教授治校，东南大学成立了评议会、教授会与行政会。评议会是议事性机构，其职能是："议决本校教育方针；关于经济之建议事项；重要之建筑与设备；系与科之增设废止或变更；关于校内其他重要事项。"评议会下设学生自治委员会运动委员会、招生委员会、出版委员会、图书委员会、游艺委员会、校舍建筑委员会、推广教育委员会。教授会是指导学校教学工作的组织，其主要职能是："议决全校教务上之公共事项，建议系与科之增设废止或变更于评议会，赠予名誉学位之议决规定学生成绩之标准。"各科设科教授会，其职权是："议决本科之教育方针；规划本科发展事业；建议本科各系预算于校长；建议本科各系变更于评议会；编订本科之课程及其他规程；审定本科学生毕业资格；决定给予免费学额；协助群育部（后增设）处理训育事宜；建议赠予名誉学位于教授会；其他关于本科之重要事项。"行政委员会则是全校的行政总署，协助校长处理校务。①

由以上的梳理可以看出，民国时期中国国立大学的教学管理组织结构有两个线路：一是在教学管理的行政层面，是直线式的两层级组织结构，校长主持全校的教学工作，各科学长主持各科的教学事宜；二是在教学事务的管理层面，则是由各科学长与教授会负责，教学活动与教学管理的基本组织形式是讲座制。讲座制是一种"金字塔型"的组织结构，源于德国大学，强调学术权力在学科发展、专业设置、教学管理中的核心地位。这种组织结构实质上是把具体的教学管理工作置于学校组织的底层。这种教学管理组织形态改变了直线式教学管理的组织形态及运行机制。因此，我们说这是基于学校组织底层的教学管理组织变革。值得注意的是这一时期的教会大学，不同于国立大学的两层级教学管理结构。

需要进一步说明的是，民国时期中国高校教学管理的这种组织变革是巨大的，一是反映出中国新兴资产阶级对中国高等学校管理的新要求，具有一定的革命性；二是学习和引进西方国家现代大学管理制度，探求中国高校教学管理新模式。当然，这种巨大的变革，也在一定程度上超越了中国高等学校发展的现实。所以，这种高等学校教学管理的组织变革在实践中并没有得到充分发挥，没有获得应有的成效。但我们也不能否认，民国时期中国高校教学管理的这种组织变革，为此后高校教学管理的组织变革奠定了思想基础，并提供了可资借鉴的实践探索的经验，在中国高等教育发展史上具有深远的影响。

第三节　南京国民政府时期大学教学管理组织变革

1927年4月18日，南京国民政府在南京举行成立典礼，"七一五"政变后，汪精卫表示愿意与南京国民政府"和平统一"，促成宁汉合流。1928年12月29日，北洋奉系张学良在奉天宣布东北易帜，接受南京国民政府的统一领导，从而使南京国民政府实现了对全国的形式上的统一，

---

① 朱斐主编：《东南大学史》第一卷，东南大学出版社2012年版，第83—84页。

结束了北洋军阀的统治。从1927年到1949年的22年，是中国大学进一步发展并走向成熟的时期，国民政府先后出台了《大学组织法》《大学规程》《大学研究院暂行组织规程》《高等师范学校规程》《学位授予法》《学位分级细则》《大学教员资格条例》《大学及独立学院各学系名称》《专科以上学校导师制实施办法》《专科以上学校学生学业成绩考核办法要点》《大学行政组织要点》等各类教育法律法规数百项，体现了国家意志对大学的控制。另外，也在一定程度上为大学的规范化和定型化提供了法律法规依据。

一 教育宗旨与人才培养目标

南京国民政府把教育纳入了国民党的政策轨道，并加强了对高等学校的控制，作为实施其政治的工具。首先，国民党政府提出要实行"党化教育"，后来又改为以"三民主义教育"为教育方针。但是，随着国内政治形势的风云变幻，国民党政府不时地调整、更改高等教育政策。这一时期，中国近代高等教育有了进一步的发展，大学的数量明显增加，管理制度和体制也逐步成型并不断完善。

从高等教育发展模式来讲，辛亥革命以后中国所办的新教育不是模仿日本和德国，就是步趋美国。而国民政府定都南京后，则采用法国式教育制度，实行大学院和大学区制，即在中央成立大学院，为全国最高学术教育机关，不设教育部；在地方，则分别成立各大学区，作为教育行政的下属机构，以校长总理区内一切学术与教育行政事项，不设教育厅。这一举措对于中国高等教育的发展及管理模式的变革，可以说是一种"移植性"的或"拿来性"的"创举"，但这一教育制度，推行不到两年就夭折了。推行大学院和大学区这一法国式的教育制度失败后，国民政府又先后公布了几个教育法规，对高等教育的宗旨、方针、目标、管理机构设置、课程及教学管理制度等，都做出了较为明确的规定和说明。

1927年南京国民政府成立之初，国民教育委员会审议通过了韦悫起草的《国民政府教育方针草案》，其中阐明了"党化教育"的宗旨，强调了"党化教育"的内涵，即在国民党的领导下，实现教育的"革命化""科学化""民众化""社会化"，在国民党的根本政策之下，确定了教育方针十二条。① 不久，政务大会通过了《浙江实施党化教育大纲》，提出"以本党（中国国民党）训练党员之方法训练学生""以本党（中国国民党）的纪律为学校的规约"等包含五个方面内容的"党化教育"大纲。②"党化教育"的本质是实行"一个党，一个主义"的专制教育，因而遭到了强烈的抨击与抵制。后来把"党化教育"更改为"三民主义教育"。1929年4月26日，国民政府公布《中华民国教育宗旨及其实施方针》，进一步明确大学的教育宗旨："中华民国之教育，根据'三民主义'，以充实人民生活扶持社会生存，发展国民生计，延续民族生命为目的，服务民族独立，民权独立，民生发展，以促进世界大同。"提出的实施方针八条，其中第四条强调了大学教育的人才培养目标是："大学及专门教育，必须注重实用科学，充实科学内容，养成专门知识技能，并切实陶融为国家社会服务之健全品格。"③

国民政府建立初期，制定了"十年经济建设规划"，推动了中国经济的较快发展。为适应经济建设对实科人才的大量需求，国民政府在一系列的教育议案与法规中，都强调了高等教育要"注重实用科学，充实科学内容"。1929年公布的《大学组织法》，根据中华民国教育宗旨及其实施方针，强调了大学"以研究高深学术养成专门人才"的办学目标和培养目标，突出了大学的研究性和学术性定位，以培养国家需要的专门人才。为适应经济发展对实科专门人才的需求，注重发展专科学校，培养应用的专科人才，进一步明确和强调了专科人才的应用性。1912年教育部公布的《专门学校令》，规定"专门学校以教授高等学术、养成专门人才为宗旨"，与同期公布的《大学令》中规定的大学"教授高深学术"，其所为的"高等学术"与"高深学术"是混同的，难以区分。1929年公布的《专门学校组织法》，根据中华民国的教育宗旨和实施方针，强调"教授应用科学养成技术人才"的办学目标与培养目标，突出了专科学校

---

① 舒新城：《近代中国教育史料》（第4册），上海科学技术文献出版社2015年版，第18页。
② 舒新城：《近代中国教育史料》（第4册），上海科学技术文献出版社2015年版，第24页。
③ 中央教科所教育史研究室编：《中华民国教育法规选编》，江苏教育出版社1990年版，第70—71页。

的应用性定位。大学"以研究高深学术养成专门人才"为办学目标和培养目标,专科学校"以教授应用科学养成技术人才"为办学目标与培养目标,从而使不同类型的学校在办学目标和培养目标上各不相同。

另外,国民政府根据《大学组织法》,将大学分科改为学院,分设文、理、法、教育、农、工、商、医各学院,凡具备三学院以上者,始得称为大学,不符合上项条件者为独立学院。《大学规程》规定:"遵照中华民国教育宗旨及其实施方针,大学教育注重实用科学之原则,必须包含理学院或农工医各学院之一。"除医学院修业年限为5年,其他学院均为4年。根据《专科学校规程》,专科学校分为五类,甲类包括矿业、机械工程、电机工程、化学工程、土木工程、河海工程、建筑、测量、纺织、染色、造纸、制革、陶业、造船、飞机制造等专科学校,具备两种专科以上,可称工业专科学校;乙类包括农艺、森林、兽医、园艺、蚕桑、畜牧、水产等专科学校,具备两种专科,可称农业专科学校;丙类包括银行、保险、会计、统计、交通管理、国际贸易、税务、盐务等专科学校,具备两种专科以上,可称为商业专科学校;丁类包括医科、药学、艺术、音乐、体育、图书馆、市政、商船等专科学校。专科学校修业年限为2至3年,其中医学专科学校课目修毕后,须再实习1年。这就从制度的层面上,规定了不同性质和类型的高校所展开的教学活动在其基本形态上的差异。

二 教育教学活动与教学管理的规范化

南京国民政府为加强对大学的宏观管理,整顿教育教学秩序,注重建章立制,发布了一系列教育的法律法规,使大学的教育教学活动和教学管理制度化和规范化。尽管南京国民政府时期的大学处于战乱与动荡之中,但人才培养质量得到了基本保障,这一时期出现了西南联大的教育奇迹。

(一)学年学分制

学年学分制是在前期选科制试行基础之上,融合学年制与学分制之所长的管理制度,既有对学生修业年限的规定,也有对学年学分与总学分的要求。1931年1月,教育部颁布了《学分制划一办法》,统一要求各高校一律采用学年兼学分制,并且规定了大学生应修学分的最低标准,除医学院之外，大学四年须修满132学分才能毕业。学分计算标准是：凡是需要课外自修的科目，以每周上课一小时满一学期者为一学分，实习与不需要课外自修的科目，以两小时为一学分。1932年12月公布的《北京大学学则》规定，每个学生至少修满132学分才能毕业，第一和第二学年学生每学期选修学分至少要达到16学分，最多不超过18学分，但法律系学生可以选修至22学分。各系根据专业特点还规定了必修课和选修课的比例，一年级学生先选修共同科目，同时选修准备转入系科的相关课程，二年级进入所选学系学习。① 1933年8月，北平师范大学修订公布《学则》，对课程与学分做了详细规定。学校课程"兼采学分制与学年制"，规定本科四年须修满146学分才能毕业。每门课程一学期每周上课一小时、自修时间二至三小时为一学分。每个学生一学期选修课程至少18学分，最多不超过22学分。课程分为必修、选修、主科、副科四种类型，公共必修科占50学分，主科占50—70学分，副科占20—30学分，自由选修科占8—16学分。学校课程分为三类，一是修养类，包括党义、哲学概论、自然科学概论、社会科学概论、体育、卫生，占全部课程的10%，总计16学分；二是教材类（即现在所说的专业课），占66.7%，总计96学分；三是专业类，包括教育概论、教育心理、教学法、教育史、中等教育、教育行政、儿童及青年心理、参观、实习等，占23.3%，总计34学分。② 1938年，西南联大在成立之初制定了《教务通则》，实行学年学分制。《通则》规定学生在校学习必须满四年，师范学院五年，每学期每周授课1学时的课程为1学分，实习或实验2—3学时为1学分，学生每学期所选课程以17学分为准，不得少于14学分，也不能超过20学分。四年制学生须修满132学分，师范学院为156学分，方能毕业。

（二）考试与成绩管理

1929年8月14日，教育部公布《大学规程》，将大学学业考试分为入学考试、临时考试、学期考试、毕业考试四种考试。入学考试由校务会议组织招生委员会，在每个学年开始前进行，各个大学根据情况也可

---

① 萧超然等：《北京大学校史（1898—1949）》，上海教育出版社1981年版，第197页。
② 北京师范大学校史编写组编：《北京师范大学校史》，北京师范大学出版社1982年版，第96—97页。

以与其他大学组织联合招生委员会。临时考试由各系教师随时进行，每个学期至少一次。临时考试的成绩，要与日常的听课笔记、练习、实习、试验、读书札记等成绩，分别合并计算，以作为平时学习成绩。学期考试，由院长会同各系主任及教师在每个学期的期末进行，学期的考试成绩与平日成绩合并计算，作为学期的学习成绩。毕业考试，由教育部委派校内的教授、副教授与校外专门学者组织委员会进行考试，校长担任委员长。每种科目的考试，需要有一位校外委员参加，必要时教育部派员对毕业考试进行监试。毕业考试的科目要求在四种以上，至少需要有两种包含全学年的课程。① 根据《专科以上学校学生学籍规则》第七章成绩管理规定，学期考试成绩与平时成绩合并计算作为学期成绩，各学期成绩、毕业论文成绩与总考成绩合并计算为毕业成绩。学生学期考试成绩不及格科目的学分总数不满该学期修习学分总数的三分之一，不及格科目成绩在50分以上的，可以安排补考一次。补考成绩及格者以60分计算，不及格者必须重修。学生学期考试成绩不及格科目成绩不满50分者，不允许补考，必须重修。必修科目有两种以上重修不及格者，须令退学。学生学期考试成绩不及格科目的学分数达到该学期修习学分总数三分之一以上者，下学期修习学分则应减少四分之一。学生学期成绩不及格科目之学分数达到该学期修习学分总数二分之一以上者，不得补考，应令退学。北京大学、中央大学、辅仁大学等学校规定，如果学生一门课程学期终总成绩不及格，而平日成绩达到40分以上者，允许补考一次，补考不及格，则需要重修。当时的清华大学及后来的西南联大，考试要求严格，不及格课程不允许补考，必须重读，学生的淘汰率很高。清华大学考试形式多样，如课堂提问（作为平时成绩的一部分）、上课前下课后的十分钟笔试、月考和期考等。这种频繁考试的做法，尤其以工学院突出。严格的考试，造成了很高的淘汰率，从1929年到1933年五年中，理学院学生的淘汰率分别为：36.7%、69.8%、54.8%、60%、42%；工学院的淘汰率分别为 67.5%、56.1%、59.4%、49.5%、

---

① 中央教科所教育史研究室编：《中华民国教育法规选编》，江苏教育出版社1990年版，第412页。

32%。① 西南联大的要求也非常严格，《教务通则》规定一年中不及格课程的学分占学分数三分之一者，留级；达到二分之一者，退学。不及格课程不得补考，不给学分，以零分计算。不及格课程如果是选修课，可另选其他课程补足学分即可，如果是必修课，必须在下一学年该课开班时重读，如隔一年再修，即使及格也不给学分。对基础课的要求特别严格，设立一年级课业指导委员会，一年级结束时，某一两门基础课，成绩达不到70分或65分不能升入该系二年级。理、工科特别是工科，课业负担重，几乎每周都有考试，甚至星期天也有考试。考试评分极为严格，不及格率很高。文、法学院训练方式不同，有大量的参考书需要学生研读。根据联大校友回忆，联大的淘汰率在三分之一以上。封海清根据《国立西南联合大学校史》附录"本科毕业生统计表"统计，1938—1945年，西南联大在校本科生总计8000人，去掉抗战期间有登记的从军学生834人、联大结束时肄业并志愿选择三校继续上学的学生1641人，应毕业学生为5525人，实际毕业生只有3813人（本科生3732人、专修科81人），毕业率只有69%。② 高淘汰率保障了人才培养的高质量。

（三）导师制

根据教育部《专科以上学校导师制实施办法》的规定，高校要根据学生所属院系把学生分为若干小组，每个组设一位导师，由校（院）长聘请专任教师担任，每个组学生的人数由各高校（学院）酌定，但是有上额限定，每个小组最多不得超过二十名学生。各高校（院）专任教师担任导师是义务性的，大学各学院院长、系（科）主任为该院系（科）主任导师，负责领导各该院系（科）导师实施训导工作。各校（院）于每学期开始，由训导处统一拟定训导工作计划，并记载学生身体状况以及学习成绩，分别送达各小组导师，作为导师做实施训导的必要参考。导师的职责是对学生的思想、行为、学业以及身心状况有充分的了解，体察个性，根据训育规定以及各校（院）训导计划，对学生开展严密训导，使学生的人格得以正常发展。训导的方式多种多样，除个别训导外，

---

① 清华大学校史编写组编著：《清华大学校史稿》，中华书局1981年版，第125—128页。
② 封海清：《西南联大的文化选择与文化精神》，博士学位论文，华中科技大学，2005年，第97页。

提倡导师分别利用课余及假期时间，集合本小组的学生开展谈话会、远足会、交谊会、讨论会以及其他有关团体生活的训导，各院系（科）主任导师须参加团体生活的训导。各组导师对于学生的品行、思想、学业、身体状况等等，都需要详细记录，并有针对性地对学生的缺点和不足提出改进意见。每个学期由各院系（科）主任导师汇集报告训导处一次，并由训导处根据考察结果及导师报告通知学生家长。

三 教学管理组织变革

国民政府时期，由于大学规模的不断扩大、学系的迅速增多，大学的教学管理组织由前一阶段的校—系两级管理，变革为校—院—系三级管理。

1929年7月26日，教育部公布的《大学组织法》规定，大学分文、理、法、教育、农、工、商、医各学院；凡具备三个学院以上的，才能称为大学，不符合上项规定的则为独立学院，得分两科；大学各学院或独立学院各科，需要分为若干个学系；大学设校长一人，综理全校事务，除担任本校教课外，不得兼任他职；独立学院设院长一人，综理全院事务；大学各学院设置院长一人，由校长聘任；独立学院各科各设科主任一人，综理各科教务，由院长聘任；大学各学系设主任一人，负责该系教务，由院长商请校长后聘任。独立学院的各系主任，由院长聘任。大学设置校务会议，取代了原来的评议会，由全体教授、副教授公开推选的代表若干人，以及校长、各学院院长、各学系主任共同组成，由校长担任主席。校务会负责审议大学学院学系之设立及废止、大学预算、大学课程、大学内部各种规则、学生考试事项、学生训育事项、校长交议事项等等。在校务会议之下设有各种专门委员会。大学各学院院务会议，由院长、系主任及事务主任组成。院长担任主席，负责计划学院学术设备事项，审议学院一切进行事宜。各系设系教务会议，由系主任及本系教授、副教授、讲师组成，系主任担任主席，负责计划本系学术设备事项。[①] 1929年8月14日，教育部发布《大学规程》，对大学各学院或独立学院的学系设置进行明确规定，大学文学院或独立学院文科，分为中

---

① 中央教科所教育史研究室编：《中华民国教育法规选编》，江苏教育出版社1990年版，第418—419页。

国文学、外国文学、史学、哲学、社会学、语言学、音乐学以及其他各学系；大学理学院或独立学院理科，分数学、物理学、化学、生物学、地理学、地质学、生理学、心理学及其他各学系，并得附设药科；大学法学院或独立学院法科，分法律、政治、经济三学系，但需要单设法律学系，大学或独立学院之有文学院或文科而不设法学院或法科，及设法学院或法科而专设法律学系者，得设政治、经济二学系于文学院或文科；大学教育学院或独立学院教育科，分教育原理、教育心理、教育方法、教育行政以及其他各学系，大学或独立学院之有文学院或文科而不设教育学学院或教育科者得设教育学系于文学院或文科；大学农学院或独立学院农科，分农学、林学、畜牧、兽医、园艺、蚕桑以及其他各学系；大学工学院或独立学院工科，分土木工程、机械工程、化学工程、电机工程、建筑学、造船学、采矿、冶金及其他各学系；大学商学院或独立学院商科，分银行会计、统计、国际贸易、工商管理、交通管理及其他各学系；大学医学院或独立学院医科不分系。①

　　1930年冬，蒋梦麟出任北京大学校长，提出了"教授治学、学生求学、职员治事、校长治校"的办学理念，对学校的教学、科研与行政管理制度等进行了比较大的变革。1932年发布的《国立北京大学组织大纲》确定，学校以研究高深学术、养成专门人才、陶融健全品格为办学宗旨，校长总理全校事务。原教务处改为课业处，设课业处课业长一人，商承校长并商同各院院长负责学生课业事宜，由校长从教授当中聘任。原总务处改为秘书处，设秘书长一人，商承校长处理全校行政事宜并监督所辖各机关，由校长从教授当中聘任。学校设有考试、图书、财务、仪器、出版、学生事业等委员会，各委员会主席及委员由校长从教授中指定。②设置校务会议，取消了原来的评议会，由校长、秘书长、课业长、图书馆馆长、各院院长、各系主任及全校教授、副教授所推选的代表等若干人组成，校长担任主席。除校务会议之外，保留了原有的行政会议与教

---

① 中央教科所教育史研究室编：《中华民国教育法规选编》，江苏教育出版社1990年版，第41页。

② 萧超然等：《北京大学校史（1898—1949）》，上海教育出版社1981年版，第193—194页。

务会议,行政会议与教务会议的职能与民国时期基本相同。根据《国立北京大学组织大纲》,北京大学实行学院制,把原来的文、理、法三科,改为文学院、理学院、法学院,各学院设有院长一人,商承校长负责各学院院务,院长由原来的教授推选改为由校长从教授中聘任。各学系设有主任一人,商承院长主持各系教学计划的实施,系主任由院长商请校长从本系教授中聘任。各学系的教授、副教授,由院长商请校长聘任。这一时期,北京大学实行学院制,拥有文、理、法三个学院十四个学系。各学院设有院务会议,以院长和系主任组成,院长为主席,负责学院教学事项,审议本院一切教务事宜。各学系设系务会议,由系主任、教授、副教授组成,系主任为主席,负责本系教学事项。由此可以看出,这一时期北京大学校长治校的权力得到了加强,行政事务管理与学术事务管理进一步分离,事务性管理逐渐上移到组织的中上层,学术性管理逐渐下移到院系,改变了以前教授兼任事务的制度,体现了"教授治学、学生求学、职员治事、校长治校"的办学理念。

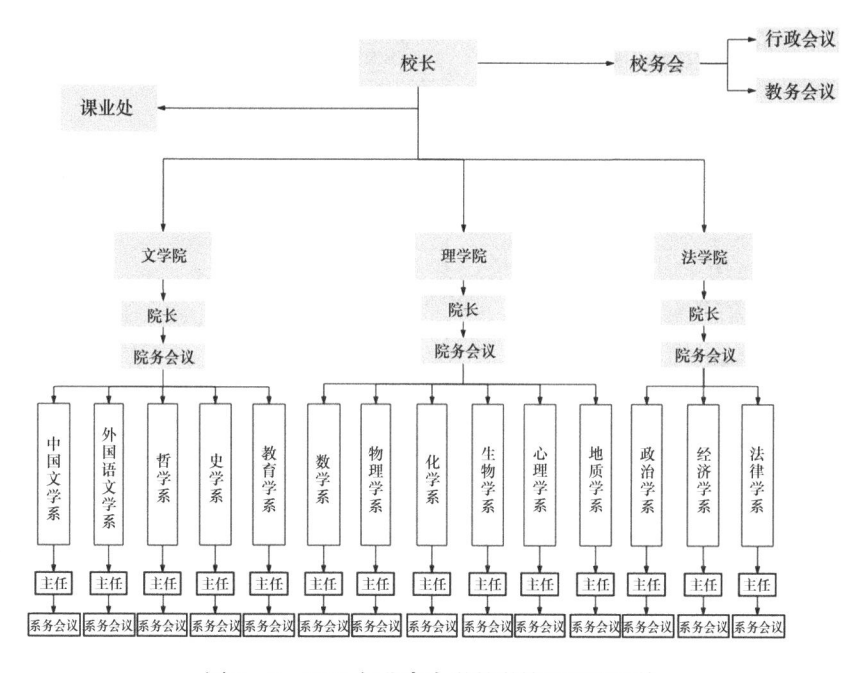

图 2—3 1931 年北京大学教学管理组织结构

资料来源:萧超然等:《北京大学校史(1898—1949)》,上海教育出版社 1981 年版,第 193—195 页。

受美国大学办学理念和教育思想的影响,"教授治校"的传统得以继承和发扬。学校的行政组织保留了评议会和教授会,增设了校务会,其中教授会由全体教授、副教授组成,校长为主席,是学校最高权力机构,关于校政的决议,由校长负责执行,可以选举评议员和院长。评议会由校长、教务长、秘书长、学院院长及教授会选出的七个评议会员组成,相当于教授会的常务委员会,是学校的立法机构。校务会由校长、教务长、各院院长组成,是处理日常行政事务的行政机构。另外,还设立了聘任、招考、出版、建筑、图书等专门委员会,各委员会的成员都是教授,除财务、人事、建筑委员会主席由校长兼任外,其他委员会则是由教授任主席,是体现"教授治校"的具体组织形式。行政机构设有教务处和秘书处。教务处下设注册、军事训练、体育三部,并辖管图书馆等部门。从教务处、学院、学系三级职能来看,教务处主要是管理日常教务行政工作,全校性教学工作的大政方针是由校务会、评议会、教授会

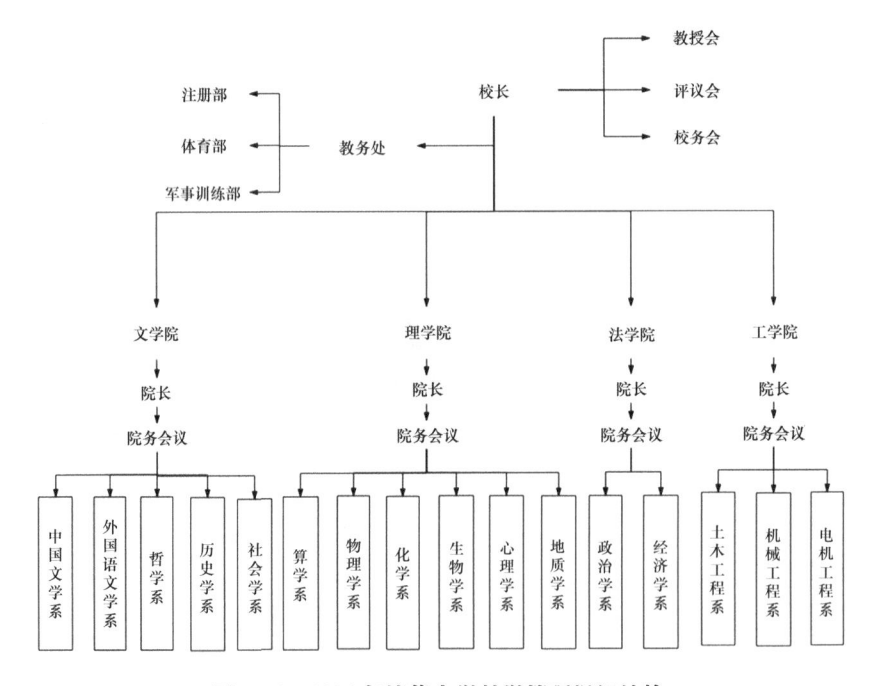

图 2—4 1934 年清华大学教学管理组织结构

资料来源:清华大学校史编写组编著《清华大学校史》,中华书局 1981 年版,第 110—111 页。

研究决定的。学院院长一般是由系主任兼任，没有什么实际权力，其职责只是召集各系主任举行不定期的院务会议，院务会议不能对各系做出统一的强制性的工作规定，通常的议题是把学院经费通过协商的方式分配给各系。系的教学工作则主要体现为系主任各自为政，教学工作的实际权力在学系，系主任掌握全系的人事、教务、财务工作，凡有关该系教师的聘用、经费的使用、课程的设置、课程表的制定、学生选课单的审批、毕业生的考核，以及图书和实验仪器设备的购置等，都由系主任负责。1929年6月，国民政府教育部颁布《国立清华大学规程》，规定清华大学本科分文、理、法三个学院十五个系。根据国民政府"提倡理工、限制文法"的要求，1932年成立了工学院。到1934年，清华大学的院系设置基本定型，共有文、法、理、工四个学院十六个系。

1937年8月，国民政府提出了"战时须作平时看"的教育方针，为了保存教育实力，进行高校迁移。国立北京大学、清华大学、私立南开大学辗转长沙，11月三校联合组建为国立长沙临时大学。1938年2月，国立长沙临时大学由长沙迁往云南昆明，4月更名为西南联合大学。西南联合大学在教学管理上仍然是实行学校—学院—学系三级管理。在学校层面不设校长，由原清华大学校长梅贻琦、北京大学校长徐梦麟、南开大学校长张伯苓以及秘书主任组成常务委员会，三校校长轮流担任常务委员会主席，首届主席由梅贻琦担任。根据1938年颁行的《大学组织法》，西南联大设有校务会议和教授会。校务会议由常务委员、常委会秘书主任、教务长、总务长、各院院长以及教授、副教授互选代表11人组成，负责审议学校的预算和决算、学系的设立与废止、各项规章制度的制定、学校建筑以及重要设备的购置、讨论改进校务等等。教授会则由全体教授、副教授组成，常务委员会委员和常委会秘书为当然的会员。教授会作为学校的咨询机构，听取常委会主席的报告工作，讨论事关学校发展的重大事项，选举参加校务会议的代表。西南联大常务委员会作为最高行政领导机构，下设教务处、总务处、建设处，1939年增设训导处。教务长、总务长、训导长、各学院院长、各系系主任都由教授兼任，所承担课程与一般教授相同，不因兼任职务额外增加薪水。各学院设有院务委员会，由本学院各系教授会主席及教授代表组成。各系教学工作由系教授会主席负责，1936年各系教授会主席改称系主任。从教学行政组织构成及其职能权限来看，西南联大比较好地继承和保持了原三校教授治校的传统精神。西南联大在成立初期，就制定和公布了《教务通则》，对于学生入学、注册、选课、转系、成绩计算、旷课、请假、休学、退学、毕业及学位授予等等，都进行了详细具体的规定。1939年又对本科教务通则进行了修订，增加了试读、留级、操行成绩等项目，总共65条。《西南联大本科教务通则》对于战时维护教学秩序、加强教学与教务管理、保证人才培养质量起到了积极的作用。

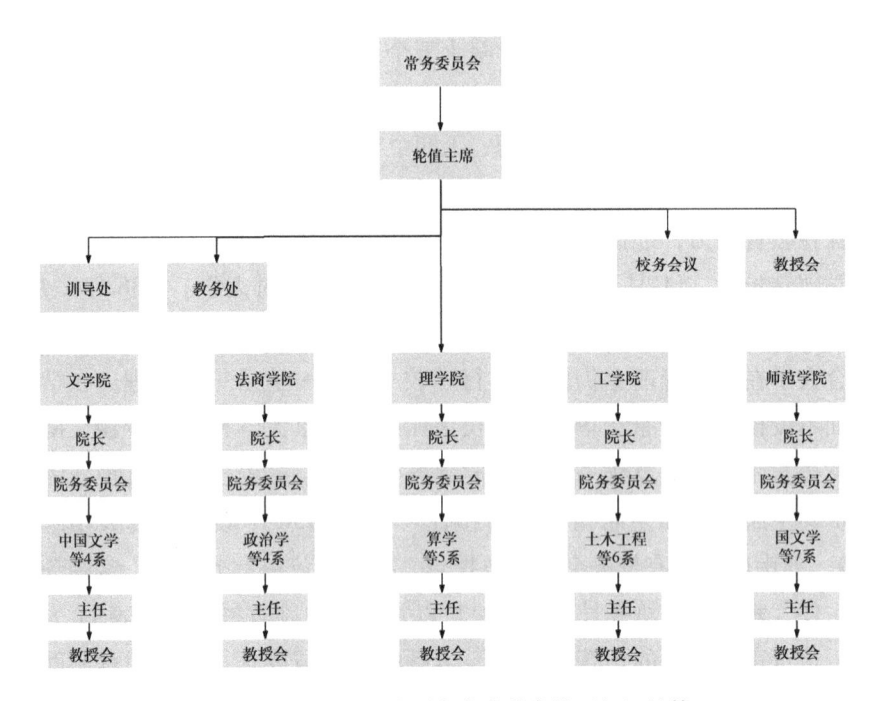

图2—5　1940年西南联合大学教学管理组织结构

资料来源：西南联合大学北京校友会编：《国立西南联合大学校史》，北京大学出版社1996年版，第26—29页。

总体而言，国民政府时期的大学教学管理，进行了制度规范意义上的组织变革，使中国大学教学管理组织变革逐步走向制度化和组织化的成型轨道。但是，从大学教学管理组织变革的动因来看，这一时期大学教学管理的组织变革，实际上并不是大学内在的自主性变革，而是在政府控制下的组织变革。因此，这一时期大学的教学管理组织变革，主要还是依赖于政府对大学发展的制度化控制，是根据和按照政府的意志进行的大学教学管理组织变革。南京国民政府时期，中国高校教学管理组织变革逐步走向制度化和组织化的成型轨道。

第四节　中华人民共和国成立后至改革开放时期大学教学管理组织变革

1949年10月，中华人民共和国成立，社会发生了翻天覆地的变化，以新的教育制度取代旧的教育制度成为历史的必然，中国高等教育揭开了新的一页。从中华人民共和国成立初期在百废待兴中对苏联的模仿，到"文化大革命"十年的开门办学、改革开放前期的拨乱反正，这期间有学习模仿中的探索，风暴海啸中的劫难，拨乱反正中的新生，中国高校的教学管理组织变革在坎坷曲折中前行。

一　中华人民共和国成立后十七年大学教学管理组织变革

在中华人民共和国成立后的十七年中，为适应经济建设发展对专业人才的需求，高等教育在办学目标、人才培养、领导体制、教学组织、教学内容、课程设置、学年制等方面，经历了积极维持、逐步改造、艰难探索的过程。尽管屡受政治运动的影响，但高等教育在风雨中前行，奠定了大学教学管理组织的原型结构。

（一）中华人民共和国成立初期大学教学管理组织变革

1949年9月29日，中国人民政治协商会议第一届全体会议通过了《中国人民政治协商会议共同纲领》，提出"中华人民共和国的教育方法为理论与实际一致。人民政府应有计划有步骤地改革旧的教育制度、教育内容和教学法"，明确了大学的教育方法与改造的内容，指明了大学的方向。为了加强对全国大学的集中统一领导，1950年8月2日政务院发布了《关于高等学校领导关系的决定》，要求全国高等教育的方针、政策与制度，高等学校的设置变更或停办，大学校（院）长的任命，以及教师学生的待遇、经费开支的标准等，均需按教育部的统一要求执行。同时教育部还发布了《关于实施高等学校课程改革的决定》《高等学校暂行规程》，对高等学校的培养目标、课程改革、入学要求、学业考试、教学组织、行政组织等做出了具体的规定。

这一时期关于教学管理组织最显著的变革，一是培养专门化人才的需要，《关于实施高等学校课程改革的决定》提出，"高等学校应以学系为培养专门人才的教学单位"，从而为大学教学管理组织由校—院—系的三层级结构变革为校—系的两层级结构，提供了政策依据；二是在系之下设立教研组，《关于实施高等学校课程改革的决定》提出，为提高师资的水平和质量，要求"应就各项主要课程，组织教学研究指导组，由教师实行互助，改进教学的内容与方法"。《高等学校暂行规程》第四章"教学组织"，则进一步明确指出："教学研究指导组（以下简称教研组）为教学的基本组织，由一种课目或性质相近的几种课目之全体教师组成之。"教学研究指导组的具体职责：一是领导和组织本组全体教师，讨论和制定本组课程的教学计划与教学大纲；二是领导和检查本组的教学工作和研究工作；三是领导与组织本组学生的自习、试验与实习。

在大学的改造中对教学管理组织进行变革是其中非常重要的内容，改造的路径就是向苏联学习，以中国人民大学和哈尔滨工业大学作为先行试点拉开了变革的序幕。

中国人民大学于1950年2月正式成立，其内部组织架构完全是模仿苏联的大学模式建立起来的，采用"大学—系"两层次结构。第一个层级是大学行政领导层，由学校校务委员会、校长以及校长办公室、教务处、科研处等职能部门构成。第二个层级是由承担教学任务的系组成，并学习苏联的经验，在系之下设有教学研究组。教研组这种基层教学组织形式从此时开始被引入中国大学，成为在中国大学教学工作中发挥重要作用和产生深远影响的基层教学组织。

教学研究组是从集体主义的思想出发成立起来的教学组织，所有教师根据所教授的课程被分别组织在各个不同的教学研究组中。每个教学研究组需要制定自己的工作计划，并且根据教学研究组统一的工作计划，每一位教师都要制定个人工作计划与教学大纲。对于新成立的中国人民大学来讲，教学研究组是一种新的教学组织形式和教学管理制度。中国人民大学在1951年成立了41个教学研究组。教学研究组的主要任务是：组织教学活动与科学研究活动、提高教师的马克思主义水平、培养研究生等。每个教研组设有主任和副主任，教研组主任的职责是：拟定本教研组的教学工作计划，审核各学科进度表；辅导教研室其他工作人员进行的教学工作，并负责检查与监督执行与落实情况；领导学生的自修和实习，并负责检查学生的成绩；领导本教研室开展科学研究工作，制定相应的研究计划；领导和培养研究生以及提高本教研室工作人员的科研水平和政治水平；负责选拔教研室工作人员和研究生，并呈请校长批准。中国人民大学试行的教学研究组的经验被推广到全国各高校，为教学研究组这一基层教学组织在全国大学范围内的广泛建立起到了示范和引领的作用。

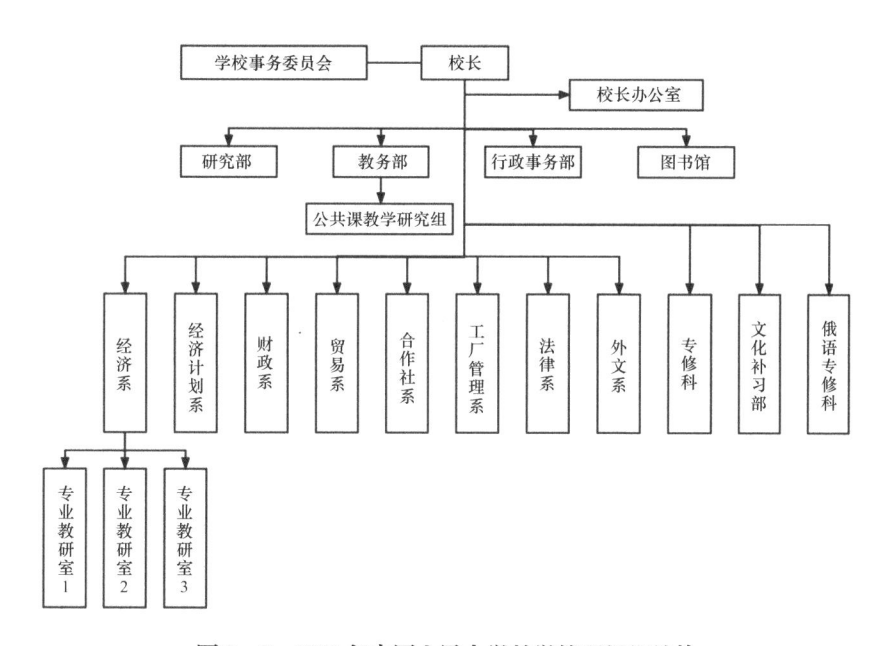

图2—6 1950年中国人民大学教学管理组织结构

资料来源：《中国人民大学概况》，《教育部档案》1950年，卷4。

在大学的整体教学管理方面，中国人民大学也是学习苏联经验，制定教学计划，并根据教学计划展开教学活动。其教学计划包括：本科各系、预科、专修科、研究生的教学计划与每一门课程的教学计划。概言之，中国人民大学的教学管理，主要体现在：第一，在全校教学计划制定之后，各系、各教学研究组也相应制定系、教学研究组的工作计划，按照教学计划展开教学活动。第二，将教学方法体系化。体系化的教学方法包括课堂讲授、自习、讨论、辅导、实习、考试等，并在教学活动的各个阶段、各个环节建立了教师责任制制度。第三，严格执行考试制度。对学生来讲，不但期末、学年末有考试，还有对平时学习的考核检查。第四，执行严格的纪律。一是确保学生上课的出勤率，二是要求教师讲课时不发生迟到、早退现象。由此可见，这时的人民大学的教学管理，注重教学计划的制定，强调教学计划执行的组织化和制度性，以保持和维护正常的教学活动秩序，较明显地呈现出教学管理行政化权力的强制性和规范性。

哈尔滨工业大学的历史与苏联是分不开的，特别是 1945 年至 1950 年，它属于苏联的中国长春铁路局管辖。再加之哈尔滨工业大学长期以来以俄语为教授语言，接受苏联专家，学习苏联的教学方法、教学内容，具有其他大学难以比拟的有利条件。中共中央于 1951 年 4 月批准了教育部的《关于哈尔滨工业大学改进计划的报告》，在报告中明确规定了哈尔滨工业大学的任务，"仿效苏联工业大学的办法，培养重工业部门的工程师和国内大学理工科师资"。

哈尔滨工业大学的教学改革主要体现在如下两个方面：一是制订教学计划。首先按人才培养的年限制订出整体的教学活动的周时数，并把所有教学活动的时间明确规定下来，如课程开设的学期、总学时、周学时、考试或考查的学期以及每周的上课学时等。这一教学计划为学年制计划，非学分制计划。凡教学计划规定的课程均为必修课程。其次，依据理论与实践相结合的原则，制订实践性教学计划。二是整顿教学研究组。1951 年哈尔滨工业大学进行了整顿教学研究组的工作。把所有教师按照学科、课程组织到教学研究组中，并进一步明确了教学研究组的隶属关系。政治课教研组与体育教研组由校长直接领导，其余的 6 个公共课教研组则由教务处领导，专业课教研组归属于各系领导。为了提升教研组工作水平，《哈尔滨工业大学校章》对教研组主任的职责进行了明确的规定：负责编制本教研组教学工作计划和课程大纲；领导与检查本教研组教师的讲授课程、实验、答疑及其他教学工作的质量；负责拟定领导及检查科学研究工作计划的执行与落实情况；领导和组织学生的自习、实验和实习，并负责考核学生成绩；领导研究生培养和提高教研组工作人员质量；提出教研室人员，并呈请校长批准。哈尔滨工业大学的教学管理组织改革对中国工科院校教研室的广泛建立产生了很大的影响。

从中国人民大学和哈尔滨工业大学教学管理的组织变革来看,中国大学的教学管理在组织形态上形成了行政和教学两层次结构的管理体制:教学管理的行政事务由学校职能部门承担,属于大学行政管理层;教学管理的具体事务则由系以及基层教组承担,统属于大学教学管理层,教研组是大学教学管理的基层单位。中国大学教学管理的这种组织变革,主要是由国家发展中国高等教育的策略及其政策所决定的,大学自身只是处于服从与执行的地位。以中国人民大学和哈尔滨工业大学为代表的高等学校教学管理组织变革,其变革的主体并不是高校自身,而是国家;从组织变革的性质上来看,还不能简单定义为说是除弊式的或是革命式的组织变革,只能说是一种由外在力量推动和引发的大学转型性的组织变革。

(二) 院系大调整后的大学教学管理组织变革

1952 年,中国开始启动了第一个经济建设五年计划。针对当时高等教育中存在的整体布局不合理、办学规模小而全、系科结构庞杂、师资队伍不足、大学的人才培养不能满足蓬勃发展的经济建设的需要等问题,为了使高等教育能够适应大规模、有计划的社会主义建设需要,从根本上改变旧中国大学设置分布与系科分工的无政府状态,党中央和国务院提出了"以培养工业建设人才和学校师资为重点,发展专门学校,整顿和加强综合大学"的指导方针,对全国高校开展了大规模、有计划的院系调整。调整的基本方式是按照苏联大学的模式,撤销了大学中的学院,调整出工、农、医、政法、师范、财经等科,或者新建专门学院,或者是合并到已有的同类学院当中去。调整后的中国高等学校由原来的 211 所,减少到 182 所,其中综合大学 14 所、工科院校 39 所、师范院校 31 所、农林院校 29 所、医药院校 29 所、艺术院校 15 所、语言院校 8 所、财经院校 6 所、体育院校 5 所、政法院校 4 所、民族院校 2 所。

为了在全国的大学中统一教学组织形式,规范教学管理结构形态,根据教育的指示要求,参考中国人民大学等校的试点经验,中国各高校都陆续开展了改组教学组织的工作。首先是到 1953 年底完成的院系调整,改变了中国高校原有的教学管理三层级结构,确立了高校教学管理的校—系两层级结构。其次是教研组作为高等学校教学基本组织的做法得以推广。在先期中国人民大学试点的基础上,1953年至1954年期间,在高等教育部召开的全国综合大学会议、中国人民大学教学经验讨论会、全国高等财经教育会议等各种会议上,中国人民大学成立教研组的做法得到充分肯定和推广:"抓住教研室作为办好学校的中心环节。通过教研室来进行教学、开展科学研究工作、培养师资、提高教师的思想政治水平。"① 此后,中国各高等院校都先后开展了改组教学组织的工作。教育部在《1954年的工作总结和1955年的工作要点》中指出,全国高等院校已经基本上完成了改组或成立教学研究组的工作。由此,教学研究组成为中国高校教学管理的重要基层单位,也是中国高校教学管理的基本制度之一。从组织变革的意义上讲,教研组的产生、发挥作用,是中国高校教学管理组织变革的一个重要标识或关键构件。

1958年中国经济建设进入第二个五年计划,这也是"大跃进"和教育大革命的开始。中共中央、国务院在8月发布了《关于教育工作的指示》,提出"党的教育方针是教育为无产阶级政治服务,教育与生产劳动相结合",提出"以15年左右的时间普及高等教育"的宏大目标。由于受"政治挂帅"思想的影响,在教学计划中增加了政治课的课时,"教育与生产劳动相结合"的方针实际上变成以生产劳动代替教育。如南京大学根据形势需要修订的教学计划中,5年的政治课总学时从原计划的315—544学时增加到480—600学时,占总学时的15.7%—21.07%,另外规定每学期必须要有一周的整风鉴定。劳动课规定,文科学生一年中要有4个月的劳动,理科学生3—4个月的劳动,其中1—2个月要到农村进行体力劳动。② 广大师生或被下放到农村劳动,或在学校垒小高炉大炼钢铁等,直接导致的结果是:高校正常的教学秩序被打乱。由于政治课与劳动课的大量增加,专业课大幅度减少,课堂教学时间大幅度萎缩。在这种背景下,高校教学任务无法保证按计划完成,也就谈不上教学及其管理的质量和效益。但也不能不说这是中国特定历史时期高校教学管理的重大组织变革,或者说是一种缺乏理性、违背教学规律的一次"革

---

① 杨秀峰:《中国人民大学教学经验讨论会闭幕词》,转引自洪志忠《高校基层教研室的演化与重建》,《大学教育科学》2016年第3期。

② 王德滋主编:《南京大学百年史》,南京大学出版社2002年版,第342页。

命式"的组织变革。

1961年1月，党的八届九中全会针对"大跃进"的失误，提出了"调整、巩固、充实、提高"的八字方针。中国政府和高教界反思和总结了1957—1960年政治运动冲击高校教学工作的教训，开始重视高校教学及管理的计划性和有序性，重视课堂教学以及系统的基础知识对于人才培养的意义和价值。教育部在认真总结中华人民共和国成立12年来教育发展经验教训的基础上，根据毛泽东同志提出的"使受教育者在德育、智育、体育几方面都得到发展，成为有社会主义觉悟的有文化的劳动者"的教育方针，明确了高等学校学生的培养目标，草拟了《教育部直属高等学校暂行工作条例（草案）》（简称"高教六十条"），10月份经中共中央批准试行。"高教六十条"提出"高等学校必须以教学为主，努力提高教学质量"，强调了高等学校的领导制度，"是党委领导下的以校长为首的校务委员会负责制"，改变了此前党委保障监督下的校长负责制。校长作为国家任命的学校行政负责人，对外代表学校，对内主持校务委员会和学校的经常性工作。校务委员会由校长、党委书记、副校长、教务长、总务长、系主任、若干教授和其他必要人员组成，校务委员会的构成中党外人士一般不少于三分之一。校务委员会的职责是在校长的主持下，讨论和决定学校工作中的重大事项，包括学校的教学工作、科学研究、研究生培养、生产劳动、物质设备、生活管理和思想政治工作等计划；各系工作中的某些重大问题；师资培养、教师职务提升、招生计划、毕业生分配等工作；负责制定和修订学校的规章制度；负责审查学校的预算、决算等。按照专业性质，在学校之下设置系一级的教学行政组织，各系设有主任一人，系主任是在校长的领导下主持系务委员会和系的常务工作。系务委员会是全系教学行政工作的集体领导组织。系内重大工作问题，由系主任提交系务委员会讨论决定，系主任负责执行和落实。系务委员会由系正、副系主任、系党总支书记、教研室主任及教师代表若干人组成，由系主任提名，报校务委员会审议通过，由校长任命。由系正、副主任担任系务委员会的正、副主任。系务委员会负责执行学校党委、校务委员会的决议和校长的指示，并且讨论和决定本系工作中的重大事项，包括本系有关教学、科研、生活的物质条件的保证问题，学生的升级、留级、退学和奖惩等事项。在系之下按照一门或几门课程设置教学研究室。教学研究室的主任在系主任或者教务长的领导下，全面负责本教研室的教学研究工作。教研室主任的职责主要包括：领导和组织执行教学计划、选编教材、拟定教学大纲、编制教学日历等教学工作，科学研究工作和开展学术活动；组织本教研室教师的进修工作和研究生的培养工作；领导教研室所属实验室、资料室的建设和管理工作。"高教六十条"中对教研室工作职责与功能的确定，相比1950年发布的《高等学校暂行规程》，进一步明确、丰富和具体，奠定了教研室作为基层教学研究组织在中国大学中的独特地位。

"高教六十条"的颁布实施，使中国高等学校教学工作有了明确的指导思想，高等学校教学秩序得以稳定，教学工作得以按计划实施。这一时期中国高校教学管理的组织变革，基本上以调整、完善为特征，从而构成了当代中国高等教育教学管理组织的原型。至此，中国高校教学管理又重新走向制度化和组织化的轨道。

二 "文化大革命"时期大学教学管理组织变革

1966年5月16日，中共中央政治局常委扩大会议通过了《中国共产党中央委员会通知》（简称《五一六通知》），《通知》要求全党"高举无产阶级文化革命的大旗，彻底揭露那些反党反社会主义的所谓'学术权威'的资产阶级反动立场，彻底批判学术界、教育界、新闻界、文艺界、出版界的资产阶级反动思想，夺取在这些文化领域的领导权"。这是一个关于开展"文化大革命"的纲领性文件。1966年8月召开的党的八届一中全会，通过了《中共中央关于无产阶级文化大革命的决定》（简称《十六条》），决定指出运动的目的是"斗垮走资本主义道路的当权派，批判资产阶级的反动'学术权威'，批判资产阶级和一切剥削阶级的意识形态，改革教育，改革文艺，改革一切不适应社会主义经济基础的上层建筑，以利于巩固和发展社会主义制度"。"运动的重点，是党内走资本主义道路的当权派。""要彻底改变资产阶级知识分子统治我们学校的现象。"《决定》下达后，一场群众性运动在全国范围内迅速展开。在"教育革命"的口号之下，在彻底批判"资产阶级知识分子统治学校"的大潮中，学校被迫停课，高等学校教学秩序完全被打乱，高校教学的管理也走向服从政治需要。在这样的大背景之下，即使是高等学校教学的最基层组织——教学研究组,也被认定为"资产阶级知识分子统治的基础"而被彻底"否定"。"文化大革命"重新揭开了中国高等学校教学管理的"革命式"组织变革的帷幕。

1967年,"文化大革命"进入"斗、批、改"阶段,一些被称为"教育革命"的试验在全国范围内展开,开始了教育自身的"大革命",开始了由"大破"转向"大立",创建"教育革命"的新体制。这一时期,中国许多高校提出了改革教育制度的新设想。如同济大学的改革方案是:整个学校改建为一个由学校、施工单位、设计单位三结合的"五·七"公社。"五·七"公社废除了系和教研室,设立了若干个专业委员会,专业委员会之下设置若干教学班,教学班由教师、学生、工人、工程技术员混合,按军事编组。另如北京林学院,其改革教育制度的方案是:撤销教研室,成立专业连队,把基础课教师和专业课教师混合后分别编成若干个专业连队。在专业连队建立由干部、教师、学生三结合的领导小组,既领导政治又领导教学。从上述两所高校制定出的"教育革命"的实施方案来看,这种"教育革命"不仅打破了高校原有的教学管理的组织设置,而且在教学目标、教学组织形式、教学活动过程等方面也实施了革命式的组织变革,这种变革,也集中展现出"文化大革命"背景下中国高校教学管理的组织方式及运行形态。

1968年,各大学造反派夺权之后,大学原有党政组织处于瘫痪状态,各路造反派纷纷成立"革命委员会",大学内部实行"革命委员会"负责制,原有的基层教学组织教研室被撤销,实行校—系两级"革命委员会"领导。1969年4月中国共产党第九次全国代表大会在北京召开,提出了"无产阶级专政下继续革命的理论",党的九大以后,"教育革命"深入推进,大学则要为无产阶级专政下的继续革命服务,要成为"无产阶级专政的工具"。按照"必须由工人阶级领导,必须有工人群众参加"的最高指示,学校普遍实行工人(军队)宣传队、革命师生和革命领导干部三结合的领导体制,以工人(军队)宣传队负责人为核心建立各级党组织。从这一时期大学的领导成员构成来看,"教育革命"的确是把大学的领导管理权"从资产阶级知识分子"手中夺了回来,掌握在了广大工农兵的手中,实现了"从根本上解决学校的无产阶级领导权"的目标。如清华大学1968—1969年校革委会和党委会的常委总共17人,其中工宣队与军宣队的成员 13 人，占比 76.5%；学校教职工 4 人（其中教师 1 人），占比 23.5%。从 17 位成员的学历程度来看，其中大学 1 人，高中 3 人，初中 10 人，小学 3 人。① 类似于清华大学的领导体制及其成员的构成，在全国高校中具有一定的普遍性。

在 17 年不断学习与总结、探索与完善的过程中建立起来的高等学校领导体制被打破的同时，作为高等学校基本教学单位的专业教学组织也被破坏和肢解。如厦门大学革委会，在 1970 年 8 月提出，要建立"无产阶级教育新体制"，这种新体制就是在"校办工厂、实验室、科研组的基础上，打破系的界限，把理科四个系的有关专业纳入校办电子厂、化工厂、制药厂，实行厂带专业的新体制。各专业的教师、学院和工厂的工人组成专业连队，由工厂一元化领导，统筹教学、科研、生产"。打破原仪器厂、物理系、数学系的建制，建立校办电子厂。电子厂成立革命领导小组，由工宣队、军宣队成员和原三个单位选派的干部组成，实行一元化领导。设有五个车间：电子材料车间，是半导体材料专业的三结合教学基地；电子器材车间，是半导体器件专业的三结合教学基地；电子仪器车间，是电子仪器专业三结合教学基地；自动控制车间，是自动控制专业的三结合教学基地；机修车间，由原数学系力学专业与机修车间合并而成。"这种教育新体制是为了实行'典型产品带教学'所谓新的教学模式而建立的，它打破了学校原有的教学组织、专业结构与课程结构。"这种所谓的新体制，被认为是"严重违背了教学的客观规律"。②

1971 年 7 月，全国教育工作会议召开，由迟群起草，经张春桥、姚文元审定的《全国教育工作会议纪要》，炮制了所谓的"两个估计"，其一是中华人民共和国成立以来 17 年，"一小撮叛徒、特务、走资派把持了教育部门的领导权"，无产阶级的教育路线"基本上没有得到贯彻执行"，教育战线是"资产阶级专了无产阶级的政"，是"黑线专政"；其二是中国教师队伍中的大多数和中华人民共和国成立后 17 年所培养学生的大多数"世界观基本上是资产阶级的"，是资产阶级的知识分子。"两

---

① 郝维谦、龙正中主编：《高等教育史》，海南出版社 2000 年版，第 275 页。
② 厦门大学档案馆、厦门大学校史研究室编：《厦门大学校史》第 2 卷，厦门大学出版社 2006 年版，第 175 页。

个估计"严重歪曲事实，混淆是非，彻底否定了17年来教育事业所取得的成就，成为强加在广大知识分子身上的沉重的精神枷锁。1972年大学恢复招生，按照"群众推荐、领导批准和学校复查相结合"的招生原则开始招收工农兵学员。招生对象是具有初中以上文化程度的工人、贫下中农、解放军战士和青年干部。对于有丰富实践经验的工人、贫下中农，则不受年龄和文化程度的限制。工农兵学员的培养方式是"以毛主席著作作为基本教材的政治课，实行教学、科研和生产劳动三结合的业务课，以备战为内容的军事体育课，并要积极参加生产劳动"。[①] 工农兵学员被赋予"上大学、管大学、用毛泽东思想改造大学"的使命，学生组织负责人参加学校和系领导班子，参与大学管理，其用意还在于监督改造教师。工农兵学员"上、管、改"成为高等学校教学管理组织变革的奇特现象。

"开门办学"成为当时"教育革命"的主要内容。"开门办学"打破了原有的课堂教学形式，把课堂转移到农村和工厂，其目的是通过使知识分子接受贫下中农的再教育，"改造教师的世界观""改变资产阶级知识分子一统天下"。教师和学生下厂下乡，不仅在工厂、农村现场上课，而且还请工人、农民亲自上课，时间长达数月。"开门办学"彻底打破了原有的教学组织形式，是对课堂教学形式的颠覆。厂校合一、厂校挂钩、厂办专业、半工半读，按生产过程组织教学，便成为这一时期中国高等学校教学管理组织变革的基本形态。

三 改革开放初期大学教学管理组织变革

1976年以粉碎"四人帮"为标志，宣告"文化大革命"的结束，我们国家的高等教育进入了一个新的历史发展时期。1977年10月12日，中央人民广播电台向全国正式播发了恢复高校招生考试制度的信息，21日《人民日报》刊发了《搞好大学招生是全国人民的希望》的社论。1978年3、4月，党中央先后召开了全国科学大会和全国教育工作会议。开始了在教育领域的拨乱反正、正本清源，中国高等教育从此实现了历史性的转变。

---

① 王德滋主编:《南京大学百年史》，南京大学出版社2002年版，第387页。

"文化大革命"结束后中国高等教育的拨乱反正，一是开展揭、批、查，对 1971 年的《全国教育工作会议纪要》进行批判，从思想上肃清"两个估计"的流毒，使广大教师摆脱了套在头上的"紧箍咒"，从思想和精神上获得了解放。二是平反冤、假、错案，落实知识分子政策。三是调整和整顿领导班子，恢复和重构组织机构。1978 年 10 月教育部通知试行《全国重点高等学校暂行工作条例》，该条例是在 1961 年 9 月发布后在全国高校中试行的《教育部直属高等学校暂行工作条例（草案）》（简称"高教六十条"）的基础上修订而成的，分总则、教学工作、科学研究工作、生产劳动、研究生、教师和学生、后勤工作、思想政治工作、领导体制和行政组织、党的组织和党的工作，仍然是 10 章 60 条。总则未变，相关内容进行了局部调整。其中关于高等学校的领导体制，为加强党的领导，把原来的"党委领导下的以校长为首的校务委员会负责制"，调整为"党委领导下的校长分工负责制"，有关学校的教学工作、科学研究、后勤工作的重大事项，需要经过党委会的讨论，党委会作出决定后，由校长负责执行落实。校长主持校务会议，有副校长、系主任、行政办事机构负责人和其他有关人员参加，讨论和处理日常行政工作中的重要事项。取消了校务委员会，设立学术委员会。学术委员会在校长领导和主持下，对全校教育事业发展规划、科学研究工作和研究生培养工作中的重大问题提出建议，审查、鉴定科研成果，评议研究生的毕业论文、毕业设计，参与晋升教授、副教授工作的审议，主持校内学术讨论会等。系是按学科性质设置的教学行政组织，实行系党总支委员会（或分党委）领导下的系主任分工负责制。凡属行政方面的问题，由系主任召集副系主任、教研室主任以及有关人员参加的系务会议的讨论决定。重大问题需提交系党总支委员会（或分党委）讨论决定，报学校党委会批准后执行。为了加强基础课的教学工作，学校可设立基础课教学研究部，相当于系一级的教学行政组织。教研室是按专业或课程设置的基层教学组织，教学研究室主任在系主任的领导下，全面负责教学研究工作。根据《全国重点高等学校暂行工作条例》的规定，高等学校整顿和健全了领导体制，恢复和重构了系和教学研究室的教学管理组织。

1978 年 12 月，中共中央召开党的十一届三中全会，揭开了中国改革开放的序幕。高等教育从为"以阶级斗争为纲"的无产阶级政治服务，转变为"以经济建设为中心"的社会主义现代化建设服务，教育战线贯彻落实"调整、改革、整顿、提高"的方针，呈现出前所未有的生机与活力。

教学管理制度的建设与完善。随着高等学校恢复了高考招生工作，高校教学管理的制度建设问题也被提上议事日程。1978年教育部颁发《高等学校学生学籍管理的暂行规定》[（78）教学字1275号]，规定了当时高等学校教学管理的基本制度，主要包括新生入学、成绩考核、升级留级、纪律考勤、休学复学与退学、转学转专业、奖励和处分、鉴定和毕业等各方面的内容。至此，中国高校的教学管理才有了较为明细的和可以依据的法规。1980年2月，全国五届人大常委会第十三次会议通过了《中华人民共和国学位条例》，这是中华人民共和国成立以来颁布的第一个学位条例并使用至今。《条例》规定：学位分为学士、硕士、博士三级。其中高等学校本科毕业生成绩优良，"较好地掌握本门学科的基础理论、专门知识和基本技能；具有从事科学研究工作或担负专门技术工作的初步能力"，可授予学士学位。1981年5月颁布的《中华人民共和国学位条例暂行实施办法》中规定："高等学校本科生完成教学计划的各项要求，经审核准予毕业，其课程学习和毕业论文（毕业设计或其他毕业实践环节）的成绩，表明确已较好地掌握本门学科的基础理论、专门知识和基本技能，并具有从事科学研究工作或担负专门技术工作的初步能力的，授予学士学位。"《条例》与《实施办法》的出台，为高等学校的学位管理及教学管理，制定了基本的框架。中国《高等学校学生学籍管理的暂行规定》以及《中华人民共和国学位条例》的颁布和学分制在部分高校的相继实施，标志着中国高校教学管理制度建设开始进入新的变革时期。

教学管理制度的改革与创新。乘改革开放的东风，以全国重点大学为排头兵的教育教学改革也陆续展开。从1978年开始，中国部分高校，如清华大学、上海交通大学、浙江大学、武汉大学、南京大学、南开大学等，相继施行学分制或学年学分制，这就在中国高校教学管理上打破了单一学年制的管理制度，增加了高校教学管理的弹性和开放性。如被称为"教育战线上的深圳"的武汉大学，于1978年上学期，在77级历史学、数学和政治经济学三个专业进行学分制试点，引起强烈反响。

1978年下学期，学分制在所有专业的77级、78级学生中普遍实行。实行学分制，扩大了学生的选科范围，有利于学生的知识能力结构由一元化向多元化发展，学校每学期不同专业的学生互选课程平均达6000人次。①学分制的实行极大地调动了学生学习的积极性、主动性和创造性。同时开设大量新的选修课，把教师的教学与科研结合起来，不断提高教学质量。随着学分制改革的不断深入，1982年实行导师制，1983年实施主副修制和双学位制，实行学生转专业制等。南京大学1978年下半年开始试行学分制，允许学生按规定通过考试免修部分课程，学生修满规定学分可以提前毕业，每学期全校跨系、跨专业互选课程和选学全校公共选修课的学生达到五六千人次，每届学生中有3%—4%的学生通过水平测试，免修部分课程，首届实行学分制的78级学生中有145人提前毕业。②

概言之，中华人民共和国成立后十七年的中国大学是在学习、模仿与借鉴外国大学基础之上建立起来的教学管理组织，既是"文化大革命"时期批判和砸烂的对象，又是拨乱反正、改革开放初期整顿与重构的样本。进入高等教育新时期，中国大学教学管理组织在此前的基础上展开深入的变革。

---

① 谢红星主编：《武汉大学校史新编》，武汉大学出版社2013年版，第142页。
② 王德滋主编：《南京大学百年史》，南京大学出版社2002年版，第411—412页。

第 三 章

中国大学教学管理组织变革现状剖析

依据研究的逻辑,在本章我们主要剖析中国大学教学管理组织变革的现状,从宏观和整体的层面上探讨中国大学教学管理组织变革的现实背景与动因,总结中国大学教学管理组织变革的主要成就,分析中国高等学校本科教学管理组织变革存在的问题及原因。在此需要说明的是,本章所讨论的中国大学教学管理组织变革的现状,主要是指20世纪90年代至今这一时间段内中国大学教学管理启动和实施的组织变革。

第一节 中国大学教学管理组织变革的背景与动因

组织外在环境的变化是推动组织变革的重要力量,大学教学管理组织的外在环境主要包括政治、经济、文化、科技的发展变化和国家对高等教育发展的有关策略、方针等。对组织外在环境变化的性质以及对组织发展的影响力等方面做出分析和识别,是实施组织变革的基本要求。因此,从宏观和整体的层面上探讨中国大学教学管理组织变革的现实背景与动因,不仅是必要的,而且是必需的。

一 改革开放及中国政治制度和经济体制的改革

从高等教育的社会制约性上讲,政治制度直接影响和制约高等教育的目的,因为"为谁培养人"和"培养什么样的人"的问题,是高等教育政治功能的直接体现，也是不同政治制度下高等教育为谁服务的根本问题。所以，确立该政治制度下的大学管理体制，其目的也是在管理的层面上确保大学办学方向与政治制度的内在一致性。

改革开放前，中国高度集中的政治制度和高度统一的计划经济体制，导致当时中国社会生活一直处于高度一体化状态。在此背景下形成的高等教育管理体制，也复制着政治制度和经济体制的基本框架，形成了高度集中和高度统一的高等教育管理体制。在这种高等教育管理体制下，全国各层次和各类型的高等学校，在办学方向上高度统一；高等学校的人才培养目标、教学计划、教学管理制度等，由国家或政府的教育行政主管部门负责制订；高等学校的学科专业及课程设置、教学内容体系等由国家制订；国家掌控高等学校的学位授予权；国家负责制订招生计划和毕业生分配，等等。同时也可以看出，在这种高等教育管理体制下，高等学校自身的权力是相当有限的。在中国高度集中和高度统一的政治制度下，高等学校教育当然地成了国家事业的一部分，高等学校成为政府的附属物也就有了"合理性"和"合法性"。然而，这种管理体制忽视了高等学校办学的相对独立性和自主性，忽视了高等教育自身发展的内在逻辑，把高等学校的多维功能单一化为政治功能，极大地影响和制约了中国高等教育的发展。

改革开放后，中国政治生活发生了巨大的变化，工作重心转向社会经济建设。随着计划经济向市场经济的转变，政府的行为也发生了根本性的变化，开始从微观的行政命令式管理转为宏观调控和政策引导。如1985年颁布的《中共中央关于教育体制改革的决定》明确指出，由于"在教育事业管理权限的划分上，政府有关部门对学校主要是对高等学校统得过死，使学校缺乏应有的活力；而政府应该加以管理的事情，又没有很好地管起来"。"要从根本上改变这种状况，必须从教育体制入手，有系统地进行改革。改革管理体制，在加强宏观管理的同时，坚决实行简政放权，扩大学校的办学自主权。"再如，进入20世纪90年代后，中国政治制度的核心是确立社会主义市场经济体制。1993年2月，为建立与政治制度和经济体制相适应的教育体制，《中国教育改革和发展纲要》明确指出，在高等教育管理体制改革上，"主要是解决政府与高等学校、中央与地方、国家教委与中央各业务部门之间的关系，逐步建立政府宏观管理、学校面向社会自主办学的体制","要逐步形成以中央、省(自治区、直辖市)两级政府办学为主、社会各界参与办学的新格局"。

由此可见,中国政治制度和经济体制的改革,内在地要求形成与政治制度和经济体制相适应的高等教育管理体制。这就为中国改革过去那种高度集中和高度统一的高等教育管理体制提供了制度和政策层面上的空间和依据,并为中国高校教学管理组织变革提供了动力环境和时机。

政治制度和经济体制的改革,也带来高等学校教育使命的转变。在高度集中的政治制度下,为政治服务是高等学校教育必须承担的历史使命。比如,在"文化大革命"时期,政治挂帅,高等学校教育不仅承担着培养"又红又专"的无产阶级接班人的政治任务,而且也成为宣传"无产阶级专政"的主要阵地。随着中国改革开放的全面推进以及从计划经济向市场经济的转变,为充分发挥高等学校教育在经济建设中的作用,高等学校教育的历史使命从服务政治转向服务社会经济建设。因此,培养多规格、多层次和高素质的全面发展的社会主义建设者和接班人,并为中国社会发展提供知识智力支持,成为中国高等学校教育必须承担和完成的历史责任。高等学校教育历史使命的转变,必然带来高等学校教育及管理等诸多方面的变革。

二 中国高等教育发展策略的转变

改革开放以来,在中国高等教育体制改革逐步深化和完善的背景下,中国大学在规模、结构等方面都产生了巨大变革。中国大学发展变革的现实,主要采取以下基本策略。

(一)通过"共建、调整、合作、合并"等方式,重组高等教育资源

这种发展策略的提出,主要是基于两个方面的缘由,一是投入严重不足是当时中国高等学校面临的现实问题,但是中国高等教育资源配置不合理,现有资源得不到充分合理的利用,再加上重复、分散建设,即使投入再多,也不能解决问题,甚至会造成更大的浪费。中国是穷国办大教育,加大对教育的投入必须是有效投入,这就要求加大投入和改革高等教育体制同步进行。用加大投入来促进改革,通过改革提高投入的效益,成为发展中国高等学校教育的基本共识。因此,"怎么改"才能合理配置和充分利用现有教育资源并提高高校办学水平和效益,就成为人

们关注的"问题域"。二是在20世纪90年代初期，中国的一些地方性大学按"优势互补"的原则对当地大学的布局结构进行了调整，出现了由多所大学合并重组的新大学。如1992年，扬州师范学院、江苏农学院、扬州工学院、扬州医学院、江苏水利工程专科学校、江苏商业专科学校等6所高校，合并组建扬州大学；1993年，江西大学与江西工业大学合并组建南昌大学；1994年，上海工业大学、上海科学技术大学、原上海大学、上海科技高等专科学校等，合并组建新上海大学。这些学校成为合并办学的典型，另外还有一批大学进行了多方面和多种形式的合作办学，从而在中国高等教育体制改革实践中总结出了"共建、调整、合作、合并"的基本思路。1998年以后，中国加大了高等学校教育管理体制和结构布局调整的力度，国务院连续三年对中央部委所属高校进行了大规模的调整，涉及普通高校近300所。如1998年，原浙江大学、杭州大学、浙江农业大学、浙江医科大学4所大学，在全国重点大学中率先合并，组建成了新浙江大学。经过合并组建，中国形成了一批"航母式"巨型大学。

所谓"共建"，就是将部门与地方"条块"各自办学转变为共同办学。在高等教育体制改革之前，中国高等学校教育的基本格局主要是以"部门化"的"条块"为特征，低水平重复建设现象严重，不仅使中国本来就紧缺的高等教育资源不能得到合理配置和充分利用，而且也直接影响和制约着中国高校办学的整体效益和办学质量。为改变这种格局和发展现状，合理配置和充分利用现有教育资源，提高整体办学的质量和效益，中国政府采取由部门与地方"条块"各自办学转变为共同办学的方式，使大学的教学和科研主要为本地区的经济和社会发展服务。

所谓"调整"，主要是对高等学校区域设置不合理或学科、层次设置不合理的情况，进行管理体制和院系的调整。在中国高校的区域设置上，存在布局上的缺陷，呈现出两种特征：一是从沿海和经济发达地区向边远和经济欠发达地区的梯度性递减；二是主要以大城市为中心。这种布局结构，不利于中国高等教育整体质量和办学效益的提升，也很难发挥高等教育引领和推动区域经济发展的功能。如果从学科设置的角度来说，调整的重点就是解决中国高校和专业重复设置、分散、封闭的问题。有些高校特别是地方性和部门性的高校，规模不大却"五脏俱全"，这种低水平的重复设置，直接造成中国教育资源的结构性内耗或浪费，教学质量和办学效益低下。因此，高校设置的区域性调整和院系专业及学科的调整，使中国高校的区域设置、院系及学科专业等更趋合理，以提高教育资源的利用率和办学的整体质量与效益。

所谓"合作"，就是要通过优势互补、校际教学和科研的合作、多学科合作等开展教学科研，尽量避免封闭办学和学科重复建设。所谓"合并"，就是为了提高教学质量和办学效益，发挥学科优势互补和规模效益，因地制宜地对某些院校进行合并。

这四种方式不是分割孤立的，而是既有重点又有交叉融汇。党的十五大以后，中国高等教育管理体制改革进入加大力度、加快发展、全面推进的新阶段。目前，中国基本上完成了高等教育宏观管理体制的改革和布局调整，形成了中央和地方政府两级管理、分工负责，在国家政策指导下以省级政府统筹为主的新体制。除了少数关系国家发展全局的高等学校以及行业的特殊性强、地方政府不便管理的高等学校继续由国务院委托教育部和其他少数部门管理之外，多数高校都是由地方管理或以地方管理为主。

"共建、调整、合作、合并"的方式，不仅改变着中国高等学校的分布结构，也在很大程度上促使那些"共建、调整、合作、合并"的高校，重组、合并或重建高校组织结构，改革高校管理体制及运行方式，特别是学科专业的重组、合并。这种做法不仅带来了教学内容和课程体系的变革，而且为"学院"这一教学管理组织的建制提供了契机。

(二) 实施重点建设战略，启动"211 工程""985 工程"和"双一流"建设

建设世界一流的高水平大学，是新时期中国高等教育为适应经济社会发展的需要提出的宏远目标。鉴于中国的经济条件和高等教育发展的实际情况，实施重点建设，"有选择地追求卓越"，便成为一种必然的战略选择。20 世纪 90 年代先后启动的"211 工程""985 工程"工程以及 21 世纪启动的"双一流"建设，是这一重点建设战略的具体实施，对中国的高等教育产生了重要的影响。

"211 工程"是中国政府在 20 世纪 90 年代中开始策划和实施的、针对中国高等教育发展的一项战略性政策。其基本含义是面向 21 世纪，重

点建设100所左右的高等学校和一批重点学科。实施"211工程",旨在为中国经济和社会发展战略培养高层次人才,对提高国家高等教育水平,加快国家经济建设,促进科学技术和文化发展,增强综合国力和国际竞争能力,实现高层次人才培养具有极为重要的意义。

中国实施"211工程"建设的主要内容包括以下三个方面:一是学校整体条件建设。主要是造就一大批学术造诣较深、在国内外有一定影响的学术带头人和骨干教师,特别应加速青年学术带头人的培养,保持一支政治业务素质优良、结构合理、人员精干、相对稳定的教师队伍和管理干部队伍;深入进行教育、教学改革,优化学科(专业)结构,促进学生德智体全面发展,确保教育质量有较大的提高;加强教学、科研必需的基础设施建设、实验室建设和公共设施建设,为培养及吸引优秀人才创造必需的生活、工作条件;提高办学规模效益;加强科学研究工作,努力实现科研成果产业化,加快科学技术转化为现实生产力的步伐;推进办学体制改革,深化学校内部管理体制的改革;增强高等学校国际交流与合作,扩大中国高等教育在国际上的影响。二是重点学科建设。主要是增强科技前沿领域高层次人才培养的能力。在部分有条件的高校中选择一些对国家的经济建设、科技进步、社会发展和国防建设等领域产生重大影响,能够解决本领域的重大科技问题,并有望取得突破性成果的重点研究基地,加强培养人才的实验条件,拓宽学科面,形成一批学科基础相关、内在联系紧密、资源共享、具有特色和优势的学科群、学科基地,以持续培养本领域高水平的骨干人才。要努力形成覆盖中国经济建设和社会发展主要行业和领域、带动学科和科技发展、分工合理、相互配套的重点学科体系。三是高等教育公共服务体系建设。主要包括中国教育和科研计算机网、图书文献保障系统、现代化仪器设备共享系统等建设内容。中国教育和科研计算机网将连接全国主要高等学校,并与国际网络联网,为中国教育、科技和社会各界提供信息服务。图书文献保障系统以中国教育和科研计算机网为依托,设立全国综合文献中心和一批学科文献中心,与国内外文献系统广泛联网,建立文献信息子网。根据地区优势,在全国高等学校比较集中的中心城市,结合高等学校重点学科的建设,设立现代化仪器设备共享服务中心,提高设备的使用效率。

"211工程"建设的启动和实施，有力推动了中国高等学校的整体发展，充分地推动了部门与地方的共建和多种形式的联合办学，调动了各方面办学的积极性，使学校的办学条件得到了一定程度的改善。"211工程"明确了以重点学科建设为核心的指导思想，确立了学科建设在学校发展中的核心地位，高水平人才培养能力得到进一步提高，科研水平有了较大幅度的提升，增强了高等学校开展科学前沿领域研究和解决经济建设重大问题的能力，高度重视师资队伍建设，为引进和稳定人才创造了一定的条件。在"九五"期间，"211工程"建设取得了突出的成就，产生了一批有影响的标志性的成果。

"985工程"是1998年5月4日，江泽民同志在庆祝北京大学建校100周年大会上向全社会宣告："为了实现现代化，中国要有若干所具有世界先进水平的一流大学。"为贯彻落实党中央科教兴国的战略和江泽民同志的号召，教育部决定在实施"面向21世纪教育振兴行动计划"的过程中，重点支持北京大学、清华大学等部分高等学校创建世界一流大学和高水平大学，简称"985工程"。"985工程"拉开了中国建设一流大学的帷幕。以首批进入"985工程"建设的九所高校北京大学、清华大学、上海交通大学、复旦大学、南京大学、浙江大学、西安交通大学、中国科技大学、哈尔滨工业大学为例，虽然其数量还不足全国普通高校总数的1%，但却拥有雄厚的师资力量和许多重点教学和科研基地。

"双一流"建设是统筹推进世界一流大学和一流学科建设的简称，这是中国特色社会主义进入新时代，党中央、国务院作出的重大战略决策，也是继"211工程"和"985工程"后，高等教育领域的又一国家战略。2015年8月18日，中央全面深化改革领导小组第15次会议审议通过《统筹推进世界一流大学和一流学科建设总体方案》，决定统筹推进建设世界一流大学和一流学科。《总体方案》明确了"双一流"建设的总体要求、建设任务、改革任务、支持与保障措施，提出坚持以一流为目标，"引导和支持具备一定实力的高水平大学和高水平学科瞄准世界一流，汇聚优质资源，培养一流人才，产出一流成果，加快走向世界一流"。在学校内部治理方面，要"加强学术组织建设，健全以学术委员会为核心的学术管理体系与组织架构，充分发挥其在学科建设、学术评价、学术发展和学风建设等方面的重要作用"。2017年1月24日，教育部、财政部、国家发展改革委联合印发了《统筹推进世界一流大学和一流学科建设实施办法（暂行）》。

"双一流"建设对于提升中国高等教育综合实力和国际竞争力，实现中国从高等教育大国到高等教育强国的历史性跨越具有重要而深远的意义。无论是《总体方案》还是《实施办法》，都突出了人才培养的核心地位，体现了一流大学首先要培养一流人才的思想，推动立德树人这一根本任务得到真正落实，对学校的内部治理、学术管理体系与组织结构提出了新的要求，成为大学内部管理组织改革的重要推动力。

中国是发展中国家，经济建设和社会发展还处在不发达、不平衡的阶段，大规模、成建制地建设世界一流大学和一流学科是不现实的。因此，"有选择地追求卓越"既是战略也是战术，既是目标也是过程。虽然在"211工程""985工程"和"双一流"建设中的大学大多不约而同地选择了综合性、研究型、国际化作为自己的目标，但是在长期的办学过程中，每个学校都形成了自己的特色和个性。有的学校以文理综合见长，有的在理工科上有优势，不同的学校都有自己的强势学科。"有选择地追求卓越"就是要重点突破，有选择地将自己的强势学科，通过重点投入和建设，使之率先跨入世界一流。

（三）由"外延式发展"到"内涵式发展"的策略

"外延式发展"与"内涵式发展"是两个相互对应的发展概念。"外延式发展"突出的是数量的增加、规模的扩大、空间的拓展，主要以外部因素作为动力的扩张发展模式。"内涵式发展"突出的是质量的提升、结构的优化、特色的培育、实力的增强，注重的是内在发展的需求，通过深化大学内部改革，激发活力，增强实力，全面提高人才培养质量，实现从量变到质变的跨越与发展。"内涵式发展是高等教育外延式发展的合理延伸，或者说对外延式发展不足的纠偏。"[①] 改革开放后，中国高等教育的发展，经历了从注重外延式发展到推动和实现内涵式发展的转变。

改革开放初期，中国的高等教育在拨乱反正中整顿和恢复秩序，使大学的教学工作走向了正轨，各大学在恢复中逐步增加招生数量。从教

---

① 别敦荣：《论高等教育内涵式发展》，《中国高教研究》2018年第6期。

育部《全国教育事业发展统计公报》可以看出，从 1978 年到 1998 年的二十年间，中国大学呈现缓慢逐步增长与扩展的趋势。从 1999 年的大扩招到 2010 年，高等教育的外延式发展进入"快车道"，办学规模快速扩大，如果说重点大学主要表现在硕士与博士研究生招生数量的快速增长，那么地方高校受规模效益的驱动，本专科学生招生数量超常增长。2010 年之后，高等教育的发展规模趋于平稳，加强内涵建设、提高教育质量成为高等教育发展的主线。高等教育的外延式发展，首先表现为招生数量的增加。1978 年，高等教育在学总规模为 228 万人，毛入学率仅为 2.7%，到 1998 年，这二十年之间招生数量有增长，但总体呈缓慢增长趋势。1978 年普通高等学校全日制本专科在校生平均规模由上年的 3122 人提高到 3335 人，平均每校增加 213 人。1999 年普通高等教育在校生 413.42 万人，比上年增加 72.55 万人，高等教育毛入学率达到 10.5%。2010 年，全国各类高等教育总规模达到 3105 万人，高等教育毛入学率达到 26.5%。普通高等学校本科、高职（专科）全日制在校生平均规模为 9298 人，全日制高校在校生平均规模比 1978 年增长将近三倍。其次是专业数量与院系数量的增多。如厦门大学，1978 年设有中文、历史、经济、哲学、外文、数学、物理、化学、生物、海洋等 10 个系 19 个专业，1991 年发展到 25 个系 51 个本科专业，到 2019 年共设有 6 个学部、29 个学院、81 个系、15 个研究院，共有本科专业 99 个。武汉大学 1978 年有 13 个系、33 个本科专业，1998 年有 59 个系、64 个本科专业，到 2019 年共有 34 个学院、123 个本科专业。不仅在重点大学中，由于合并扩张，地方大学中也形成许多在校生规模超过 5 万人的"航母式"大学，如同是山东省属大学的鲁东大学、聊城大学和临沂大学。到 2019 年，鲁东大学共有 22 个学院、85 个本科专业、在校本科生 3.1 万人；聊城大学共有 25 个学院、92 个本科专业、在校本科生 3.4 万人；临沂大学后来居上，现有 92 个本科专业，设立 6 个学部、25 个学院，全日制在校生达到了 4.3 万人。

"外延式发展"与"内涵式发展"两者是相伴而生的，在注重"外延式发展"的时期，"内涵式发展"一直在发挥着纠偏的作用，从而使中国高等教育在快速发展中守住了底线。这一注重"外延式发展"的时期，确实在一定程度上增加了中国高校的总量以及扩大了高校自身的规模。

但这一时期中国高校的整体数量较之于中国人口的比例值来讲，数量偏少、生均规模较小，不能满足中国社会经济发展的需要，而且中国高校、系科专业在各省区重复设置、平均用力、小型分散、低水平重复、效益不高、质量不高。20世纪80年代末期，在有关学者研究成果的基础上，中国高等教育确定了"内涵式发展"的改革思路。当时所提出的高校"内涵式发展"，主要是指通过挖掘原有公立高等教育系统内部潜力来扩大高等教育的容量，这种扩展方式也可称之为体制内扩张。其主要途径是优化高校内部教育结构、改革和完善学科及专业设置、开发利用内部教育要素的潜在优势、合理配置内部教育资源、提升自身的教学和学术水平等，从而提高高校整体的质量和办学效益。1993年原国家教委发布了《中国教育改革和发展纲要》，提出"90年代，高等教育要适应加快改革开放和现代化建设的需要，积极探索发展的新路子，使规模有较大发展，结构更加合理，质量和效益明显提高"。这一方面要求高校的规模要有较大发展，另一方面又强调了"高等教育的发展，要坚持走内涵发展为主的道路，努力提高办学效益"。2010年发布的《国家中长期教育改革和发展规划纲要（2010—2020年）》进一步强调："提高质量是高等教育发展的核心任务，是建设高等教育强国的基本要求。"2012年，党的十八大报告提出，要"推动高等教育内涵式发展"，开启了中国高等教育的发展模式由注重"外延式发展"转向"内涵式发展"的新时期。2017年，党的十九大报告提出，要"实现高等教育内涵式发展"，从"推动"到"实现"，从党和国家的层面对高等教育的"内涵式发展"提出了更高的目标要求。如何实现高等教育的"内涵式发展"，有学者指出，在宏观层面上，要进一步扩大高校办学自主权，强化高校特色发展；发挥政策杠杆作用，差异化配置高等教育资源；进一步扩大开放，引进和吸引更多国际优质高等教育资源。在微观层面的内涵式发展路径，要全面推进课程教学改革，强化学生有效的学习体验；多渠道开发利用教育教学资源，丰富教育教学内涵；进一步改革教学管理，构建弹性化、个性化的人才培养体系；加强高效教育教学文化建设，培育高品质校园文化。①

---

① 别敦荣：《论高等教育内涵式发展》，《中国高教研究》2018年第6期。

三　教育部启动实施的高等学校教学改革

从20世纪80年代末到90年代初，中国高等学校既经受着尚不成熟、不规范的商品经济大潮的冲击，也受到高等教育商品化、市场化等观点的困扰，高等学校本科教学工作一度出现滑坡的趋势，极大地影响了本科教学工作在高等学校的中心地位。为正确处理市场经济与高校教学工作的关系，明确本科教学工作在高等学校的中心地位，1994年6月原国家教委颁布了《关于加强普通高等学校教学工作的意见》，对普通高等学校的教学工作提出了方向性、全面性和战略性的指导意见。在原国家教委的统一部署下，各级教育行政部门积极研究本地区、本部门制止高校教学质量滑坡的政策举措，探讨如何提高高校教学质量问题。所形成的共识是：在高等学校中，培养人才是根本任务，教学工作是主旋律，提高教育质量是永恒主题，教学改革是各项改革的中心，本科教学是基础。

20世纪90年代初，中国高等教育研究界就已把高等学校教学工作与人才培养中存在的问题概括为五大弊端：一是专业口径过窄；二是人文教育过弱；三是教学内容陈旧；四是教学方法过死；五是人才培养模式单一。因此，高等学校教学改革，就必须解决上述问题和弊端。

1994年初，原国家教委提出并启动实施了《高等教育面向21世纪教学内容和课程体系改革计划》，这是一个"有组织、有系统、起点高、立意新"的教学改革计划，实质性地推动了高等学校教学内容和课程体系改革。其主要内容包括：研究未来社会对人才知识、能力和素质结构的要求，转变教育思想，更新教育观念，改革人才培养模式；研究和调整专业结构、专业目录和专业设置；研究和改革各专业或专业群的培养目标和人才培养规格；研究和改革主要专业或专业群的教学计划和课程结构；研究和改革基础课程、主干课程的教学内容和体系，编写出版一批高水平高质量的"面向21世纪课程教材"；研究和改革教学方法和手段等。1994年6月，原国家教委发布了《关于积极推进"高等教育面向21世纪教学内容和课程体系改革计划"实施工作的若干意见》，并成立了由国内各学科专家组成的教学内容和课程体系改革顾问组，以指导这一改革计划的顺利实施。这一改革计划的实施，不仅在高等教育界掀起了教学质量及教学观念转变的思想大讨论，而且形成了近百个人才培养模式、近千本新教材。由原国家教委牵头启动实施的《高等教育面向 21 世纪教学内容和课程体系改革计划》，推动了中国高校教学改革，带动了高等学校各方面的教学改革向纵深发展。

1995 年，原国家教委明确提出以加强大学生文化素质教育为切入点，推动高等学校加强素质教育的工作思路。加强大学生文化素质教育，主要是指通过对大学生加强文学、历史、哲学、艺术等人文社会科学和自然科学方面的教育，探索提升大学生人文素质和科学素质的途径，进而深入展开教育思想观念、人才培养模式及教学内容体系的改革。1995 年 9 月，教育部确定了 52 所重点大学为试点高校，经过三年试点，教育部下发了《关于加强大学生文化素质教育的若干意见》，成立了文化素质教育指导委员会，批准建立 32 个"加强大学生文化素质教育基地"，以此为标志，加强大学生文化素质教育工作在全国高校全面展开。

加强大学生文化素质教育，不仅是新时期中国高等教育的新思想和新理念，也成为深化中国高等学校教学内容和课程体系改革的重要举措，为促进中国高校教学管理的组织变革提供了内在的动力。

为适应 21 世纪社会经济发展的需要，培养德、智、体全面发展，基础扎实、知识面宽、能力强、素质高，富有创新精神的专门人才，教育部强调要全面加强大学生文化素质教育，从 1997 年开始组织了普通高等学校本科专业目录的修订工作，对原有的本科专业目录进行了全面修订。中国高校专业设置始于 20 世纪 50 年代初，主要学习苏联模式。1953 年，中国高等学校共设本科专业 215 种，1957 年达到 323 种。1963 年经国务院批准并发布的《高等学校通用专业目录》《高等学校绝密和机密专业目录》共设本科专业 510 种。"文化大革命"期间，中国的高等教育受到严重破坏，高校专业设置处于十分混乱的状态。1978 年 8 月，教育部、国家计委联合发出《关于进行高等学校专业调查和调整工作的通知》，对中国高等学校的专业设置进行了初步调整、整顿，从 1982 年下半年开始，有计划有步骤地进行工科、农林、医药、理科、文科等科类本科专业目录的修订和调整工作，历时前后五年，到 1987 年底结束。修订后的本科专业种数由原来的 1343 种减少为 671 种，减少了 50%。从 1989 年开始，教育部进行了新一轮本科专业目录的修订工作，历时四年多，形成了体系完整、比较科学规范的《普通高等学校本科专业目录》，并于 1993 年 7

月正式公布。该专业目录分设哲学、经济学、法学、教育学、文学、历史学、理学、工学、农学、医学十大门类，下设二级类 71 个，504 种专业，比修订前的专业种数减少 309 种，调减幅度达 38%。这次专业目录的修订，对引导高等学校拓宽专业口径，增强适应性，加强专业建设，提高人才培养质量，起到了积极的推动作用。但由于历史和现实等各个方面的原因，专业划分过细，专业范围过窄，有的名称欠科学、不规范，门类之间专业重复设置等问题，还没有从根本上得到解决。为此，原国家教委于 1997 年 4 月发出《关于进行普通高等学校本科专业目录修订工作的通知》，并开始了对现行普通高等学校本科专业目录进行全面修订的工作。1998 年发布了《关于普通高等学校修订本科专业教学计划的原则意见》，并颁布了新的高等学校本科专业目录，增设了管理学门类，学科门类由原来的 10 个增加到 11 个，专业类由原来的 71 个，调整为 72 个，专业总数由 1993 年的 504 种调减到 247 种，调减幅度为 51%。新目录的颁布实施，专业设置的调整、改革以及教学计划的修订，是关系中国高等教育改革与发展的一项全局性的重要举措，对于中国高校改革人才培养模式，提高人才培养质量，增强大学毕业生的适应能力等，都具有重要的意义和价值。简言之，从拓宽专业口径入手，改变过去过于强调"专业对口"的观念，不仅使高等学校的专业设置更加科学和规范，而且极大地推动了中国高校教学改革的深度和广度。从组织变革的层面上讲，中国高校专业设置的变革，既是中国高校教学管理组织变革的关键构件，也是中国高校教学管理组织变革的重要任务和内容。

为推进和深化高等学校教学改革，从 1994 年开始，国家教委分期分批对 110 所办学历史较短、基础比较薄弱的高等学校进行了本科教学工作合格评估，在 4 所重点大学进行了教学工作优秀评估试点。由国家教委启动实施的高校本科教学工作合格评估，其指导思想是"以评促改、以评促建、评建结合、重在建设"，其目的是促进高等学校不断明确办学指导思想，改善办学条件，加强教学基本建设，深化教学改革，提高管理水平，逐步建立和完善自我发展、自我约束机制，以不断提高教育质量和办学效益。这次高校本科教学工作合格评估的开展，在高等教育管理部门和高等学校中产生强烈反响，对提高教育教学质量，全面推进高校教学及管理体制改革，起到了重要的促进作用。

1999年中国开始实施高校"扩招"的高等教育发展战略。高校"扩招",一方面极大地推进了中国高校规模及招生数量的持续扩大,加速了中国高等教育大众化的进程;另一方面,关于高校扩招后中国高校教学的质量问题,也逐步成为中国政府及高教界关注和研究的重点和热点问题。2001年8月,教育部发布《关于加强高等学校本科教学工作提高教学质量的意见》,为切实加强高等学校本科教学工作和提高教学质量,明确指出:"高等学校要处理好新形势下规模与质量、发展与投入、教学与科研、改革与建设的关系,牢固树立人才培养的质量是高等学校生命线的观念,学校党政一把手作为教学质量的第一责任人要亲自抓教学质量,定期召开教学工作会议,及时研究解决本科教学工作中的新情况、新问题,不断推进高等学校的观念创新、制度创新和工作创新,将本科教育质量提高到一个新水平。"并针对师资队伍建设、学风建设、教材建设以及加强实践教学、加大对教学工作的经费投入等方面,提出了一系列要求。2005年1月教育部颁布《关于进一步加强高等学校本科教学工作的若干意见》,对加强教学工作、提高人才培养质量提出了一系列措施,其中包括:建设1500门精品课程、建设一批国家级示范教学基地和基础课程教学示范中心,并通过互联网使这些优质教育资源共享;推进基于计算机信息技术运用的英语教学改革、标准化考试改革;加强电子图书馆与教材以及实验设备的建设和资源共享;进一步调整学科专业结构、规范专业设置管理等。教育部加强了对高等学校教学状况和教学质量的检查和评估工作,建立了专门的高等教育评估中心,形成了5年一轮对所有的普通高等学校进行一次评估的机制。教育部、财政部于2007年1月联合发布《关于实施高等学校本科教学质量与教学改革工程的意见》,开始推行"高等学校本科教学质量工程",提出以提高高等学校本科教学质量为目标,以推进改革和实现优质资源共享为手段,按照"分类指导、鼓励特色、重在改革"的原则,加强内涵建设,提升中国高等教育的质量和整体实力。"质量工程"充分考虑了提高教学质量的系统性和复杂性,确定了将具有基础性、全局性、引导性的项目作为改革的突破口,以调动广大高校的积极性和主动性,引导高等学校教育教学改革的方向。教育部于2007年2月颁布《关于进一步深化本科教学改革全面提高教学质量的若干意见》,提出加大教学投入,加强教学管理,深化教学改革,确保教学工作中心地位,把提高教学质量和人才培养质量工作落到实处,明确强调教学质量是考核学校党政一把手和领导班子的重要指标。这为保障和提升"扩招"后中国高校的教学质量提供了政策性的指导,同时也极大地推动了中国高等学校全面推进以提高教学质量为中心工作的教学及管理改革,进一步推动了中国高校教学管理组织变革的进程。

进入新时代,习近平总书记关于教育工作的系列讲话,围绕"培养什么人""为谁培养人"等核心问题,深刻阐释了中国教育改革发展的重大理论问题和实践问题,形成了系统科学的新时代中国特色社会主义教育理论,为高等教育治理体系改革与教育教学改革提供了根本遵循和行动指南。2018年召开的"新时代全国高等学校本科教育工作会议",明确提出"以本为本"和高等教育要推进"四个回归",为新时代中国高等教育的内涵发展与教育教学改革拉开了序幕。2019年教育部发布《关于深化本科教育教学改革全面提高人才培养质量的意见》,指出高等教育要坚持立德树人,围绕学生忙起来、教师强起来、管理严起来、效果实起来,深化本科教育教学改革,培养德智体美劳全面发展的社会主义建设者和接班人。强调要严格教育教学管理,深化教育教学制度改革,强调要"加强基层教学组织建设。高校要以院系为单位,加强教研室、课程模块教学团队、课程组等基层教学组织建设,制定完善相关管理制度,提供必需的场地、经费和人员保障,选聘高水平教授担任基层教学组织负责人,激发基层教学组织活力"。

第二节 中国大学教学管理组织变革的主要成就

从前文的简要论析可以看出,改革开放及市场经济体制的确立,不仅为高等教育管理体制改革营造出制度和政策环境,而且也对中国高等学校办学思想和方向、教学管理的组织结构、人才培养模式、学科专业的调整、教学内容和课程体系的改革等,产生着全面而深刻的影响。改革开放为高等学校本科教学管理组织变革提供了良好的环境条件,推动了中国大学教学管理组织的变革及其现代化演进,并取得了令人关注的成就。

一　落实大学的教学管理主体地位，明确领导体制

从理论的层面上讲，在高等学校本科教学管理组织变革中，高等学校当然是教学管理组织变革的主体，这似乎不会有什么疑问。但在现实中，却常常出现与理论认知相悖的情形，也就是说，高等学校是否就是教学管理组织变革的主体，并不完全是理论上能决定的事情。

本书在"中国大学教学管理组织变革的历史检视"一章中就已经指出，中国高等学校教学管理组织变革呈现出的一个明显的特征是由政府发起和掌控。也就是说，从历史的层面上看，中国高等学校教学管理组织变革的主体，并不是高等学校自身，而是掌管高等学校存在和发展之权的政府，这也是中国传统的教育管理体制所决定的。即使是在中华人民共和国成立后，中国高等学校教学管理组织变革，其实也仍是由国家政府发起和掌控的。在中国高等教育管理体制改革之前，中国高等教育的管理有两大特色，一是恢复计划经济体制下的高度集中和高度统一的管理体制。高等学校管理的权力集中于政府及上级教育行政主管部门，包招生、包分配、包教学计划的制订、包学科专业以及课程体系的设置、包经费的投入和使用等。概言之，国家政府及上级教育行政主管部门是"统包统管"，高等学校只是处于"忠实执行"的地位上，"等、靠、要"成为中国高等学校发展的整体特征，"千校一面"成为中国高校存在和发展的基本"镜像"。二是条块分割，部门"对口"管理。1952—1953年，中国高校的院系大调整期间，不仅把综合性大学分解为单科性院校，而且不同的院校归属于不同的部门，如国家煤炭部对口分管中国的煤炭类高校，铁道部对口分管铁道类院校，农林部对口分管农林类院校，等等。在这种高等学校管理体制下，高等学校仅仅是名义上的办学和管理的主体，高等学校缺乏办学和管理的主体性和积极性。

为充分发挥高等学校教育在社会经济建设中的作用，改革高等学校管理体制，简政放权、还高等学校办学的主体地位，成为中国高等教育管理体制改革的关键性举措。中国高等教育管理体制改革的目的之一，就是明确和理顺政府及相关教育行政主管部门与高校之间的隶属关系，把高等学校办学和管理的权力归还于高校，使高等学校成为真正的办学和管理的主体。由此可见，从中国高校教学管理组织变革的背景来看，

明确高等学校管理主体并确认高等学校在自身管理上的主体地位，是中国高等学校管理体制变革的重要内容和目的之一。

到了改革开放，中国开始实施高等学校管理体制改革，高等学校办学自主权的问题逐步提到日程上来。为保障和扩大高等学校自主办学权力，中国政府主要采取如下两大层面的举措。

从政策的层面上，确立了高等学校自主办学的思想观念。1985年5月颁布的《中共中央关于教育体制改革的决定》，是中华人民共和国成立后第一次在最高层文件中，明确提出"扩大高校办学自主权"问题。国务院于1986年8月发布了《高等教育管理职责暂行规定》，具体确定了高等学校办学自主权的权限范围。1992年8月颁布的《关于国家教委直属高等学校深化改革、扩大办学自主权的若干意见》明确地规定了高校自主办学的权限范围，主要包括：专业设置、招生、科学研究、机构设置、成人教育、基本建设、住房、工资与校内津贴、财务、人事、外事等十六个方面，简称"十六条"。中共中央、国务院在1993年2月发布的《中国教育改革和发展纲要》中进一步明确了高校办学自主权的主要内容，指明了扩大高校办学自主权的改革方向。在1997年1月国家教委公布的《关于转变职能、加强宏观管理、扩大直属高校办学自主权的若干意见》中，又规定了扩大高等学校自主办学的权力范围，主要包括：学校事业发展与年度事业计划管理、本专科招生考试录取办法、学生层次结构的调整、与地方"共建"学校的管理、学费标准、加强社会参与办学和管理、改革试点等。另外还特别指出，应充分尊重高校办学的自主权，凡是明文规定属于高校办学自主权限范围内的事务，国家教育行政部门不得再进行行政干预。

从法治的层面上，为高等学校自主办学提供了法律基础和保障。中国1998年8月颁布的《中华人民共和国高等教育法》，在第11条中提出"依法自主办学、实行民主管理"；在第32条中提出"自主调整系科招生比例"；在第33条中提出"自主设置和调整学科专业"；在第34条中提出"自主制定教学计划、选编教材、组织实施教学活动"；在第35条中提出"自主开展科学研究、技术开发和社会服务"；在第36条中提出"自主开展与境外高校之间的科学技术文化交流与合作"；在第37条中提出"自主确定教学、科学研究、行政职能部门等内部组织机构的设置和人员配备，评聘教师和其他专业技术人员的职务，调整津贴及工资分配"；在第38条中提出"自主管理和使用学校财产"。在1999年6月颁布的《中共中央 国务院关于深化教育改革全面推进素质教育的决定》中，又强调指出："按照《中华人民共和国高等教育法》的规定，切实落实和扩大高等学校办学自主权，增强高校适应当地经济社会发展的活力。"

由此可见，随着中国高等学校教学管理体制改革的逐步深入和全面展开，中国高等学校的办学自主权在逐步扩大，高等学校逐步获得了办学主体的地位。这就明显地表明，明确办学主体之于高等学校发展的意义。也只有大学自身成为办学的主体，大学才能够依据自身办学条件和优势，自主决策大学自身的改革和发展问题。也正是在这样的背景下，大学才成为决策和实施教学管理组织变革的主体。

随着国家在政策和法制层面上简政放权，落实高等学校在办学和管理中的主体地位，中国高等学校的领导体制也得到逐步明确。

教育部在1978年4月重新修订了《高教十六条》，提出了"高等学校的领导体制，是党委领导下的校长分工负责制"。"学校的教学、科学研究、后勤工作中的重大问题一定要经过党委的讨论，党委作出决定后，由校长负责组织执行。"为了探索科学有效的高校领导体制，根据新的历史条件对校长负责制进行了试行。1985年5月《中共中央关于教育体制改革决定》指出："学校逐步实行校长负责制，有条件的学校要设立由校长主持的、人数不多的、有威信的校务委员会，作为审议机构。要建立和健全以教师为主体的教职工代表大会，加强民主管理和监督。"要求学校中的党组织要从过去包揽一切的状态中解脱出来，集中精力加强党的建设和思想政治工作，全面支持校长履行职责。1989年，国际经济政治形势发生了巨大的变化，中国的经济、社会发展进入自改革开放以来的第一次调整阶段，为适应新的形势需要，高等学校的领导体制也进行了相应调整，通过一系列的文件和法规，明确规定了中国的高等学校必须实行党委领导下的校长负责制。1989年7月，中共中央根据形势的发展变化，制定下发了《关于当前高等学校工作中几个问题的意见》，明确提出"在今后一个相当长的时期，高等学校仍应实行党委领导下的校长负责制"。1990年7月，中共中央又正式发出《关于加强高等学校党的建设的通知》，根据《通知》和《意见》精神，部分实行校长负责制的高校转换为实行党委领导下的校长负责制。

1998年8月29日，第九届全国人大常委会第四次会议表决通过了《中华人民共和国高等教育法》，这是中华人民共和国成立近50年来第一次对高等教育的实施与管理以法律的形式进行了规范。其对高等学校的领导体制作出了明确的法律界定，第三十九条明确规定："国家举办的高等学校实行中国共产党高等学校基层委员会领导下的校长负责制。"对高等学校党委和校长的职责也分别作了明确的规定，高等学校党委"按照中国共产党章程和有关规定，统一领导学校工作，支持校长独立负责地行使职权。其领导职责主要是：执行中国共产党的路线、方针、政策，坚持社会主义办学方向，领导学校的思想政治工作和德育工作，讨论决定学校内部组织机构的设置和内部组织机构负责人的人选，讨论决定学校的改革、发展和基本管理制度等重大事项，保障以人才培养为中心的各项任务的完成"。第四十一条规定："高等学校的校长全面负责本学校的教学、科学研究和其他行政管理工作"，"高等学校的校长主持校长办公会议或者校务会议"，并规定了校长行使的六项职权，如拟定发展规划，制定规章制度，组织教学、科学研究活动和思想品德教育，聘任教师等。

国家关于高等教育法律、法规的颁布，为高等学校自主办学提供了法律依据和内部拓展的空间。但是，由于政府行政管理的惯性以及大学内部管理体制改革的惰性，多年来高校办学自主权的发挥不尽如人意。为推进高等学校依法自主办学，教育部于2011年发布《高等学校章程制定暂行办法》（中华人民共和国教育部令第31号）。章程是高等学校依法自主办学、实施管理和履行公共职能的基本准则。高等学校应当以章程为依据，制定内部管理制度及规范性文件、实施办学和管理活动、开展社会合作。

本书认为，国家颁布的有关高等教育体制改革的法律、法规，为高等学校内部管理体制的改革提供了法律依据和政策支撑。现在高等学校面临的主要问题不是质疑政府行政管理部门放权的"多少"和"快慢"的问题，更重要的是增强依法自主办学意识，完善大学治理体系，深入研究、分析学校的特色与需求，围绕人才培养的核心任务，完善和提高大学章程的科学性、针对性与实践性，引领和规范大学教学管理组织变革。这就要求大学在启动和实施教学管理组织变革中，首先要在观念上明确自身在教学管理上的权限，否则，就可能直接导致组织变革的失败或无法持续推行教学管理组织变革。当然，本书强调大学是教学管理组织变革的主体，并不是主张大学的绝对自治，而是在大学自身这一层面上，在国家有关法律、法规赋权的框架内，使大学成为办学和管理的主体。以国家发展高等教育的宏观决策为指导，以相关政策和制度为准则，依据自身的办学条件和优势，启动和实施具有自身特色的教学管理组织变革。这既提升了大学自身教学及管理的质量和效益，同时构建了自身办学特色。

二 设置二级学院，推动教学管理重心下移

1952年院系调整后，中国高等学校不再设学院。改革开放以来，随着中国经济体制、政治体制以及科技体制的改革，教育体制也进入了全面改革阶段，相应的教学管理体制和教学管理组织结构也出现了新的变化。

1998年教育部颁布《高等学校教学管理要点》，进一步明确了高等学校教学管理组织系统及其职能，确立了中国高校的校、院两层级的教学管理组织结构。教育部于2007年2月颁布了《关于进一步深化本科教学改革全面提高教学质量的若干意见》，提出要加强高等学校教学管理组织建设，完善由校长负责、教务处牵头、院系为基础、各职能部门协调合作的本科教学管理组织体系。根据教育部《高等学校教学管理要点》等法规性文件和各高校的教学管理的实际状况，目前中国高等学校的本科教学管理一般由校、院两个层次构成。

在学校层面，学校的教学工作由校长全面负责。分管教学的副校长主持日常性教学工作，并通过教学职能部门的作用，统一调动学校各种资源为教学服务，统一管理教学的工作进程以及信息反馈，实现教学管理各项的目标。在党委的统一领导下，由校务会议讨论决定有关教学及其管理的指导思想、规划、政策和重大改革举措等。在校级教学管理职能机构中，教务处是校长和分管教学工作的副校长领导下的主要教学管理职能部门，具体负责全校教学工作的各个方面，同时在理论上接受学

校学术委员会、教学委员会等机构的指导。

在院级教学管理机构中，学院院长全面负责学院教学管理和教学研究等工作，分管教学的副院长主持日常性的教学工作。学院教学工作委员会是院教学管理工作的研究、咨询与指导机构，定期研究有关教育教学改革事项并向院务会议提出有关建议。院务会议讨论决定本院（系）教学及管理工作的有关问题。学院设有教学秘书和教务员，规模比较大的大学设有教务科或教务办公室，在教学院长的直接领导下，处理日常教学行政事务并负责对本学院教学状态、学生上课状态、教学质量信息的经常性调查了解工作。在部分高校，学院下属的系也承担教学管理的部分职责，一般是在系主任或分管教学的副系主任领导下，由一名专职教务员或教学秘书协助主任或副主任负责本系教学管理。教研室（学科组）是按学科、专业或课程设置的教学研究组织。作为教学的基层组织，教研室的主要职能是组织本教研室教师完成教学计划所规定的课程及其他环节的教学任务；开展教学研究、科学研究和组织相关的学术活动；组织教师有计划、有针对性地听课、评课、磨课和集体备课，帮助青年教师提高课堂教学水平；组织师资的培养提高及提出补充、调整的建议，分配教师的工作任务；进行相关实验室、资料室的基本建设等等。

就目前中国高等学校本科教学管理组织结构而言，虽然其在总体上呈现"校—院"两层级组织结构，但也存在不同的变式，如图3—1、图3—2所示：

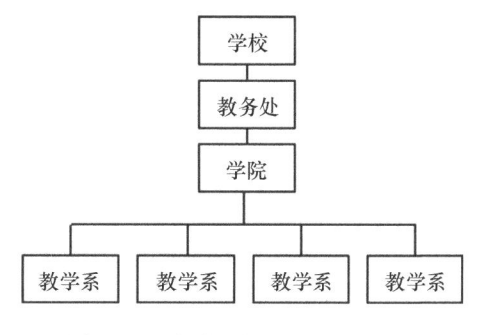

图3—1 本科教学管理组织结构1

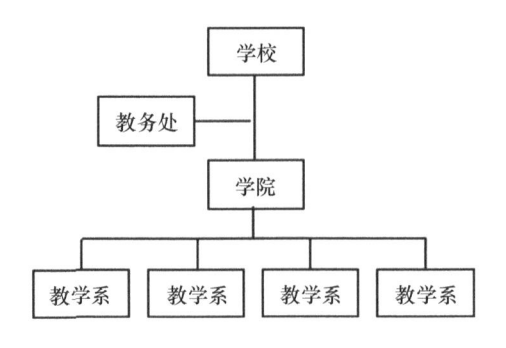

图3—2　本科教学管理组织结构2

资料来源：笔者自制。

图3—1这种组织结构，虽然在机构设置的层面上增设了学院，但从本科教学管理的权限划分上，学院的权力还是有限的。因为，这种组织结构还在一定程度上沿袭了许多"直线—职能式"组织结构的管理方式。在教学管理的权力链中，教务处这一职能部门其实仍大量地发挥着行政化、事务性的作用，教务处并没有实质性地成为学校与学院之间关于教学管理问题在权力分配上的缓冲区。有的高等学校把学院下设的教学基层组织仍沿用系的称谓，负责教学活动，而有的高校则取消了教学系改换为教研组或教研室。虽然这种组织结构还在一定程度上沿袭了许多"直线—职能式"组织结构的管理方式，但这种两层级教学管理的组织结构，还是在高等学校本科教学管理的机构设置和权力分配或责权关系上，有了较大的转变和变革。这种两层级本科教学管理组织结构，一般在刚升格为本科院校或规模相对较小的高校较为常见。

图3—2这种组织结构，也是"校—院"两层级管理，但主要凸显出学院在高等学校本科教学管理中的地位和作用。教务处不再像图3—1那样，在教学管理权力链中以职能部门的身份发挥行政性作用，而是学校教学决策层面的重要组成。教务处的主要职能从行政性、事务性中解脱出来，转而聚焦于两大核心领域：一是发挥教学管理的决策参与和决策咨询作用，二是发挥组织、协调、研究、引领的新职能，即主要参与制订学校教学管理的宏观决策、统筹学科建设以及教学资源的配置和协调、教学活动及教学质量的监控和评估等，以协调和缓解高校教学管理中行

政权力与学术权力之间的矛盾关系。这种两层级本科教学管理组织结构，一般在办学历史较长的综合性高等学校较为常见。

除了上述两种类型的本科教学管理组织结构外，有些高等学校也依据自身条件、学校层次和类型，重新设计适合高校自身的本科教学管理的组织结构。如清华大学，就依据自身情况及教学改革的需要，构建了与社会环境相适应，具有开放性和兼容性的本科教学管理组织结构。清华大学现设有20个学院、59个系、82个本科专业、18个第二学士学位专业，覆盖理学、工学、文学、历史学、哲学、经济学、管理学、法学、医学和艺术学等10个学科门类。随着教学改革的深入展开，清华大学逐步形成和完善"校—院"两级本科教学管理组织结构。校下设学院和研究院（中心），学院是按照学科门类或几个相近的一级学科组建而成的；研究院（中心）是承担跨学院大型研究项目的组织，它可以是实体也可以是虚体组织，主要是依据研究项目而定，具有很大的灵活性。中国海洋大学，虽然也是"校—院"两层级本科教学管理的组织结构，但在学院下直接按二级学科组建学科组，把二级学科内的专业教师组织起来共同开展教学活动，共同承担科研项目。北京理工大学是在学院下设课程群教研室，是以学科为基础，把原来的教研室和实验室进行有机整合。课程群教研室以课程群为中心，教学科研相结合，学科带头人又是教学带头人。宁波大学也是实行"校—院"两级本科教学管理模式，校下设学院，学院下设教学系。但不同的是，系下不设教研室，而是设置不同的学科群教学组作为教学的基层单位。这些不同的学科群教学组，是按不同的课程群来建构的，并且只承担教学、科研、社会服务等任务，不具有行政权力。学院对这些不同的学科群教学组实施垂直管理。从整体上讲，这类本科教学管理组织结构凸显出学院在教学组织和管理以及学术权力中的地位和作用。不同学科群教学组承担教学和科研任务，学院负责教学及管理的领导、组织、协调工作。

从上述的几所高等学校本科教学管理组织结构来看，中国高等学校本科教学管理组织结构已从原来的那种高度集权和高度统一的教学管理体制转向权力下放、两层管理的"校—院"组织结构。有些高等学校转变教务处的职能，有些高等学校则是在教学基层组织的设置上作出适合高校自身需要的调整、重组或重建。但无论构建哪种类型的教学管理组织结构，在整体上都是按"校—院"两层级结构来设置，都集中体现出中国高等学校本科教学管理组织结构变革的现实状况。

设置二级学院是中国大学教学管理组织机构设置上的一个历史性的变化。新增的学院层次，多数是原来学系的同类项合并，如数理化等系合并为理学院、机电土木等系合并为工学院等，当然，也有因学科交叉、新增专业等而新设的学院。起初关于学院与系之间的关系，有两种观点：一是主张"院实系虚"，即学院是教学组织和管理的实体单位，系不再是行政性的权力单位，而是执行教学的基层组织，是虚的。二是"院虚系实"，也就是说，虽然设立了"学院"，但其并不是教学管理的实体单位，"系"仍是承担教学和管理的实体组织。之所以出现这种"院虚系实"的现象，其原因至少有两个方面，一是撤系改院需要一个逐步的过程，所以"院虚系实"是一种过渡的形态；二是把原来的相关系或学科专业合并在一起组建学院，如何融合原先学系特别是把那些属于不同学科专业的教师重新融合，对于新建制的学院来讲，确实也存在困难，所以教学组织和管理暂时仍以原先的系作为主体，也不失为一种合理的选择及临时性的策略。但随着中国高等学校管理体制改革的不断深入，到目前中国高等学校本科教学管理的组织结构，基本上都是校—院（系）两层级管理结构，与以往的教学管理组织结构明显不同的是，二级学院变成教学管理的主体，学校作为领导决策层，主要是负责研究全校性本科教学管理、教学改革与人才培养质量的宏观决策，统筹全校学科专业建设以及教学资源的合理配置与协调、负责全校的教学质量监控、评价、反馈与质量文化建设等。这种以学院为主体的本科教学管理组织结构，其基本的运行机制是：在学校统一组织领导和教务处等职能部门的指导协调下，学院是本科教学管理的主体，教研室则是实施和开展具体教学活动的基层组织，是开展教研活动、组织教学改革的基本单位。通过推动管理中心下移调动基层教学的积极性与主动性，重视和提高学术权力在教学管理中的功能作用和应有地位。

三　人才培养模式改革稳步推进，教学管理组织渐趋开放

探讨中国高等学校本科教学管理组织变革，为什么要分析高等学校本科人才培养模式的变革？这是我们需要首先说明的问题。就目前而言，虽然"模式"一词在不同领域被广泛应用并存在泛化之嫌，但我们是在这样的认识下使用这一概念："模式"一词，表征着事物运行的基本形态和运行方式。在属人的社会实践活动中，"模式"还表征出人的合目的性的思想观念及价值取向。也正是基于这种认识，我们认为高等学校本科人才培养模式的变革，一方面反映出高等学校人才培养的理念、价值取向或人才培养目标的转变，另一方面直接反映出高等学校在人才培养的实践活动中的基本做法。从这一层面上讲，高等学校本科人才培养模式的变革，既是高等学校本科教学管理组织变革的标识性关键构件，也是高等学校本科教学管理组织变革的主要任务和内容。

（一）产学研合作人才培养模式改革，推动本科教学管理组织走向开放

伴随经济、科学技术的全球化发展以及中国高等教育由精英教育走向大众化、普及化，为提高人才培养质量，适应国家经济建设与科学技术发展的需要，改革和创新人才培养模式成为最近十多年来中国高等学校改革的重点。产学研融合成为中国高等学校推进人才培养模式改革的重要路径选择，随着产学研合作人才培养模式改革的稳步推进，高等学校本科教学管理组织也由封闭逐渐走向开放。

产学研合作就其一般意义来说，是指生产企业、高等学校、科研院所之间的合作，高等学校人才培养层面"协同育人"的理念则赋予了产学研合作更丰富的内涵要求。为培养高质量的应用型人才，从20世纪90年代开始就从国家的层面推动产学研合作。1997年10月原国家教委印发了《关于开展产学研合作教育"九五"试点工作的通知》，在26所高校中立项开展产学研合作教育试点工作。2012年，教育部推出的"2011计划"被认为是"产学研一体化"的升级版，以协同创新中心建设为载体，探索建立适应于不同需求、形式多样的协同创新模式，促进校校、校所、校企、校地以及国际的深度融合，协同创新中心分为面向科学前沿、面向文化传承创新、面向行业产业和面向区域发展四种类型，形成"多元、融合、动态、持续"的协同创新模式与机制。《国家中长期教育改革和发展规划纲要（2010—2020年）》提出："促进高校、科研院所、企业科技教育资源共享，推动高校创新组织模式，培育跨学科、跨领域的科研与教学相结合的团队。促进科研与教学互动、与创新人才培养相结合。"

"增强社会服务能力。高校要牢固树立主动为社会服务的意识,全方位开展服务。推进产学研用结合,加快科技成果转化,规范校办产业发展。"尽管在产学研的合作中仍然存在"产学研用结合不紧密""教育与科技'两层皮'""教学与科研不协调"等问题,但是经过多年的推进,产学研合作已经由政府立项资助推动模式向自发合作伙伴模式推进,由单向性的技术知识输出提升为双向性的不同知识互补,由相互间的一般性支持向产学研一体化深度融合发展,各种协同创新中心、创新联盟、创新社群等纷纷成立。产学研合作的人才培养模式改革,推动了高等学校本科教学管理组织由封闭走向开放,促进了高等学校、行业企业、科研院所的合作。

(二)重视教学观念、教学模式及教学方法的改革

无论是从教育部颁布的关于本科教学改革的系列文件或政策,还是从目前高等学校推进教学改革的现实来看,教学观念、教学方法和手段的改革,一直是各高等学校探索和创新人才培养模式的重要环节和内容。

改变传统的单一专业知识传授的教学观,转向"厚基础、宽专业、培养创新精神和实践能力"和自主探究的建构主义教学观,仍是目前各高校深化教学改革的思想前提。如果中国各高校仍保守着苏联的那种教授专门化、结构单一的"专业知识"的教学观念,则很难把教学改革推向深入。因为教学观念不单纯是思想和认识问题,更为关键的是行动的指南。从发生论的理论上讲,虽然观念与行动之间是一种互动共生的关系,但已经形成的观念总是会以"先入为主"的方式以及认识的定势性,直接影响和制约人们的行为以及相应的手段和方式的选择。观念的转变对于实践活动来讲,应该是"先行"的。因此,无论是研究型大学还是其他不同层级和类型的高校,推进教学改革,探索和创新人才培养模式,首先启动的应是教学观念的转变。

教学观念的转变,促进了高等学校教学模式的改革。目前,中国高等学校都在积极改革传统的以讲授学科专业知识为主体的教学模式,探索并形成了诸多新的教学模式,如探究性教学模式、案例教学模式、对话讨论教学模式、问题中心教学模式、实践教学模式、网络教学模式等,这些新的教学模式,对于深化高等学校教学改革,提高教学的有效性和人才培养质量,都起着重要的作用。

教学观念及教学模式的转变，必然会带来教学方法和手段的变革，这是方法论自身的逻辑。一旦出现教学观念及教学模式的转变，而教学方法与手段仍是原来的一套，就会产生如下方面的问题：一是方法手段与观念和模式的不适应性，这就会直接造成人们对新观念和新模式的怀疑或质疑，影响新观念和新模式的可接受性以及影响力。二是在观念和模式与方法手段之间，出现了割裂两者之间一致性的阻力，这种阻力要么来自教师的认识或对过去形成的教学风格的坚持，要么来自教学管理制度或相关规章。因此，教学观念、教学模式以及教学方法和手段的转变，也一定会带来教学管理制度、教学管理组织的改革以及教师教学行为方式的转变。这不是牵强的关系，而是系统的内在相关性。这也现实地表明，人才培养模式的改革是一个复杂的、系统的工程，具有系统整体性，各因素间都存在内在的相关性。

（三）重视以教学科研促教学改革

过去，人们只是把科研归属于探索和认识未知，无论学校还是教师，重视的都是学术性科研课题和科研论文，对于教学的研究则重视不够。

不研究教学，就很难发现教学过程中的问题，很难推进教学改革和提升教学质量，这是一个具有内在关系链的逻辑。所以，为提升人才培养质量，就必须把科研引入教学。这种认识已成为中国高等学校开展教学改革的一种共识。各高等学校基本都是以教务处牵头，展开以教学科研促教学改革的系列活动，设立教学改革课题立项，评选教学改革优秀成果奖，成立相关教学研究机构，组织教学科研活动，制订相应的教学研究管理办法和奖励办法，加大教学改革的投入力度，提高教学研究在职称评定中的权重等。这些举措不仅有力地推动了高等学校教学改革的不断深入，而且在观念上也转变了高等学校及教师对科研的认识，引领教师和相关研究者逐步把科研的范围向教学拓展。从目前各高等学校教学科研立项来看，教学科研的范围逐步从单纯的教学方法、手段的改革，拓展到了教学规律、人才培养模式、课程体系和教学内容、产学研融合、校地校企合作、创新创业教育、信息技术和网络平台建设、实践教学、学生的创新能力和动手能力等方面，关涉教学改革的各个层面和领域。

从组织变革的层面上讲，高等学校教学改革的全面推进，是高等学校教学管理组织变革的重要因素和力量,也是识别高校教学管理组织变革的关键构件。

四 重视本科教学评估工作,建立教学质量评估与监控组织

教学评估是评价、监督、保障、提高教学质量和人才培养质量的重要举措,是高等教育质量保障体系的重要组成部分。中共中央在1985年5月发布的《关于教育体制改革的决定》中,就已经提出要开展教育评估,要求"教育管理部门要加强对高等教育的宏观指导和管理","要组织教育界知识界和用人部门定期对高等学校的办学水平进行评估"。原国家教委于同年发布《关于开展高等工程教育评估研究和试点工作的通知》,开始了教育评估的试点工作。1993年2月,中共中央、国务院发布《中国教育改革和发展规划纲要》,在第23条中明确提出,"建立各级各类教育的质量标准和评估指标体系。各地教育部门要把检查评估学校教育质量作为一项经常性的任务"。1994年,本科教学工作评估全面展开,对国家重点建设高校进行优秀评估,对新建院校进行合格评估,对介于两者之间的高校进行随机评估。1998年,《中华人民共和国高等教育法》明确规定"高等学校的办学水平、教育质量,接受教育行政部门的监督和由其组织的评估",把高等学校的评估制度上升到法治化的高度。教育部2002年颁布的《普通高等学校本科教学水平评估方案(试行)》将原有的合格评估、优秀评估、随机性水平评估合并为水平评估,对评估方案进行了修订和完善。《2003—2007年教育振兴行动计划》:"健全高等学校教学质量保障体系,建立高等学校教学质量评估和咨询机构,实施以五年为一周期的全国高等学校教学质量评估制度。""加强高等学校评估信息系统建设,形成评估指标体系,建立教学状态数据统计、分析和定期发布制度。""五年一轮"本科教学质量评估制度的建立和教育部高等教育教学评估中心的成立,推动了中国本科教学评估工作制度化与专业化发展。《国家中长期教育改革和发展规划纲要(2010—2020年)》指出:"制定教育质量国家标准,建立健全教育质量保障体系。""严格教学管理,健全教学质量保障体系,改进教学评估。"为贯彻落实《规划纲要》,推动高等学校加强内涵建设,全面提高本科教育教学质量和人才培养质量,2011年10月教育部发布了《关于普通高等学校本科教学评估工作的意见》，提出："建立健全以学校自我评估为基础，以院校评估、专业认证评估、国际评估和教学基本状态数据常态监测为主要内容，政府、学校、专门机构和社会多元评价相结合，与中国特色现代高等教育体系相适应的教学评估制度。"教育部实行分类的院校评估，对2000年以来没有参加过院校评估的新建院校进行合格评估，对参加过院校评估获得通过的本科院校进行审核评估。

改革开放以来，中国高等学校的本科教学评估工作，从试点探索，改革完善，到"五位一体"本科教学评估制度体系的建立，形成了体系完整的本科教学评估的中国方案、中国标准和中国模式。教学评估的理念不断创新，体系机制不断完善，"以评促建、以评促改、以评促管、评建结合、重在建设"的方针，推动了高等学校加强内涵建设，突出特色办学，强化质量保障体系建设，不断提高人才培养质量。

对于高等学校自身而言，积极主动地加强校内本科教学质量评估与监控，建立专门的本科教学质量评估机构，健全本科教学质量管理组织体系，形成校内职责明确、相互协调、上下联动的本科教学质量管理机制，不仅是高等学校注重内涵建设，坚持规模、结构、质量、效益健康协调发展的重要举措，而且也是高等学校提高教学质量、教学管理质量和效益的基本制度保障。因此，在探索、改革和创新人才培养模式的过程中，各高等学校都非常重视教学质量评估和监控体系的改革。首先，各高校重视教学质量评估和监控组织的建设，设立教学质量评估处、教学质量监督与评估中心、教学质量管理办公室等教学质量评估控制机构，建立健全教学质量管理组织。其次是完善质量管理的规章制度，制定理论教学、实验教学、实习实训、课程设计、毕业论文（设计）等主要教学环节质量标准，强化质量标准在授课评课、评教评学、评估考核中的导向、监控作用。最后依据学校的人才培养目标定位，围绕教学活动的各个环节，逐步形成了目标明确、标准健全、常态监测、及时反馈、持续改进的教学质量保障运行机制。

总体而言，中国高等学校教学质量评估和监控体系，尚处于改革、深化和完善的过程中，既初步形成了可资借鉴的中国经验、中国方案、中国标准和中国模式，也存在尚需进一步改革和完善的地方。但是有一点是不可否认的，高等学校本科教学质量评估和监控体系的改革，是深化教育教学改革，推进教学管理改革，加强内涵建设，提升教学质量的重要环节，是表征高等学校本科教学管理组织变革的关键构件。

第三节　中国大学教学管理组织变革存在的主要问题

前文对中国大学本科教学管理组织变革的现状进行了简要的梳理，分析总结了中国大学本科教学管理组织变革所取得的主要成就，但也不能否认，目前中国大学本科教学管理组织变革与治理结构重组还存在诸多方面的问题。

一　以学院为主体的两层级教学管理存在的问题

从本质上来看，中国高等学校本科教学管理组织变革主要是改变以往在教学管理中过于行政化与科层化的管理模式，推动权力下移与分权管理，有效发挥学院这一管理层级在高等学校本科教学管理中的重要作用。但在实行以学院为主体的两层级本科教学管理组织变革中，还存在一些问题，不能不引起重视。

（一）在"权力下移、分权管理"上存在"表层化"和"模糊化"现象

以往的本科教学管理组织结构，由于管理组织的科层化属性以及类似政府机构的行政运作逻辑，增大了教学管理中行政权力的影响力和控制力，致使高等学校教学管理中的行政权力一直处于主导地位，导致行政权力过强和学术权力弱化的弊端。因此，"权力下移、分权管理"成为目前解决原有教学管理组织结构弊端的切入口和基本路径。但在现实中，高等学校教学管理的权力仍过多集中于学校层面，学院在教学管理的权限上其实还是有限的，如，人才培养模式改革、教学方案的制订、学科专业设置和建设的规划、教学计划的审批、课程体系和结构的设计、教学评估和监督方式、教学设备及设施的使用、教师队伍的建设等教学事务，仍由校级主管部门和职能部门负责，学院这一教学管理实体在教学管理中的地位和作用并没有得到实质性的落实。因此，权力如何下移以及如何分权的问题，仍是一个亟待解决且尚未合理解决的问题，这就在

现实的层面上造成了"权力下移、分权管理"的"表层化"。

所谓"模糊化"现象，主要是指在"权力下移"中，"下移"了什么权力，"分权管理"又是分的什么权，这些方面仍存在诸多的不清晰。目前，中国高校教学管理的一个基本特征是"二元"交叉性，既包括教学管理的行政权力，又包括教学管理的学术权力。那么，究竟下移的是教学管理中的行政权力还是学术权力，抑或两者同时下移；分权管理又是如何分的权，是学校负责行政、学院负责学术，还是在学院一级实行"行政管行政、学术管学术"，这些问题仍是目前困扰高等学校本科教学管理组织结构变革的现实问题。从现实意义上讲，高等学校教学管理中的行政权力，应是有限下移。也就是说，事务性的行政管理，应下移到学院一级，而不是所有行政权力全部下移。同样，教学管理中的学术权力，也不应是全部下移到学院一级。因此，"权力下移"应当遵循"有限下移"、"分权管理"也应当遵循"有限分权"的原则。但困境就出现在"有限"上。

（二）学院教学管理权力存在"虚化"或"漂移"现象

长期以来，中国高等学校的教学管理已习惯于行政化的组织原则和运行机制，并且以垂直等级管理方式运用于高等学校教学管理中的"高效性"，已被高等学校高层管理机构所认可。因此，把高等学校教学管理的权力下放于学院，就现实地带来学校教学管理权力的再分配以及教学管理组织机构的下移性变动。如此，不仅学校教学管理的顶层出现不适应，即使是学校教学管理的不同职能部门也存在诸多的不适应。原来享有教学管理权力的职能部门都不情愿把自身的权力与下层分享，毕竟权力是这些职能部门所以存在的理由。这些方面就现实地构成"权力下放、分权管理"的非理性化阻力，也是导致学院教学管理权力"虚化"的一个非制度性力量。

另外，虽然目前在组织结构的层面上推行"院实系虚"，但在实际的运作过程中，也有的大学仍存在"院虚系实"的现象，教学管理权力就出现在院系间的"漂移"。那么，究竟是"院实系虚"还是"院虚系实"，抑或必须"院实系虚"，这是目前高等学校教学管理组织变革必须审慎思考和关注的现实问题。我们认为，不能贸然地说"院虚系实"就不合理，"院实系虚"就一定合理，应因时因地，具体情况具体分析，不能搞"一刀切"。目前的问题是，似乎只有实行"院实系虚"才能算是进行了教学管理改革，这是让人担忧的观点。

(三) 教学管理存在"主次"颠倒以及"多头"领导的现象

目前高等学校本科教学管理中的"主次颠倒"，并不是从行政管理的意义上，而是从教学主体与服务于教学的层面上。高等学校教学活动发生于教学管理组织的底层，从校、院、系三级管理的组织变革的意义上讲，学院在教学计划的制订和调整、课程设置以及教学活动规划等方面，应该享有相应的自主性，但现实是这些方面的权力仍被高等学校教学管理职能部门所把持。比如高等学校教务处，在其组织属性上，是高等学校教学管理的职能部门，其主要职责是：教学计划管理、教学运行管理、教学质量管理、教学基本建设管理和教学质量的监控与评价等。但就教学计划管理而言，教学计划管理并不等同于制订各院系的教学计划，也并不意味着取代学院制订各学院的教学计划，而是审批、监督、评价，其职责在于服务、组织、协调，但事实上却把教学计划管理非逻辑地转变成为各院系开出制订教学计划的"处方"，各学院必须依"处方"而制订教学计划。这种"主次"的颠倒，又被各院系所接受，如此，就把教务处开出的"处方"变成"合理"行使教学管理职责。其实，这是高等学校教务处在教学管理权限上较为典型的"越位"。这种现象实质上内含着高等学校教务处职能的转变问题。高等学校教务处的职责，应是凸显教学管理中的教学领导、组织、保障及协调的职能，而不是统包统揽。

另外，目前中国高等学校本科教学管理中仍存在"多头"领导现象。还是以高等学校教务处为例，教务处虽然在其属性上是本科教学管理的职能部门，但自身也是按"工作分工"的原则运行。教务处内部分别设置教务科、教学科、教学实践科、学籍管理、教学督导、教学质量监控与评估等科室，各自行使自身的职能，教学管理中的"多头"领导就成为现实。那么，如何整合不同科室的职能，调整科室的组织结构，减少"多头"领导的弊端，确实也是研究高校教学管理组织变革的重要内容和任务。

二 教学管理中几对矛盾关系尚未得到很好解决

大学本科教学管理是一项系统整体工程，关涉大学工作的各个层面，大学教学管理中的矛盾关系也是多样的和多维度的。但是，关于大学教学管理中的学术权力与行政权力、集权与分权、制度理性与人性化等问题，是高等学校教学管理中诸多矛盾关系中的关键问题。多年来，中国高教研究界一直在探索和解决这几对主要矛盾关系，但其却一直未能得到很好的解决和处理。理顺关系、解决矛盾是组织管理的基本职能和任务。以下主要基于本科教学管理组织变革的研究需要，探析中国大学本科教学管理中存在的几对基本关系。

（一）教学管理中的行政权力与学术权力

行政权力与学术权力，其实是高等学校教学管理中的两种基本的权力形式。从应然的层面上讲，这两种权力在教学管理中应处于和谐的平衡状态，但在现实中，这两种权力却始终处于"博弈"中，形成着教学管理的不同权力结构，使高等学校教学管理呈现出不同的形态和运行方式。

许多研究者认为，目前中国高等学校教学管理属于以行政权力为主导的权力结构，弱化了学术权力在教学管理中的地位和作用，致使高等学校教学管理行政权力泛化，忽视了教学管理的内在规定性。因此，改变高等学校教学管理的权力结构，简政放权，彰显学术权力在教学管理中的地位和作用，就成为解决高等学校教学管理中行政权力与学术权力之间矛盾关系的基本策略和路径选择。

正如此前所分析的那样，分解或减弱教学管理中的行政权力，彰显和强化教学管理中的学术权力，不一定就能合理解决两者之间的矛盾关系。只要教学管理是有计划、有目的的组织行为，行政权力就是不可或缺的，关键的问题不是去想办法强制性地分解和减弱，而是如何合理协调行政权力与学术权力之间的关系。所以，应因时因地、具体问题具体分析，以辩证的思维来处理或理顺两者之间的关系，而不是"矫枉必须过正"。否则，就可能走向另一个极端。因此，行政权力与学术权力，是高等学校教学管理中的一对基本矛盾关系，这对矛盾关系的处理是否科学合理，直接关系到高等学校教学管理的水平、质量和效益。

事实上，教学管理中学术权力要发挥有效作用，是无法离开行政权力的保障和服务的，行政权力是学术权力发挥作用的必要和重要条件。虽然我们说学术权力所遵循的是学术自主和自由的内在逻辑，但必需和必要的制度环境以及不可或缺的资源,都需要行政来提供与协调、服务和保障。如果完全实行所谓的"学术管学术、行政管行政",就不仅仅是行政权力存在缺乏必要性的问题,而是学术权力与学术活动能否有效展开和运行的问题。如此而论,分权管理是必需的,也是必要的,但如何分权的问题,才是难以处理的现实问题和困惑。

(二) 教学管理中的集权与分权

任何组织在管理过程中都会遇到集权与分权问题。其实,组织管理中的集权与分权,并不是绝对的,只是组织管理中的两种基本的权力结构模式。高等学校本科教学管理中的集权与分权,直接表达出高等学校本科教学管理的机构设置、权责关系及权力的运行方式等。

高等学校教学管理中的集权,主要体现在把教学管理权力高度集中于管理的上层,按自上而下、层级递减的权责运行方式管理教学,下级管理机构或部门为上级管理机构和部门服务。高等学校教学管理中的分权,则主要体现在高等学校高层管理部门将部分教学管理的权力下移给下一级管理组织,使下级管理组织具有相应的管理自主权。

高等学校教学管理中的集权与分权,其实各有利弊。一般而言,教学管理中的集权可以在一定程度上保证教学管理决策的专门化;可以统一制订和执行教学管理制度,整体协调和统筹教学经费的投入、教学资源的配置;统筹管理教学计划、教学过程、教学质量的评估和监督;组织教学研究以及整体推进教学改革等。但其缺点是,容易出现管得过多、统得过死的弊端,难以适应具体教学实践活动的变化;下级教学管理部门缺乏必需的主体性和主动性;整个高等学校教学管理处于机械的"步调一致"状态,缺乏教学管理的可变性和创造力。教学管理中的分权,优点是可以使高等学校教学管理中的校级管理组织减轻工作负担,使他们能够从具体繁杂的事务包围中解脱出来,有精力从事统筹全局的教学工作,从而使学校教学管理组织系统的各级部门都承担有一定的责任,不会使他们感到无所作为,从而发挥其在教学管理中的积极性和主动性。但其缺点是容易产生宏观失控,各管理组织各自为政,造成条块分离的局面,因而影响高等学校本科教学管理的整体质量和效益。由此可见,高等学校本科教学管理过度集权或过度分权,都会对教学管理产生负面影响,高等学校本科教学管理中,应把握好集权和分权的度。

目前，在中国高等学校本科教学管理体制改革的研究和实践中，似乎都有这样的共识：改革中国高等学校教学管理中过于集中的权力结构模式，倡导"民主管理"以及"权力下移、分权管理"。特别是在中国高等学校教学管理中行政权力过强，而学术权力被弱化的背景下，高等学校教学管理中的集权化成为众矢之的。只要谈及教学管理改革，一定是改革集权化的管理模式，而解决的途径则是管理的民主化和分权管理。这种改革的思维及路径选择是否就是"灵丹妙药"？

不可否认，中国高等学校本科教学管理存在过于集权的弊端，但也不能因此而全盘否定集权的意义和价值。实际上，本科教学管理中的集权和分权并不是绝对的，关键是明确问题的性质或管理情景。对于带有根本性、全局性、长远性的战略问题，应该尽可能地求其集中和统一，上级管理部门要指挥下级部门，下级组织必须报告上级组织，从而获得协同发展的效果。对于本科教学管理中的日常事务以及教学过程的具体问题，则应该让管理组织拥有充分的自主权力，使下级管理组织能够根据具体情况的变化进行独立决策。改革高等学校本科教学管理，切不可从一个极端走向另一个极端，集权有弊端就分权，这是改革的盲目，也是改革表层化的体现。高等学校本科教学管理中的集权和分权，不应是对立的或非此即彼的，而是协调的、互补的，是辩证统一的。因此，应具体问题具体分析，科学合理地处理集权与分权之间的关系。

（三）教学管理的制度理性与人性化

高等学校本科教学管理中的制度理性与人性化问题，受到人们的广泛关注，改革高等学校本科教学管理的一个重要内容就是把对人性化的关注纳入教学管理制度改革的视野里，以改变过去那种过于强调管理的制度理性而对人性关注的缺失，倡导本科教学管理制度的人性化取向。一般而言，本科教学管理中的制度理性与人性化问题，并不能认定为矛盾关系。但在现实中，本科教学管理制度的人性化缺失以及过于强调制度理性，确实是一个不能回避的事实。

在高等学校教学管理中的制度理性确实没有获得"好名声"，已经成为人们改革教学管理制度的"标的"。概括其主要原因，一是把管理对象客体化，忽视了管理对象中人的存在。即无视或忽略了教学管理对象中的人以及人的内心体验和内在需求，以"推行—强加"的方式严格执行程序、标准，导致教学管理呈现出"刚性有余、目中无人"的现象。二是经常性地把教学管理的着眼点投放在教学活动的某一"点"或某一"环节"上，如检查教师教案，预先制定检查的标准和细节，严格按照规范对照性检查评价，这种教学管理，究竟能起到多少作用？处理不好，反而将教师教学的过程整体人为割裂为不同的"点"或"环节"。因为这种教学管理，一个直接的结果是管理者检查什么，教师就准备什么，表面上教师接受"对口性"的检查，实质上造成教学管理与教学实践的断裂，并不利于教学管理。三是教学管理多以"量化评判"为主要方式，过于精细化甚至是单纯量化考核，强化了教学管理中的约束、检查、监控功能，忽视了教学实践活动中非量化的因素，特别是教师的态度、价值观、教学伦理观等。

上述诸弊端确实存在于本科教学管理的实际中，但究竟是制度理性的问题还是管理者实施的问题，这是一个必须搞清楚的关键问题。而且教学管理中究竟需不需要规范、程序、标准等理性要素，减弱制度理性、凸显管理的人性化，就一定能提高教学管理的质量和效益，等等，上述诸问题是人们不能不审慎思考和不断追问的，否则，对本科教学管理中的制度理性的批评可能就有失公允了。

其实，通过制订相关制度来实施管理，是组织管理的一个基本方式和途径。任何一个组织如果没有一套规范、系统的管理制度作为保障，是无法正常运行的，制度是组织管理中不可或缺的构成要件。教学管理中的制度理性与人性化的分野或对立，其实并不在于教学管理制度是否应该具有强制性、标准性、程序性等要求，而在于两个基本方面，一是教学管理的思想观念及功能定位；二是教学管理的科层化设计。

从现实性上讲，教学管理中的制度理性，主要体现在严格按照理性规范、程序、标准或规则实施教学管理，强调对教学管理的程序化和标准化控制以及量化性评价等。这是一种科学主义管理思想在教学管理中的应用，其立足点在于管理目标的高效达成。因此，按照一定的规范、程序、标准等实施管理以提高管理效益，是教学管理中制度理性所体现出的科学主义管理思想的基本观点。教学管理中的人性化，则主要是指教学管理对人的关注和关怀，对人性的尊重，重视教学管理中人的主体性、价值观、动机和态度等。这是一种人本化的管理思想，其立足点在于以人为本，通过确立人的主体地位，尊重人的价值观、动机和态度等，发挥人的主体性、主动性和创造力。因此，教学管理中的制度理性与人性化，所对应的并不是同一管理思想。但是当人们批评或指责教学管理的制度理性所造成的弊端时，并不是从科学主义管理思想的缺陷或不足等方面找原因，往往一味地从人本化的管理思想去批判。这就容易造成这样的现象："自己感冒却让别人吃药"。这种批判是缺乏适切性的，是很难从根本上解决问题的。因为教学管理思想不同，教学管理的对象确认、价值取向、目标和功能定位、管理方式和手段的选择等都会有所不同。

从教学管理的实效性上讲，高等学校教学管理应该营造一个理性的、程序性的和稳固的环境，有利于教学活动的计划性实施。但人才培养既需要一定的可控的环境，同时又有人格化的、无阻碍的和具有弹性的环境诉求，这是大学教学管理中的一对矛盾关系。这对矛盾关系实质上反映出的是教学管理的科层化与学科专业松散联结特征之间的逻辑矛盾。正如伯顿·R. 克拉克分析的那样，以学科为主的底层结构遵循的是学科、专门知识和专业化无序状态的逻辑；而科层化则是通过权力和秩序把本来四分五裂的学科、单位和部门珠联璧合，通过理性化的等级、权力和秩序等手段来完成，这与下层结构中主要依靠专业的学术权威的影响来促进变化的情况正好相反。由此而言，大学的教学管理实际上是科层主义和专业主义交互作用的网络。科层化教学管理主要是依据诸多权力化的规章制度，把教学管理中的主观人为因素降低到最低限度，以保障教学管理的秩序性，从而达到实现目标的最大效益。当然，教学管理中的制度理性，也确实能在一定程度上强化教学管理的行政性和官僚化。

由此可见，教学管理中的制度理性，还是有着思想及管理组织设计上的基础的。如何改革教学管理中的制度理性与人性化之间的分野或对立，不应单纯地从改革教学管理的制度理性思考问题，而应从管理思想及组织设计的转变入手，理顺制度理性与人性化之间的关系，合理解决两者之间的冲突。

三　本科人才培养模式改革与教学管理组织的契合度不够

为提高人才培养质量，不同层级和类型的大学都依据自身条件和优势，积极探索和创新人才培养模式，这对于深化中国高等学校教学改革，提升高等教育整体质量和本科人才培养质量确实有着重大的意义。但在我们看到高等学校本科人才培养模式改革初见成效并各具特色的同时，也应该理性地认识到目前中国高等学校在探索和创新本科人才培养模式的过程中，教学管理与教学管理组织变革也不同程度地存在一些问题，集中表现为本科人才培养模式改革与教学管理组织的契合度不够。

（一）产学研合作缺乏应有的组织保障和制度支持

经济社会发展与科技进步，对高等学校的人才培养提出了新的要求，创新型、复合型、应用型人才的培养，是新时代高等学校的重要使命。为满足经济社会发展对人才的迫切需求，不同类型的大学由封闭走向开放，在与地方、企业、科研院所校的合作中，积极开展产学研合作的本科人才培养新模式改革，探索多方联动、合作共赢的人才培养机制。但在产学研合作的实践中，不同程度地存在表层化和形式化的现象。

首先在产教融合、校企合作中，"雷声大雨点小"，从国家、各级地方政府、教育行政部门到高等学校、企业、教师的不同层面，合作的积极性与热情逐层递减与消解，合作不同程度地流于表面化、形式化，停留于浅层次的实习基地协议与挂牌，出现了基地建设"影子化"、教学组织"松散化"的现象。首先，在应用型人才培养改革中，许多学校在人才培养方案的修订中加强了实践教学，提高了实践教学的学时、学分比例，但却不同程度地存在课程实践教学的虚置、重复、低阶与碎片化问题；其次，在科教融合中，不同程度地存在科研院所与高等学校貌合神离、校内科研管理机构与教学管理机构各自为政、校内科研院所与教学院系若即若离的现象，难以形成科研与教学的合理耦合与相互促进。教师由于受评价考核、职称晋升、津贴奖励等制度性因素的影响，重视个人科研，忽视教书育人，没有开展研究性教学的积极性与热情，学生参加教师的科研项目也大多是点缀式或打工式，没有真正形成研究伙伴关系。

产学研合作人才培养模式改革的深入推进，亟须优化制度环境，强化责任使命，加强组织保障，进而形成地方政府政策推动与制度保障，高等学校、企事业单位、科研院所积极参与，三位一体，多方联动，激发合作的内在动力，形成互动、共生、融合、双赢的组织体系与合作机制。

(二) 课程体系改革与校内教学管理组织缺乏内在适应性

改革原有的课程体系和结构，几乎是所有高等学校深化教学改革、创新本科人才培养模式的基本策略和途径，而且其基本做法不外乎如下方面：一是以平台为基础，把课程模块化；二是文理渗透，为文科学生提供理科的基础课程，为理科学生提供人文社科类课程；三是设置跨专业、跨学科性的综合课程，等等。各高等学校在改革和创新本科课程体系和结构的同时，改革和推行教学管理制度，如实施学分制、弹性学制、双学位制、主辅修制、自主选课制等。这种课程体系和结构以及相关教学制度改革，都具有合理性，对改革和创新高等学校本科人才培养模式有着积极的作用。但问题是，能支撑和保障这种课程体系和结构改革发挥作用的，并不在于如何改，而在于与高等学校教育教学制度和组织形式是否具有内在适切性。课程体系和结构改革，应与高等学校自身的教育教学制度和组织形式有着内在的一致性。如果高等学校自身的教育教学制度和组织形式没有转变或改革，仅靠教学改革的热情是难以保障改革后的课程体系和结构发挥其预期的作用。

从目前的现实来看，许多高等学校实施学分制、导师制、自由选课制等方面形成与课程体系和结构改革相适应的教学制度改革，其基本做法主要是：学生入学后前一年或两年实施通识教育或基础教育，在此基础上实施专业教育，其基本框架是平台+模块。一般都设置三或四个平台，然后把课程模块化。表面看来，这种人才培养模式下的课程体系和结构改革，确实具有理论上的合理性。但如下方面的问题并没有合理地解决：平台之间的关系是什么？在平台基础之上的课程模块之间是综合的、跨学科或专业的？这些课程如何达到时间上和空间上的平衡？这些课程又是如何达到学科专业间的交叉或平衡？这些模块化的课程是否能使学生的知识结构既具有知识的时间深度又具有知识间的空间跨度？学生的知识结构是否具有整体系统性和结构体系性？是否在一定程度上把学生的知识结构更加"碎片化"了？在课程教学的管理上如何协调和配置资源？学生选课是自主的还是被动的？等等，上述问题其实还没有得到很好解决。

再比如，增加跨学科跨专业的综合课程，势必导致不同学科专业的课程混合现象大量涌现，造成学校课程总量上的膨胀。事实上，学校课程体系和结构，应该有着必需的秩序性、稳定性以及数量上的限定性，否则，不仅导致学生选课上的茫然或盲从，也给管理以及教学资源的协调带来诸多困难。许多高校大扩招后，必需的教学设施和设备、必需的教学场所以及试验实践条件确实出现不足的现象，而大量混合课程的呈现和大量新课程的增设，更增加了资源配置上的困难。对于这种情况，许多高等学校都出现管理上的"高原反应"，无形地增大了教学管理上的成本。如果寻求造成上述诸情形的原因，至少有如下方面，一是课程的综合性不强，有些课程仍按专业课设置或把专业基础课直接拿来，并不是跨学科跨专业意义上的综合课程。二是在课程设置上，只做"加法"不做"混合运算"，导致课程在总量上急剧膨胀。三是在课程计划上，没有严把课程开设关，因人设课，而不是因需设课，缺乏课程开设的申请、审议、审批等制度性程序。

总之，各高等学校在改革和创新课程体系和结构上，虽取得一定的成效，但高等学校自身的教育教学制度改革和组织创新并没有配套。因此，制度支持和组织保障与课程体系和结构改革之间仍缺乏必需的一致性或同步性，这是目前中国高校改革课程体系和结构面临的重要问题，也是亟待解决的现实问题。否则，课程体系和结构改革，就可能是"流行曲"或"快餐饭"，达不到深化教学改革、提升人才培养质量和效益的目的。

（三）教学方法和手段改革存在急功近利现象

目前，许多高校在教学方法和手段的改革上，都在积极推行启发式教学、研究性教学、讨论式教学、案例教学、混合式教学、翻转课堂、双语教学等。引入新的教学方法和手段，对于推进高校教学改革，提升教学和人才培养质量，确实是一个有效的策略和途径。所以，引入新的教学方法和手段这一举措本身并没有什么不妥。但问题是，能否真正理解这些新方法和手段的内在规定性。

从方法论的层面上讲，方法和手段并不是简单地达成目标的工具，任何方法和手段都内在地规定着使用的范围和条件。在教学活动展开的过程中，如果只是运用而并不了解这些新方法和手段的内在规定性，就会直接导致方法和手段与教学内容、教学任务缺乏适切性，或是教师和学生对新方法和手段不适应。这两种情形的发生，都无法保障教学实践的有效性，反而可能直接导致诸多的负效应或负面影响。比如，启发式教学，它需要一定的情景，引发学生思考，但这种情景的设计和启发时机的把握，都需要教师具有较强的驾驭能力。否则，就可能是"启而不发"，把"启发式教学"简单化为"课堂提问"。这种情形已经不是理论上的假设，而是成了现实。

导致这种状况的原因可能是多方面的，但在教学方法的改革中，急功近利的"运动式"展开则是主要原因。许多高等学校为了表明教学改革的全面性，不顾现实，以行政手段推行新方法和手段，习惯于运动式地展开，忽视组织保障，缺乏必需的持续性。关于教学方法和手段的改革，学校的倡导是一个方面，而最为关键的是教师自觉自主地改革教学方法和手段，这才是教学改革的实质性主体，也是推进教学改革的实质性力量。但不可否认的事实是，许多高校推行教学方法和手段的改革是以"运动"的方式展开，表面上轰轰烈烈，各种新方法和新手段大量涌现。当"运动"一段时间后，一切又归于"原点"，新的方法和手段被"冷藏"起来，传统的"一言堂"式的教学重归于教学活动的主导地位。

四 校内教学评估的行政化与师生淡出现象

目前，中国高等学校在探索和创新本科人才培养模式的过程中，为全面推进教学改革，提高人才培养质量，各高等学校都设置了相应的本科教学质量和监控组织，如教学质量评估处、教学质量监督与评估中心、教学质量管理办公室等教学质量评估控制机构，建立健全教学质量管理组织，加强对教学质量的评估和监控力度。这不仅体现出高等学校对本科教学质量问题的关注，同时也从管理的层面上把本科教学质量的评估和监控组织化、常规化，把教学质量是高等学校教育教学工作的生命线这一共识，落实到具体的管理行动中。从这一层面上讲，重视本科教学质量的评估和监控，是提升人才培养质量的有效策略和途径。但现实的问题是，高等学校校内教学质量评估和监控能否实质性地展开，能否常态化、持续性地展开，能否实质性地达到提升教学质量的目的？就目前而言，虽然许多高等学校都成立了本科教学质量评估和监控的相关组织，但却明显地存在如下方面的问题。

（一）校内教学质量评估和监控的行政化现象明显

目前，中国高等学校校内本科教学质量评估和监控，基本上是由校领导牵头，质量评估和监控处、教务处组织相关部门和领导听课评教，组织相关人员对期末考试试卷、毕业论文（设计）进行抽查，对课程和专业的建设和实验教学情况等进行评估检查等。这种行政化的教学质量评估和监控是必要的，但不是全部。也就是说，通过行政程序和手段推动教学质量评估和监控，是启动高等学校本科教学质量评估和监控的有效途径。但实质性地并持续地发挥教学质量评估和监控作用的，应该是学院一级所展开的自我教学质量的评估和监控，如学科教研室组织的评课评教、教研活动，教师教学效果自查，学院或学科教研室组织的学生教学效果反馈或学生评教等。如果仅仅重视行政手段推动教学质量的评估和监控，就会导致主体混淆或主体倒置。毕竟教学质量评估和监控的主体，不是高等学校设置的相关组织机构，而是院系及教学基层组织，以及教师、学生的深度参与。所以，高等学校本科教学质量评估和监控，不是不需要行政手段，但不能以行政手段掌控教学质量的评估和监控。否则，教学质量的评估和监控就会因行政化而导致表层化，内在地降低院系在教学质量评估和监控中的地位和作用。

（二）重视规章制度等方面的改进，缺乏长期的支持机制

为推进教学改革，提升教学质量，各高等学校都制订出学校本科教学质量评估和监控的相关制度和规章，并制定和出台系列质量评估的指标体系。但问题不完全在于出台多少相关规章制度，也不完全在于出台多少指标体系，而在于这些规章制度以及指标体系是否合理，能否对教学质量评估和监控形成具有制度性保障的长效机制。

从教师的层面上讲，对于校内制定的教学质量评估和监控的管理规章制度，很多教师都能遵守，但其是否认同和接受，是否能在教学活动中真正关注自身教学的有效性，这是问题的关键。从教师的课堂教学来看，能够按照学校的规定要求撰写课程教学大纲、制作多媒体课件、按时上下课不迟到不早退等等，这些都是在教师教学中比较容易做到的。但是根据教学中存在的问题持续坚持教学改革，重视课堂教学内容的适时更新，积极主动地进行教学方法和手段的改革等，就不是一件很容易做到的事情了。实际上，教学水平和教学质量的提高不仅仅是教师教学

能力提高的问题，更为重要的是教师的教学态度、教育情怀、教学精力的投入问题，以及长期不懈地坚持。这就需要不断深入地改革和完善目前教学质量评估和监控体系的内涵，寻求保障教学质量评估和监控的长效机制。从学校管理的层面来讲，需要对教师的考核、晋升、收入分配等进行统筹考虑，制订科学合理的激励性政策，激发教师教学的积极性，牢固树立质量意识，重视教学质量的提高，把更多的时间与精力投入教学工作当中，重视教学研究意识，把教学作为研究来完成，从而全面提高教学质量和人才培养质量。另外，要落实教师的评价主体地位，教师不仅是评估的对象，更是评估标准的制定者与评估过程的参与者，推动教师在教学、评价、反思与持续改进中不断提高教学质量和人才培养质量。

（三）重视学生的反馈，忽视对学生学习生活的关注

中国高等学校在实施教学质量评估和监控的过程中，对于学生的评课评教以及相关信息反馈都给予了重视，这也从另一个侧面反映出学生在高等学校教学管理中地位的改变。但问题是，教学质量评估和监控的对象是谁？从目前教学质量评估和监控的现实来看，除了学科专业建设、课程建设、实习实训基地建设以及教学档案建设之外，教师及其教学活动成为教学质量评估和监控主要的或重要的对象。这就在认识上出现了偏差，哪些方面能够表征出教学质量的提升？优化学科专业建设、合理设置课程、重视精品课和优质课建设、重视教师课堂教学效果等等，这些是否就是表征教学质量高的全部？当然不是。从根本上体现教学质量的是学生。学生在教学改革中获得了什么好处或益处，教学改革是否提升了学生认识能力，拓宽了学生的思维视野，增强了学生的创新精神和实践能力，学生的学习动机是否得到增强等，这些方面才是教学质量提升的主要指标。但从目前来看，似乎这些问题并没有被纳入教学质量评估和监控的范围内，这不能不说是目前高等学校内部制定教学质量评估和监控体系中的最大缺陷。

第 四 章

走向教学治理的组织变革目标、原则与认识路径

教学管理与教学治理不是一种截然的对立关系，更不能成为落后与先进的代名词。教学治理是新时代为适应高等教育发展需要对传统教学管理组织的变革与创新，从管理走向治理并不是对传统教学管理的一种颠覆和否定，而是以"传统为基础"的变革与创新。"大学的进化很像有机体的进化，是通过持续不断的小改革来完成的。大规模的突变往往会导致毁灭。大学的变革必须以固有的传统为基础。"① 因此，目前中国大学教学治理主要采取的是一种嵌入式治理模式。所谓的嵌入式治理模式，就是在中国现行的大学领导管理体制的框架中，嵌入一些治理机制。这种嵌入式治理模式，不是对已有的领导管理体制的全面颠覆，也不是要建立一套新的机制取代现有的领导管理体制，而是通过嵌入一些治理机制以补充现行体制机制的不足。② 因此，在新时代教育治理现代化的背景下，大学教学治理组织变革是坚持问题导向，从教学管理组织及其教学管理中存在的现实问题出发，在现行的教学管理体制中嵌入相关的治理机制，实现教学管理的民主化、科学化、法治化。

基于以上的认识，本章主要探讨中国大学教学由管理走向治理的组织变革目标、明确教学治理视域中组织变革应遵循的基本原则、确认教学治理组织变革的认识路径，为中国大学教学由管理走向治理的现代化

---

① ［英］阿什比：《科技发达时代的大学教育》，滕大春、滕大生译，人民教育出版社1983年版，第20页。

② 别敦荣：《大学管理与治理》，中国海洋大学出版社2021年版，第33页。

提供基本的理论遵循。

第一节 大学教学由管理走向治理的组织变革目标

目标是预设性的和观念性的结果，探究中国大学本科教学由管理走向治理的组织变革，首先要在观念上明确中国大学本科教学由管理走向治理的组织变革的具体目标是什么，这是展开研究的认识论前提。在展开本节研究之前需要说明的是，无论是现在还是未来，全面提高人才培养质量，提升教学治理的水平和效益都是大学本科教学管理走向治理组织变革必须确认的基本目标。由于我们在前文不同章节中对这个问题多有论及，在此不再赘述。基于前文对高等学校本科教学管理组织变革的认识以及对中国高等学校本科教学管理组织变革的现状分析，我们认为，新时期推动中国大学本科教学由管理走向治理的组织变革，应确立如下方面的具体目标。

一 明确教学治理的多元主体，增强师生参与治理的积极性

大学教学治理在其本质上是合目的性的组织行为，但谁是大学教学治理的主体，表面看来这是一个不必多问、再清晰不过的问题了，但当本章试图确认高等学校本科教学治理的主体时，却又是含混不清的。中国高等学校传统的教学管理，并没有合理地处理好教学管理的主体归属问题。大学教学管理应该具有层次性，而且不同层次的教学管理部门也应该享有相应的权力并负有对等的职责。但正是由于中国大学传统教学管理的主体归属不清，不仅内在地强化了教学管理的行政化、科层化，而且也产生了教学管理中的权责混乱、难以理顺的问题。所以，确认高等学校教学治理的多元主体，对过去的那种主体不清、权责不明的状况加以调整和改革，调动不同层面教学治理主体参与治理的主动性、积极性以及明确的权责意识，推进教学治理的民主化，提高人才培养的质量，提升教学治理的水平和效益，理应成为大学本科教学由管理走向治理的组织变革的首要目标。

以上在评述卢因、莱维特等人的组织变革理论时指出，卢因、莱维

特等人的组织变革理论是建立在以人为中心的基础之上的。由此可见，组织成员是高等学校本科教学治理及其组织变革中的关键性因素，应该确立和强化大学本科教学管理与组织变革的多元主体意识。在高等学校的教学治理中，干部与学者、学生不是单纯的主体与客体，或主体与对象之间的关系，而是共同主体或互为主体。在不同的主体之间形成平等对话、合作交流、切磋协商、相互尊重、差异理解的关联方式与作用方式，强调在差异中理解，在理解中形成共识，从而达成多元主体的互补，这是高等学校科学展开教学治理组织变革的核心与关键。

以上所说的主体性是指人在认识和实践活动中所表现出来的自主性、主动性、创造性、构成性和自由性等功能特性。高等学校作为一个"由学者与学生组成的、致力于寻求真理之事业的共同体"①，以教学为中心，以人才培养作为其合法性存在的根据。高等学校本科教学治理是围绕人才培养的目标对教学工作进行的计划、组织、协调、控制和评价，以保障人才培养的质量。高等学校本科教学治理的主体性，强调的是在高等学校本科教学治理的过程中，主体方能够运用自主性、主动性、创造性和独立性参与教学治理过程，并在教学治理的实践活动中不断增强主体方的自主性、主动性、积极性与创造性。

以往的行政化管理模式坚持以控制为取向，强调行政文件与计划的权威性，以管理部门和管理者为中心，通过自上而下机械被动地贯彻落实来实施管理。学者和学生以及其他利益相关者在大学教学管理中不同程度地表现出主体性缺失，教师、学生及其他主体的参与被忽略，缺少教师、学生、领导等多方面的交流与对话、互动与磋商。

《中华人民共和国教师法》提出教师可以"对学校教育教学、管理工作和教育行政部门的工作提出意见和建议，通过教职工代表大会或者其他形式，参与学校的民主管理"。随着高等学校综合改革的推进，高等学校民主管理、教授治学不断改善，但是在许多高校特别是地方高校，教师通过教代会参与民主协商管理仍是程式化的，参加各种委员会是点缀式的。《普通高等学校学生管理规定》提出，学生"在校内组织、参加学

---

① ［德］卡尔·雅斯贝尔斯:《大学之理念》，邱立波译，上海人民出版社2007年版，第19页。

生团体，以适当方式参与学校管理，对学校与学生权益相关事务享有知情权、参与权、表达权和监督权"。"学校应当建立和完善学生参与管理的组织形式，支持和保障学生依法、依章程参与学校管理。"这些政策法规为学生参与学校民主管理提供了政策支持。许多高校特别是重点大学在学校管理中确认了学生的主体地位，强化了学生参与管理的主体性，如北京大学强调"以人才培养为中心，以师生为根本"。坚持和完善"学术自由、大学自主、师生治学、民主管理、社会参与、依法治校"的现代大学制度，为师生参与管理提供制度与章程保障。在《北京大学章程》中，明确规定作为学校咨询议事和监督机构的校务委员会，以及具有检查权、调查权、建议权、处分权的监察委员会，必须有教师代表和学生代表参加，使教师与学生的知情权、参与权、监督权落到了实处。清华大学坚持落实"以学生学习与发展成效为核心"的教育理念，建立教学质量持续改进机制，成立本科生课程咨询委员会，让学生切实参与教学质量监督工作。华东师范大学成立学校理事会，要求一定数量的教职工代表、学生代表参加，学校还设立学生校长助理、确立学生参议会制，为学生参与管理提供实践平台，提高了学生参与学校民主管的积极性和主动性。但许多高校特别是地方大学在学校章程中，只是笼统提出学生"参与学校民主管理和监督"，或享有"知情权、参与权、监督权"，但却没有任何具体的组织保障、政策支持与制度规定，学生的知情权、参与权、监督权得不到落实。在具体教学管理过程中，学生通过学生会参与管理是附属性的，学生评教只是领导评教、同行评教、督导评教中的一部分，而且常常因不懂专业、不懂教育规律、从严要求影响评教结果等理由，受到质疑。学生参与教学管理的主动性、自主性与创造性处于压抑状态。

高等学校是传播和研究高深学问的学术组织，拥有高深学问和探究精神的教师应该成为大学名副其实的治理主体。"由于他们最清楚高深学问的内容，因此他们最有资格决定开设哪些科目以及如何讲授。此外，教师还应该决定谁最有资格学习高深学问（招生）、谁已经掌握了知识（考试）并应该获得学位（毕业要求）。更显而易见的是，教师比其他人更清楚地知道谁有资格成为教授。"① 教师作为学者最熟悉学术活动规律，对学校的发展规划、学科专业结构调整、课程建设、教学改革、科学研究、人才培养、教学与科研成果评定等的评价最有权威性。教师是大学组织的灵魂，引领学校的发展；是学校办学的主体，体现了学校的核心竞争力；是学校发展的中坚力量，关系到人才培养质量与科学研究、服务社会的水平。落实教师主体地位，广泛参与学校治理，是大学健康发展的内在要求。

学生则是学校的主体，学校因学生而存在，因学生的学习、发展和成长而设立。学校及其治理活动的本质，就在于为学生的成长、为学生的读书学习、为学生的学习效果服务，促进学生的全面发展。马克思曾经从本体论、认识论出发，指出人在认识世界和改造世界的过程中，在自觉的实践活动中，就必然成了主体，从而体现出主体性，主体性是人的根本性特征。大学教学治理从其本质上来说也是一种教育实践活动，也具有育人的功能和意义。因此，在大学教学治理过程中大学生主体性地位的确认，其意义在于培育大学生的主体精神，强化大学生的主体意识，造就大学生的主体人格，提高大学生的主体能力。

二 加强学院教学治理的权能，协调行政权力与学术权力

学院制是大学集权与分权相结合的本科教学组织结构形式，是一种以学院为实体性治理主体和治理重心的治理模式，这是由集权向分权制转换推动权力下移的一种领导方式的改革。大学实行学院制，通过分权治理和重心下移，加强和完善学院这一层级的权能，有利于整合优化学校的教育教学资源、促进学科的融合与发展、提升教学治理效率和效益、提高人才培养的质量、协调行政权力与学术权力的关系。

（一）加强学院教学治理的权能，提供切实可行的制度保障

从行政权力和学术权力两个方面，进行分权治理与重心下移，加强和完善学院教学治理层级的权能，既是一种治理理念，也是一种治理模式。但理论上的认识与实践中的行为常常难以达成一致，在高等学校中

---

① ［美］约翰·S. 布鲁贝克：《高等教育哲学》，郑继伟等译，浙江教育出版社1987年版，第31—32页。

不同程度地存在"事权下移，财权、人权和重大事权仍然集中在校级"的状态。刘亚荣等人对在国家教育行政学院学习进修的第26期和第28期青年干部培训班中35位学院院长（包括学院书记）和10所实行校院两级治理的高校的调查结果表明，中国校院两级治理的改革基本处于"事权下移，财权、人权和重大事权仍然集中在校级"的状态，呈现出治理中的"职能分权"特征，仍然是一种集权状态。在33位学院院长和书记中，对所在学校的校院两级治理状况表示满意的只有10人，占30.3%；表示不满意的高达23人，占69.7%。[①] 造成这种状况的主要原因在于：不少学校将许多具体事务交给了学院，但依然存在一定程度的权力（尤其是财权、人事权及学科建设决策权等）过分集中在学校的倾向，束缚了各学院的积极性。也就是说，目前虽然为数众多的高等学校在名义上实行校院两级治理，但距离真正意义上的治理仍有很大的差距。

随着高等学校综合改革的不断推进，各学校按照《高等学校章程制定暂行办法》要求，依据《中华人民共和国教育法》《中华人民共和国高等教育法》等相关法，完成了大学章程的制定。大学章程对于校院两级的权力与职责进行了规定，"按照事权相宜和权责一致的原则，在人、财、物等方面规范有序地赋予学院相应的管理权力"。章程的制定为高等学校依法自主办学、实施治理和履行公共职能提供了基本准则，有利于学院制治理重心的推进。但是在许多高校特别是地方高校治理重心的下移是有限和缓慢的，相关事项的权力仍然比较多地滞留和集中于代表学校进行管理的职能部门，学院的行政与学术职能比较多地笼罩于学校职能部门的行政管理之中，模糊于"相应的管理权力"的话语表述里，学院作为实体性治理主体和管理重心缺少自主性与能动性。具体从高等学校的本科教学治理来看，在中国富有推动力的大学本科教学改革通常是自上而下的，例如围绕专业建设展开的不同层级的品牌专业、特色专业、一流专业建设，围绕课程建设展开的不同层级的精品课程、精品视频课程、一流课程建设，围绕人才培养模式、课程体系建设、教学内容与方法的教学改革立项以及教学成果的申报等等，均是由政府的

---

① 刘亚荣等：《我国高校实行校院两级管理体制改革的调研报告》，《国家教育行政学院学报》2008年第3期。

教育行政部门自上而下发起的。为提高学校在上级行政主管部门发起的各种不同项目的中标率，学校本科教学职能部门便加强校级统筹与管理，使学院在本科教学改革中完全丧失了自主性与主动性。这也是中国高等学校本科教学改革运动式展开，缺少时间上的持续性、自下而上的广泛性的重要原因。因此，要实质性推进学院制的落实，下移本科教学治理重心，加强和完善学院本科管理层级的权能，有效调动学院一级教学治理的积极性、自主性和主动性，协调行政权力与学术权力的关系。相关高等学校一方面要切实增强依法治校、师生治学、科学治理、民主治理的意识；另一方面要以大学章程为依据，形成内部治理制度及规范性文件，制定实施细则，规范治理活动，使章程的规定真正落实到教学治理实践当中，为加强和完善学院层级的权能提供强有力的政策支持与制度保障。

（二）加强学院教学治理的权能，增强"学院办大学"的意识

中国高等学校在突破套用苏联的校—系—教研室（教研组）这种垂直、多层次和职能化的教学管理组织结构，实行学院制的组织改革之后，在相当程度上表现出大学办学院的主导倾向。石中英在《大学办学院还是"学院办大学"》的文章中，对于目前中国大学管理层与学院一级教学科研单位之间的关系，用一句话来概括："是大学办学院，而非学院办大学"①。在大学办学院的模式笼罩之下，高校尽管在形式上进行了学院制的组织改革，但在其实质上仍然没有改变过去的行政主导式教学管理，使教学管理的权力依然比较多地集中于学校管理层面。大学在教学管理中的行政主导非常强，从而使学校一级处于支配、指挥、主导、强势的地位，学院一级则处于服从、依赖、附属、弱势的地位，固化了自上而下的垂直领导的直线指挥链，按指挥统一原则对各级教学管理组织或机构行使指挥权。本科教学管理的权力主要体现为行政权力，或者说，主要是以行政权力实施教学管理，教学活动中的学术权力要么被弱化，要么被边缘化。本科教学管理活动呈现出明显的程序化特性，其主要表现是教学管理活动是明确按照"计划—执行—检查"的"保姆式"逻辑展开。这种本科教学管理的组织结构，从表面上来看符合规范化的管理要

---

① 石中英：《大学办学院还是"学院办大学"》，《光明日报》2016年5月10日第013版。

求，而且具有明确的程序化与过程性。但是实际上，这种管理模式不仅使高等学校的本科教学管理处于封闭的、僵化与程式化的状态，而且还容易导致高等学校的本科教学管理陷入繁杂琐碎的事务性工作中，从而降低管理的效率。

大学的学院制本科教学治理组织的改革与创新，需要突破在大学办学院模式中学院服从、依赖、附属、弱势的地位，强化"学院办大学"的意识，加强和完善学院作为本科教学治理实体的权能。一是从本科教学治理组织结构的层面上，分化学校教学治理的行政权力，使学校从原来校系模式中的决策与管理兼顾，以行政管理取代学术管理的模式，转变为以宏观决策为主的模式；原来代表学校进行本科教学管理的行政部门职能，转化为以协调、服务、指导为主。学校层面主要负责把握学校办学方向、明确人才培养目标定位、推进产学研用合作、获取教育教学资源、制定各类政策、协调内部关系、改革管理体制、提供咨询服务等。治理的重心下移到学院，把从学校职能部门剥离的有关日常教学行政管理职能下移到学院，同时学院享有由学校下放的涉及自身事务的决策职能，从而使学院享有一定的自主权，形成学院自主运行、自主协调、自主完善的机制。二是在学院这一教学治理层级凸显学术权力。依据学院发展需要提升教师队伍建设水平，展开本科教学改革和教学研究以提升教学质量；在学术规范内，倡导教师教的自由和学生学的自由，彰显和突出学术在学院教学治理中的地位、作用与影响力，营造尊重学术的文化氛围等。如此，高等学校本科教学治理的高层可以从日常教学管理的事务中解脱出来，整体思考高校教学活动的治理决策、宏观规划、资源配置、教学质量的评估、监控和保障举措等问题，从整体上领导、指挥、协调、控制和引领高校教学改革的全面推进，提升教学质量，提高教学治理质量和效益，进而把教学治理中一直难以解决的行政权力与学术权力之间的矛盾化解于学院这一教学治理层级。

（三）加强学院教学治理的权能，对学院进行优化整合

20世纪80年代，部属重点大学首先开始设置学院，并在学院下设学系。世纪之交，许多地方高等学校也纷纷学习和模仿部属重点大学设立学院。学院的设置不是一个简单地增设学院或撤系升院过程，而是深化高等学校内部治理体制改革的必然要求，是高等学校对学科专业资源进

行整合优化，提升治理效能，提高人才培养质量、科学研究水平与服务地方能力的必然选择，是厘清大学责权利关系、进行治理制度重构的过程。但从目前中国高校学院的设置情况来看，中国高等学校不同程度地存在学院设置数量偏多、容量偏小、随意性大、稳定性差等问题，从而导致学院制功能的弱化，造成中层教学单位与管理干部人数的膨胀，降低了教学治理的效率和效益。

中国高等学校学院设置处在一种不稳定状态，数量上总体呈增长之势。2003 年，北京大学、复旦大学、南京大学、清华大学、上海交通大学、浙江大学、西安交通大学 7 所部属重点大学，学院设置数量平均为 16 个，按学科门类设置占比 31.3%，按一级学科设置占比 58.8%，按二级学科设置占比 10%。2009 年，清华大学、北京大学、中国科技大学、南京大学、复旦大学、上海交通大学、西安交通大学、浙江大学、天津大学、南开大学 10 所 "985" 高校，学院设置数量平均为 18.1，按学科门类设置占比 22.10%，按一级学科设置占比 54.70%，按二级学科设置占比 8.29%。2020 年，有研究者对中国 C9 大学（包括清华大学、北京大学、浙江大学、复旦大学、南京大学、中国科学技术大学、上海交通大学、西安交通大学、哈尔滨工业大学）的学院设置及学科层次进行统计分析，C9 大学实体性二级学院（包括与二级学院平级设置的学部、学系、书院、研究院、研究所等实体单位）的设置数量平均为 38 个，其中五所综合性大学二级学院的设置数量平均 46 个，四所理工类大学二级学院的设置平均 27 个，按照学科门类设置占比 7.88%，按照一级学科设置占比 82.41%，按照二级学科设置占比 9.71%。从统计分析结果可以看出，中国部属重点大学的学院设置数量是不断增长的，学院设置的学科层次主要集中于一级学科。因此，有学者指出："中国 C9 大学的二级学院，由于其学科层级相对较低、学科容量偏小，无法独立适应新兴研究领域的发展与学科交叉融合的趋势。"[①]

中国地方大学习惯于模仿和效法部属重点大学，随着学校规模的不断扩大，地方高校也纷纷由系升院或撤系改院。学院制的实行刺激了新

---

① 石中英、安传迎、肖桐：《中国 C9 大学与英美顶尖大学学院设置比较研究》，《高等教育研究》2020 年第 8 期。

专业设置，出现了专业数量的大扩张。本章以山东省10所地方高等学校为例，进行统计分析。

表4—1　山东省10所地方高校学院、专业、学生、专任教师数量

学校	青岛大学	济南大学	鲁东大学	聊城大学	临沂大学	曲阜师范大学	山东科技大学	山东理工大学	齐鲁工业大学	青岛农业大学
院部数量（个）	36	23	22	25	27	27	30	27	26	25
专业数量（个）	101	99	87	95	95	87	93	70	84	78
学生数量（人）	41558	37660	30029	34076	43949	38008	42757	34363	32832	29384
教师数量	2548	2187	1480	1846	2026	1461	2147	1697	1921	2009

资料来源：相关数据来源于各学校网站及山东省教育厅网站2018—2019年本科教学质量报告。

表4—2　山东省10所地方高校学院设置的学科层次　（单位：个）

学校	青岛大学	济南大学	鲁东大学	聊城大学	临沂大学	曲阜师范大学	山东科技大学	山东理工大学	齐鲁工业大学	青岛农业大学
跨学科大类	7	10	11	12	9	10	9	4	7	9
按学科门类	1	3	3	0	1	2	1	2	1	2
跨一级学科	2	3	0	1	6	2	9	10	4	4
按一级学科	18	5	5	8	6	6	3	6	5	4
按二级学科	1	1	3	1	1	2	1	1	4	2
其他	7	0	2	3	4	5	7	3	5	4

资料来源：相关数据来源于各学校网站及山东省教育厅网站2018—2019年本科教学质量报告。

山东省10所地方高校学院设置数量为268个，平均数量为26.8个；专业设置的平均数量为88.9个，学院拥有的专业数量平均为3.31个；学院拥有的学生平均数量为1360人，拥有的专任教师平均数量为72人。由统计数据可以看出，山东省10所地方高校学院设置数量偏多，学院拥有专业数量和学生数量偏少，学院教师平均数量为72人，许多专业专任教师不足10人，教学资源稀释，难以形成学科专业资源的聚合效应。

山东省10所地方高校跨学科门类设置学院占比32.83%，按学科门

类设置学院占比5.97%，跨一级学科设置学院占比15.67%，按一级学科设置学院占比23.88%，按二级学科设置学院占比6.34%。由以上统计可以看出，学院的设置缺少科学合理的标准与制度规范，在综合化发展过程中盲目设置学院和学科专业，贪大求全，甚至把学院、专业数量以及学科覆盖作为办学成绩。通过比较可以看出，地方院校与部属重点大学学院设置呈现不同的趋向，部属重点大学主要是按一级学科（含一级学科群）设置学院，地方本科高校比较多的跨学科门类设置学院，占比高达32.83%。这种跨学科门类设置学院的做法，既没有遵循学科发展的内在逻辑，也不是跨学科人才培养的交叉融合，而是在原有文科、理科和师范专业的基础之上，简单地嫁接和生成应用学科专业，甚至是有的学院三个专业跨三大学科门类，导致学院的学科专业构成庞杂。学院之间重复交叠，淡化了基础学科专业与应用型学科专业的属性，呈现趋同化乃至同质化培养的态势，这是多年来地方普通高等学校面向应用转型发展而收效甚微的一个不容忽略的因素。

鉴于目前中国大学学院设置及其权能履行情况，要加强和完善学院教学管理层级的权能，必须对学院的设置进行整合优化。关于一所大学应该设置多少个学院为宜，有学者认为是4—8个，[1] 有学者认为是8—10个，[2] 还有学者认为一所大学的学院数目以10个为宜，最多不超过15个。[3] 关于学院设置的学科依据有学者通过与欧美大学的比较，提出按照学科门类设置，"学科门类通常包含了若干个一级学科，知识创新需要这些不同的知识领域之间进行交叉和综合。所以，按照学科门类设置的学院具有更大的包容性，以'群'的形式进行人才培养和科学研究，可以更好地完成大学的职能"[4]。无论是按学科门类设置学院，还是按一级学科设置学院，各高等学校都需要根据自身的办学目标定位、类型层次定位、服务面向定位、人才培养定位，从有利于学科的融合创新，有利于

---

[1] 许放：《我国高等学校学院制研究》，《现代教育科学》2002年第11期。
[2] 王凤花、张定铨：《试论完善学院制管理》，《绍兴文理学院学报》2003年第11期。
[3] 林健：《大学校院两级管理模式中的学院设置》，《国家教育行政学院学报》2010年第10期。
[4] 贾莉莉：《学科视角下的中美研究型大学学院设置比较分析》，《中国高教研究》2009年第7期。

资源的整合共享，有利于管理的精干高效，有利于学院的权责对等，有利于提高人才培养、科学研究、服务社会的能力与质量等方面，进行学院的整合优化。对于地方高校来说，学院整合优化需要与专业结构调整优化一体考虑，同步推进。

（四）加强学院教学治理的权能，重组校级本科教学治理组织

过去，中国高等学校本科教学管理是按照分工协作的原则，对高等学校的本科教学工作实施"对口性"管理。如教务处分管教学工作、科研处分管科研工作、学生处分管学生教育与管理工作、招生就业处分管招生就业与创业教育、人事处分管师资队伍建设与教师发展、设备处分管教学设施购置与实验室管理工作等，各管理机构分工明确，各司其职。但其缺陷也恰恰出现在此，主要体现在把教学管理这一整体性、系统性的工作分解到不同部门，在沟通和协调方面出现较多困难。再比如教务处，仍按"对口"分工的原则，把教学管理工作分解到教务科、教学科、教学实践科、师培师训科、学籍管理科、教材科等不同科室。这种"对口"性的分工管理，确实有利于"专事专办"，便于管理，但由于各科室的职责过于"单一"和"专门"，相互间的沟通和协商较少。其实，教务处的不同科室，其职责不仅不同，而且在教学管理中的地位和作用也是不同的。有些科室是事务性的，如学籍科，但有些科室却是组织、协调、指挥和引领性的，如教学科、教学实践科、师资培训科等，如何协调、重组或合并，各高校做法不一。本章认为，在未来，中国各高等学校都应继续通过调整、合并等方式，重组学校教学治理组织结构，成立教务部，实施大教务治理，把现代教育技术部、教师教学发展中心、资产处（或设备处）负责的实验室管理、武装保卫处的军事教育、学生处的创新创业教育等职能，有机整合于大教务治理，消除因部门之间职能的交叉、重叠所带来的工作协调与资源共享的困难。首先是通过重组、调整或合并相关教学治理职能部门，落实教学工作的中心地位。其次是改革和转变高等学校教学治理的方式，重新配置教学治理中的权责关系，探索合理解决教学治理部门转变职能问题的途径，把滞留于学校教学治理职能部门的权力下放到学院，强化学院作为行政治理与学术治理的中心地位，突出学校教学治理职能部门的组织、协调、服务等职能。在教学治理部门职能转变中，尤其要强化其对教师教学与学生学习的服务与支持，成

立教师教学支持服务中心与学生学习支持服务中心，革除单一行政化管理的弊端，真正把职能部门的工作变成服务与支持。

三 加强基层教学组织建设，激发基层教学组织活力

高等学校从本质上来说是独特的学术机构，其不同于一般社会组织的基本特征就在于作为学术组织的学术特征，承担传播和创新知识、转化和应用知识、培养和造就人才的历史使命。从组织形态来看高等学校具有"底部沉重"的组织特性，所谓的"底部沉重"也就是基层学术组织是高等学校制度形成和机制运行的底座与基础。高等学校的基层学术组织既包括基层科研组织，同时也包括基层教学组织。在中国高等学校基层学术组织发展的历史过程中，学术研究的功能与学术活动的开展在相当长的一段时间内是由基层教学组织来承担的，由此可以看出，基层教学组织在中国高等学校组织构成中的重要性。

从基层教学组织的历史沿革来看，中国高等学校基层教学组织建设是在学习借鉴与改革探索中不断调整的。京师大学堂的设置取法日本的大学教育，主要是学习日本东京大学，在大学堂下设经、法、文、格致、农、工、商等七科（相当于学院）十三门（相当于系），门下设若干目（课目），目成为最底层的教学组织单位。各科设有监督（相当于院长）一人，负责掌管该科的教务、庶务、斋务等相关事宜，在管理上接受总监督的节制；每科设有教务提调一人，负责总管该科功课以及师生的相关教学事务。蔡元培任北京大学校长后，则是学习借鉴德国的大学制度。德国首创以讲座制为核心的大学基层学术组织运行机制，教授作为组织体制的第一级，是相关研究领域中的唯一的讲座持有者，同时也是研究所的唯一负责人。研究所作为独立的研究机构和教学单位，拥有全部必要的人员和设备。在这种权威型的基层学术组织运行机制中，教授被称为"是大学这一建筑的砌块"。① 蔡元培积极推进教授治校，提升学术研究，1918 年设文、理、法三科研究所，所内附设编译处，1919 年废门设系，按学系设教授会，负责本系的教学管理工作，包括课程的设置、教

---

① ［加］约翰·范德格拉夫等编著：《学术权力——七国高等教育管理体制比较》，张维平编译，浙江教育出版社 1989 年版，第 22 页。

材的选用、教学方法的改革、学生选科的指导以及学生学业考核等等。基层教学事务的管理,主要是学系主任及教授会负责,教学活动及管理的基本组织形式采用讲座制。清华大学由美国的庚子赔款退款兴办,因而受美国大学制度的影响颇深。美国大学组织最低一级的组织单位是"系"。"系首先是一个社团式机构,即一个围绕某一学科的共同利益而组织起来的相对统一的机构,在垂直结构上具有不太严格的等级性。"① 学系既是教学的基本组织单位,也是科研的基本组织单位,权力比较分散。学系的领导权首先是在正教授中分配,其次是在副教授和助理教授中分配。系主任是一个非个人化的职位,一般每 3 年由高级人员轮换一次,许多问题需要系主任同其他教授甚至是全体教学人员商讨。这一时期清华大学受美国大学办学理念和教育思想的影响,实行校—院—系三级管理,在院—系两级管理中院虚系实,权力的中心在学系。凡有关该系教师的聘用、经费的使用、课程的设置、课程表的制定、学生选课单的审批、毕业生的考核,以及图书和实验仪器设备的购置等,都由各学系负责。

中华人民共和国成立后,对高等教育的改造是在解放区既有教育经验和全面学习苏联高等教育的基础上展开的。1949 年 9 月 29 日,中国人民政治协商会议第一届全体会议通过了《中国人民政治协商会议共同纲领》,提出"有计划有步骤地改革旧的教育制度、教育内容和教学法"。1950 年 8 月发布了《关于高等学校领导关系的决定》、《关于实施高等学校课程改革的决定》、《高等学校暂行规程》等相关文件。由教学研究指导组的职责规定可以看出,此时的教学研究指导组主要是作为基层教学组织而存在,科学研究并没有隐含于其中。中国人民大学和哈尔滨工业大学作为先行试点高校,首先拉开了基层组织变革的序幕。中国人民大学于 1951 年成立了 41 个教学研究组,把组织教学活动、科学研究活动、提高马克思主义思想水平等,统一纳入教学研究组的职责范围,教学研究组设主任、副主任,明确规定了主任的工作职责。哈尔滨工业大学于 1951 年开始了对教学研究组的改革整顿工作,把所有教师按照学科、课

---

① [加] 约翰·范德格拉夫等编著:《学术权力——七国高等教育管理体制比较》,张维平编译,浙江教育出版社 1989 年版,第 114 页。

程分别组织到相关教学研究组中，明确了教学研究组的隶属关系。政治课教学研究组和体育教学研究组归属校长直接领导，其他的公共课教学研究组由教务处直接领导，专业课教学研究组由各系领导。通过《哈尔滨工业大学校章》的形式，明确规定了教学研究组主任的工作职责。中国人民大学和哈尔滨工业大学对基层教学组织改革的经验做法，被推广到全国的各高等院校，为教学研究组在全国大学范围内的广泛建立提供了典型示范作用。

1961年，教育部在总结中华人民共和国成立12年来教育发展经验教训的基础之上，制订了《教育部直属高等学校暂行工作条例（草案）》（简称"高教六十条"），10月份经中共中央批准试行。"高教六十条"明确了高等学校学生的培养目标，提出"高等学校必须以教学为主，努力提高教学质量"。在强调教研室有关教学职责的同时，突出了教研室开展"科学研究工作和学术活动"功能，奠定了教研室作为基层教学研究组织在中国大学中的独特地位。

改革开放以来，为满足经济社会发展的需求，高等教育在由精英教育向大众化、普及化迈进的过程中，学校规模迅速扩大，沿着综合化发展方向，高等学校内部的学科与专业设置也全面展开。在高等学校上层次、上水平的"漂移"发展中，科研被提到了越来越重要的地位，因而出现了教学与科研的所谓"双中心"。许多高校在教研室之外另设研究所，承担开展"科学研究工作和学术活动"的任务，形成教学与科研分离、教研室与研究所并存的基层组织结构。部分研究型大学则将教研室改为研究所或研究中心，突出了基层学术组织的研究功能，但却造成了基层教学组织的制度缺失。另外，由于科研的显性效应以及其在考核与职称晋升中的刚性要求，在高等学校中不同程度地出现了"重科研""轻教学"的现象，教师以教研室为平台研究教学、改进教法、集体备课的积极性严重受挫，作为基层教学组织的教研室总体上处于式微、虚化和边缘的尴尬境地。但在这一过程中也有大学勇于坚守和加强教研室的职能，如中南工业大学在1992年2月发布《中南工业大学教研室工作条例》，明确"教研室是学校组织教学、科研和师资培养工作的基层组织，是按照专业、课程（一门或几门性质相近的课程）设置的教学科研的教学人员集体。"① 从组织教学任务落实，开展教学法研究，推行教学内容与教学方法改革，努力提高教学质量；加强学科建设，开展科学研究，提高教研室的学术水平；培养提高师资队伍，从教研室活力、实力和凝聚力三个方面规定了教研室的基本任务。

进入21世纪，伴随高等教育大众化、普及化的快速推进，以及大量缺少专门教师职业训练的高学历青年学者加入教师队伍，在社会对高等学校的教学质量、教学内容、教学方法提出质疑的背景下，恢复和加强基层教学组织的功能，激发基层教学组织活力，提高人才培养质量，成为自上而下的共识。2012年教育部颁布《关于全面提高高等教育质量的若干意见》第二十七条提出："提高教师业务水平和教学能力。推动高校普遍建立教师教学发展中心，重点支持建设一批国家级教师教学发展示范中心，有计划地开展教师培训、教学咨询等，提升中青年教师专业水平和教学能力。完善教研室、教学团队、课程组等基层教学组织，坚持集体备课，深化教学重点难点问题研究。健全老中青教师传帮带机制，实行新开课、开新课试讲制度。"2019年，教育部发布的《关于深化本科教育教学改革全面提高人才培养质量的意见》第17条提出："支持高校组建校企、校地、校校联合的协同育人中心，打造校内外结合的高水平教学创新团队。"

教研室在中国高等学校经历了七十多年的发展历程，对中国高等学校本科教学管理的规范和教学质量的提升起到了重要的保障作用。作为基层教学组织，教研室在开展教学研究，推动教学方法改革，坚持集体备课，实行同侪听评课，开展教学"传帮带"，促进青年教师教学发展以及教学运行的规范化和制度化等方面的作用，是高等学校其他基层学术组织无可替代的。但是，随着高等教育的快速发展，传统教研室运行机制的封闭性、行政化与分割性所带来的问题也是不容回避的，如教研室划分过细，多数教师都集中于一个学科课程的教学，知识结构的封闭、固化、孤立，无法适应新时代知识融合、复合、交叉的人才培养需要；教研室工作的行政化，教研室本来是基层教学组织，是学校强化学术管理的"最佳端点"，但其在多年的发展过程中承担了诸多行政性管理工

---

① 杨欣荣：《中南工业大学教研室工作条例》，《有色金属高教研究》1992年第2期。

作，陷于琐碎的事务之中，无暇或无意于教学研究与学术活动的开展；教学与科研相割裂，随着科学研究与学术活动功能的剥离，研究所等研究机构的单独设立，使教学与科研进入不同的轨道，导致科研反哺教学、科教协同育人障碍重重，成效甚微。

根据系统论的观点，系统的结构决定其功能，系统的变化必然带来功能的相应变化，因而特定的功能需要特定的组织机构来实现。斯蒂芬·P. 罗宾斯在《组织行为学》中指出："组织中的人是在一定结构中工作的，结构不同，人们之间的关系不同，人们所表现出来的行为方式也不同。"① 因此，要发挥高等学校基层教学组织的作用，就必须对基层教学组织进行调整、重组或改组，加强和完善基层教学组织，激发基层教学组织的活力。但是，不同层次和不同类型的大学，由于其发展目标、服务面向、人才培养的定位不同，其组织使命与组织结构也是不同的。对基层教学组织的调整、重组或改组，必须坚持因校制宜的原则。2018年，教育部在《关于加快建设高水平本科教育全面提高人才培养能力的意见》第17条"提升教学能力"中强调："因校制宜，建立健全多种形式的基层教学组织，广泛开展教育教学研究活动，提高教师现代信息技术与教育教学深度融合的能力。"研究型大学的核心与重点在"研究"，知识的创新、学术的发展与创新型人才的培养是其组织的使命。研究型大学以学科作为管理重心，立足学科，为实现传统学科的转型发展，推动新兴交叉学科的交叉融合，培养适应新时代发展需要的创新型人才。有的大学学院下学系与研究所并存作为基层学术单位，有的撤销学系在二级学科的基础上成立研究所作为基层学术单位，凝聚学术团队，科教融合，履行教学、科研和社会服务的职能。应用型大学的核心与重点是"教学"，科研为教学服务。立足地方，突出应用，为地方经济社会发展培养应用型高级专门人才是应用型大学的显著特征。如果说研究型大学是立足于学科，那么应用型大学则是立足于专业。因此，应用型大学的管理重心应该下移到专业，凝练专业核心课程，打造专业核心教学团队，在专业的平台上依据方向课程模块组建教研室，增强教研室在教学管理

---

① [美] 斯蒂芬·P. 罗宾斯：《组织行为学》，孙健敏、李原译，中国人民大学出版社2005年版，第467页。

中的活力、实力与凝聚力。应用研究型大学是介于研究型与应用型之间的大学类型，其突出特征是以教学为首位，积极开展科学研究；以本科教育为首位，积极发展研究生教育，坚持学科专业一体化、产学研一体化。因此，应用研究型大学的基层学术组织，适宜于系所并存，以形成教学与研究、学科与专业的融合互补和良性互动。

四 深化人才培养模式改革，推进教学治理多元融合联动

改革和创新人才培养模式，既是启动和实施高等学校走向治理组织变革的动因，也是高校走向治理组织变革的重要目标和任务。随着中国高等教育由精英教育走向大众化、普及化，为提高人才培养质量，适应地方经济建设与科学技术发展对人才的多元化需要，坚持特色发展、差异化发展，成为高等学校提高竞争力和影响力的必由之路。学校的发展目标与人才培养目标的定位不同，人才培养模式改革的路径也应该是不同的。科教融合、产教融合、产学研相结合应该成为中国不同类型大学推进人才培养模式改革的重要路径选择。

研究型大学作为中国高等教育的排头兵，培养拔尖创新型的一流人才是其义不容辞的使命担当，科教融合、相互促进便成为研究型人才培养模式必然的路径选择。2018年，教育部、财政部、国家发展改革委制定了《关于高等学校加快"双一流"建设的指导意见》，要求"双一流"建设大学"以学科建设为载体，加强科研实践和创新创业教育，培养一流人才。强化科研育人，结合国家重点、重大科技计划任务，建立科教融合、相互促进的协同培养机制，促进知识学习与科学研究、能力培养的有机结合"，明确提出了"科教融合、相互促进"的协同培养模式。因此，在"科教融合"的人才培养模式改革中，如何深入推进科研院所与高等学校、校内科研治理机构与教学治理机构、校内科研院所与教学院系的联动耦合，充分调动教师开展研究型教学、学生广泛参加教师科研项目的积极性与主动性，形成"科教融合、相互促进"的协同培养模式，突破学校内部以及与外部合作的体制机制障碍，构建和完善多方联动的协同治理组织，成为研究型大学人才培养模式改革与教学治理组织变革的重要目标任务。

应用型大学作为中国高等教育大众化、普及化的主力军，坚持需求导向，以服务地方为责任使命，承担着为地方经建设培养各类应用型专门人才的任务，产教融合、校企合作便成为应用型人才培养模式的路径选择。"产教融合"即生产与教育的一体化，体现了理论与实践、知与行、学与做相统一的人才培养理念，避免在以往统一的学术型模式中人才培养的"不适用""不能用"，增强了高等学校本科人才培养的针对性与实用性。"校企合作"是地方高等学校应用型人才培养的突破口与切入点，高校通过与地方政府、行业、企业、社区的密切合作，共同确定人才培养目标，共同制定人才培养方案，共同进行专业与课程、实习与实训基地建设，共同组建教学团队，共同实施学业考核与教学管理等，构建合作育人共同体。2015年，教育部、国家发展改革委、财政部发布《关于引导部分地方普通本科高校向应用型转变的指导意见》，要求地方本科院校推进需求传导式的改革，深化产教融合、校企合作，促进高等学校科学定位、特色发展，明确提出"以产教融合、校企合作为突破口"，转型发展的应用型高等学校要根据所服务区域、行业的发展需求，找准切入点、创新点与增长点。应用型高等学校通过建立有地方、行业、企业、社区和用人单位参与的校、院两级理事会（董事会）、专业（专业大类）建设指导委员会制度，形成高等学校、地方政府、行业、企业与社区多元融合的本科教学管理组织体系与治理机制，这是地方高等学校应用型人才培养模式改革与教学管理组织变革的重要目标任务。

应用研究型大学办学历史较长，师资力量较强、教学科研水平较高，形成了自己的优势、特色学科专业和重点、品牌学科专业。但是，由于其学科专业发展、教学科研团队建设、教学科研资源配置的不均衡，不同的学科专业之间表现出一定的差异性。作为介于研究型大学和应用型大学中间的一种大学类型，应用研究型大学自身具有一种多质性特点，在深化人才培养模式的改革中，对产学研合作提出了更高的要求。一方面，应用研究型大学立足省域，面向行业，为区域经济和社会发展服务，需要加强与地方政府、行业、企业的深度合作；另一方面，为支撑地方行业产业发展的共性技术研发与转移，其还要加强与科研院所、省内外高校、大型骨干企业的合作。因此，应用研究型大学在深化产学研合作的人才培养模式改革中，需要构建多层次、多维度的合作伙伴关系。应用研究型大学在横向结构上，要形成校校、校所、校企、校地的密切合作，构建多元融合的本科人才培养共同体和协同创新体；在纵向结构上，要把产学研合作落实到学科、专业与课程，在学科研究团队、专业建设团队与课程教学团队的组成中，充分吸收科研院所的研究人员、企业的工程技术人员以及地方政府部门的相关管理人员，从而形成上下贯通、内外兼顾、双向互动、多元融合的教学治理组织体系与治理机制。这种多元融合、开放动态的组织结构，是应用研究型大学深化人才培养模式改革、变革本科教学治理组织的重要目标。

五 完善教学质量治理组织，让师生与教学评估同在

改革开放以来，中国高等学校本科教学评估先后经历了合格评估（1994年）、优秀评估（1996年）、随机性评估（1999年）、水平评估（2002年）四个阶段。经过数十年的本科教学评估的不断改革和完善，中国已经形成了"以学校自我评估为基础，以院校评估、专业认证及评估、国际评估和教学基本状态数据监测为主要内容"的"五位一体"的本科教学评估制度体系，形成了具有鲜明中国特色的本科教学评估方案和模式。经过几十年的本科教学评估实践，教学评估已经成为了高等学校教学管理文化的有机组成部分，教学质量评估组织与教学质量保障体系的改革与完善，也成了本科教学管理组织变革目标的题内应有之义。

教学质量治理组织体系是有效开展本科教学质量评估、监控的组织保障，需要把所有与本科教学质量有关的质量治理活动有机纳入体系之中，实现教学过程中影响教育教学质量的一切因素可控，形成一个职责明确、相互协调、同向同行的教学质量治理的有机整体。目前，在校院两级本科教学质量治理与保障体系的构成中，基本形成了由研究决策、审议咨询、运行管理、评估监控组成的教学质量治理组织和监控体系。这种由研究决策、审议咨询、运行管理、评估监控构成的教学质量治理组织和监控体系，具有高效性与统领性的优势，但却表现出明显的上浮性，脱离了基层教学组织与基层教学活动，头重脚轻，不可避免地带有行政化和形式化的倾向，使各教学环节的质量标准难以落实、落地。因此，加强和落实学院作为办学主体的功能，充分发挥基层教学组织与广大教师的积极性与主动性，进一步健全本科教学质量治理组织，完善本科教学质量保障体系，建立四层级本科教学质量治理和监控组织体系，实现学校、学院、专业、课程（团队）的纵向贯通，便成为一种理想的目标选择，使本科教学质量治理、评估与监控紧紧围绕日常教学工作展开成为可能。

随着中国高等教育普及化的实现，为保障高等学校本科教学质量与人才培养质量，对广大教师的教学改革与教学治理提出了更高的要求。"评估必须与教师同在"，广大教师既是教学质量评估监控的对象，也是教学质量评估监控的重要参与者。一方面，作为本科教学质量评估监控的对象，针对高等学校中不同程度存在的师生之间的惰性默契现象，教师要坚持"严"字当头，从严课堂教学实施，从严质量标准要求，从严全过程学业评价，促进学生全过程、全身心投入学习；启动校内课程评估，建立课程准入和退出机制，保障教师的课程教学质量，真正把"水课"变成有深度、有难度、有挑战度的金课。另一方面，"真正的评估依赖于不断得到提升的教师参与度。"① 教师作为本科教学质量评估的重要参与者，其一，教师不仅要参与课程层面的评价标准制定，也要参与专业、实践教学、通识教育、创新创业教育评价标准的制定；其二，教师是评估过程的重要参与者，在学校、学院、专业、课程（团队）四层级本科教学质量治理和监控组织中，教师不仅是专业、课程（团队）两个层级本科教学质量治理和监控的主力军，还是学校、学院两个层级教学质量治理和监控组织的重要参与者。为教师广泛参与校内评估敞开大门，既调动了教师参与本科教学质量治理与监控的积极性，又有效推动了教师基于本科教学实践反思的持续改进。

"教育学习化"的新理念与新变化，要求高等学校的本科教学评估要突出以学生为中心的学习成果评估。2002 年联合国教科文组织出版了《学会成人：促进人类发展的整体整合价值教育方式》，揭示了人全面发展的核心价值，阐述了学习者在教师指导下的价值体验与成人过程；2009 年出版了《学习盘点：理解、评估和促进全民教育质量的圆桌会议》，重点关注了学习质量的定义、评估和改进；2012 年出版了《一个地方：来自学习环境研究的经验》，聚焦于"学校和其他学习场所怎样才能

---

① 转引自《美国大学本科教育：学习成果评估》，常桑桐编译，科学出版社 2020 年版，第 207 页。

创造出促进学习的最佳条件"。联合国教科文组织先后出版的这一系列文献,对许多国家的教育政策、改革实践与教学评估都产生了重要影响。相关的文献中蕴含着以学习表达教育教学的实质、以学习凝聚教育教学活动的要素、以学习引领教育改革发展的诉求、以学习表达优质教育的价值,这种教育改革发展的趋势可以称为"教育的学习化"。[①] "教育的学习化"的理念突出和强调的是"学"和"学习者",这种教育教学理念的变化,把大学本科教学评估引向了体现以学生为中心的学习成果评估。这种评估一方面关注学习成果,因为"学生学习成果的真实性评估不仅能改进教学法、学科设置,还是展示责任的有效途径"[②];另一方面也重视取得成果的过程与体验,因为学习成果评估是由目标驱动、以持续改进为目的的,学生通过自我反思、分析与体验,可以更好地了解和体会自己的学习过程,有效提升自己的批判能力,激发学生更好地为自己的学习和专业发展负责。

第二节 大学教学由管理走向治理的组织变革原则

所谓原则,简要地讲,是指做某事或解决某问题所依据或遵循的规定、要求与行为准则。大学教学由管理走向治理的组织变革应遵循的基本原则,反映的是人们对大学本科教学管理组织变革的本质性特点和内在规律性的认识,是指导启动和实施高等学校本科教学管理组织变革顺利展开并取得实际成效所制订和遵从的基本规定、要求和行为准则。它贯穿于教学管理组织变革的整个过程,对教学管理组织变革中的各项活动都起着规范、指导和制约等作用。所以,科学合理的原则以及其在教学管理组织变革中的正确和灵活运用,对提高教学及治理水平和管理效率发挥着重要的保障性作用。基于这样的认识以及前文关于高等学校本

[①] 曾文婕、黄甫全:《课程改革与研究的新动向:彰显学习为本》,《课程·教材·教法》2013年第7期。

[②] 转引自《美国大学本科教育:学习成果评估》,常善桐编译,科学出版社2020年版,第123页。

科教学管理组织变革相关问题的论析，本章认为，中国大学本科教学由管理走向治理的组织变革应遵循如下几个方面的原则。

一　系统整体性原则

计划性和系统整体性是高等学校本科教学治理的基本属性。计划性集中体现了高等学校本科教学治理的合目的性以及可控性和变革方式的可选择性与可设计性，而系统整体性则集中体现出高等学校本科教学治理的多要素性以及构成要素之间相互规约、互动共生的内在逻辑。

前文已经对目前中国高等学校本科教学治理存在的问题作出分析。本章认为，目前中国高等学校启动和实施本科教学治理所以存在诸多的问题，一个重要原因是未能从系统整体的视角把高等学校本科教学治理看作一个有机的系统整体，而是片面地强调某一方面或某一环节。如，重视教学管理理念改革，就在全校发动教学管理改革思想大讨论，声势很大，但教学治理的组织结构、权责关系、相关制度以及运行机制等直接关系着高等学校教学治理质量和效益的重要因素，仍没有实质性的改变。再比如，许多高等学校重视教务处的职能转变，但与教学治理相关的职能部门，如科研处、人事处、教学设备管理处等，其职能也没有多大变化。如此，高等学校教务处在协调内部教学治理资源时，相关部门的配合就出现很大困难，等等。

从系统论的观点来看，系统是由其内部相互作用和相互影响的要素构成的有机整体，各构成要素间既相互独立又相互关联和相互作用。在系统内各构成要素没有重要和次要之分，各构成要素都发挥着自身的功能，同时各要素发生变化，都会影响和制约其他要素及系统整体功能的发挥。理想状态下，系统整体的功能大于部分之和。系统整体的功能，不是各构成要素功能作用的简单相加，各要素构成有机整体，其功能才能达到最大化。因此，思考启动和实施高等学校本科教学治理，就必须立足全局，统筹兼顾，以系统整体的思维视野，确立系统整体性原则。否则，启动和实施高等学校本科教学治理很难达成实际成效，反而可能造成不必要的代价付出。

二 科学合理性原则

所谓科学合理性，简要地讲，就是合目的性和合规律性的辩证统一。科学合理性一是要求尊重客观事实，遵从客观规律；二是要求符合目的论要求，满足主体的价值需要。科学合理性体现在高等学校本科教学治理上，主要是指思考启动和实施教学治理，必须全面分析和把握高等学校本科教学治理的内外条件的变化。首先，做好信息情报收集和诊断问题及其属性的论证工作，确认教学治理的必要性、条件可能性以及变革对象的针对性，以避免盲目或主观认定。其次，实事求是地识别和诊断启动和实施教学治理的动力和阻力，有针对性地制订或设计实施教学治理的策略及方案。最后，科学论证启动和实施教学治理的目的论、价值需求，以确立具有针对性、可能性、可行性和实际操作性的目标体系。为什么要启动和实施高等学校本科教学治理？要满足何种价值需要？这是思考启动和实施本科教学治理必须首先清晰的问题。启动和实施本科教学治理，无论采用何种方式，一是会带来必要的代价付出，二是会产生利益的重新分配。那么，如何降低或减少不必要的代价付出，如何对待必要的代价付出？本科教学治理关涉不同的利益主体，如何合理地重新分配利益？上述诸问题是否得到合理解决，会直接影响和制约本科教学治理能否顺利实施和全面推进。

通过前文对目前中国高等学校本科教学治理存在问题的分析，本章认为，目前中国高等学校本科教学治理所以存在诸多问题的另一个重要原因是，对启动和实施本科教学治理缺乏科学的论证和合理性分析。从宏观层面上讲，中国高等教育改革发展的整体策略，是基于社会发展的整体需要而制定的，具有宏观决策和整体指导的科学合理性，但具体到每所大学，由于层次和类型以及办学历史及优势和特色等诸多方面的不同，因而，依据大学自身条件，因时因地、权变性地决策启动和实施自身教学治理问题，才是科学的和合理的。现实是，中国大学把国家的宏观决策和整体指导性的政策或方针简单化为战术层面的操作手册，忽视了自身的现实状况及条件，误读了国家层面行政管理部门提出的改革决议或决定，违背了科学发展的基本要求。从大学自身的层面上讲，如何决策大学自身教学治理、何时启动和实施教学治理，基本上都是执行性的，即忠实服从和执行上级行政主管部门的决定，缺乏自身的主体性和能动性。因而，大学自身是否需要实施教学治理，或者实施治理的对象是哪些，都没有实际地展开科学论证。如此，为什么变革，如何变革，变革会带来何种影响，等等，都成为不必思考的问题了。比如，调整学科专业设置，虽然从宏观层面上讲，中国大学学科专业设置存在诸多问题，特别是不能满足社会发展和科学技术发展的需要，因而必须进行调整和修改。而具体到每一所高等学校，就必须具体问题具体分析，需要整合学科专业，按要求实施调整、合并、重组。如果需要新增某些学科专业，就必须全面论证其必要性、可能性和可行性，而不是盲目增设。但现实是，许多大学的学科专业调整，缺乏科学论证，盲目整合、合并或重组，带来学科专业设置上的混乱，特别是新增设的学科专业，以满足市场需求为导向，忽视高校自身的办学条件及学科专业优势，致使许多高等学校忙于新上专业，而相应的保证性条件严重不足，教学质量严重下滑。其实，学科专业的调整或增设，应以社会需求为导向，以科学论证为前提条件，否则，必然会带来高等学校治理上的诸多困境。

基于上述简要分析，本章认为启动和实施高等学校本科教学治理，必须坚持科学合理性原则，既要尊重教学治理的内在逻辑和客观要求，又要全面分析启动和实施教学治理的目的论和价值论，尽量避免盲目或主观随意。

三 统一领导与分权治理原则

高等学校本科教学治理是有计划的、系统整体性的组织行为，关涉到大学教学工作的各个层面，特别是教学资源的优化配置、不同职能部门间的协作以及权力关系的协调等。在整体上统筹本科教学治理的领导权力，整体组织、领导、指挥、协调，是启动和实施本科教学治理的内在需求。同时，高等学校本科教学治理又是分层级、多主体的组织行为，主要体现在大学教学治理的顶层，包括：校长主持的学术委员会，分管教学副校长负责的教学委员会，教务处以及学科专业教学委员会、教材遴选及评定委员会、教学质量评估和监控委员会等；中间层次的教学治理组织主要是学院，底层是学系或教学基层单位。不同层级教学治理的权责不同，如，教务处作为全校主要教学治理职能部门，在全校教学工作中居于枢纽的地位。而学院虽然处于学校教学治理的中间层次，并在教学治理上享有一定的自主性，但学院的教学治理工作也必须紧扣学校教学治理工作的部署，结合学院自身学科专业特点，制订学院教学治理工作的具体方案，对教学计划、教学组织、教学质量督导和监控等方面作出安排。所以，在统一领导的前提下，充分发挥不同层级教学治理的主体作用，是确保教学治理顺利实施并获得实际成效的有效途径和基本保障。否则，教学治理可能仅仅表现为某一层级的任务，缺乏系统整体性，反而影响了教学治理的全面推行。

从相关研究资料以及目前中国高等学校本科教学治理存在的问题来看，问题的集中点在于中国高等学校本科教学管理的集权化和行政化。所以，改革高等学校本科教学管理的集权化和行政化，成为人们思考启动和实施教学治理的基本动因和主要内容，因而"权力下移、分权管理"就成为解决上述问题的基本共识和路径选择。但在现实中，权力下移以及如何分权等问题，其实尚未得到实质性解决，仍出现"一放就乱，一统就死"的状况。这就现实地表明，中国高等学校在启动和实施教学治理的实践过程中，对集权和分权问题缺乏科学的分析，"矫枉过正"，集权有问题，就放权或分权。如果放权或分权仍不能解决问题就集权，总是在"集与放"的两极选择的层面上做文章，致使中国高等学校本科教学治理在领导权力改革的问题上反复循环，极大地影响和制约了高等学校本科教学治理的进程及实际成效。因此改革高校教学治理领导体制，关键的问题并不完全在于放权或分权，也关涉到如何统整领导权力。这不仅是改革教学治理领导体制的问题，还是如何运用领导权力的艺术问题。

统一领导并不是集权，这是两个不同的概念，也是两个不同的领导体制。统一领导，讲究权力的共享和集中，不能简单地理解为传统意义上的集权。统一领导的核心思想是领导部门统筹管理权力，"条块结合，以块为主"，对于事关全局的问题，统一领导决策，具体方案由分管部门制订。这就在治理权力的组织结构层面上，既能够确保领导权力的统一和集中决策，又能够充分发挥分管部门的主体性和相对独立性，使治理的权力链畅通，并扩大治理权力的幅度，减少治理中的复杂环节。

正是基于上述的简要论析，本章认为启动和实施大学本科教学由管理走向治理的组织变革，必须确立统一领导与分权治理的原则。合理理解"权力下移、分权治理"的思想，在领导体制改革的层面上改革和转变教学治理领导的权力结构，以发挥其整体组织和引领高等学校本科教学治理的功能。

四 促进、组织和引领性原则

高等学校本科教学由管理走向治理的组织变革是有计划的、系统整体的组织行为，但如何有计划地启动和实施大学教学由管理走向治理的组织变革，不仅是认识论问题，更是方法论以及实践需求问题。

从中国大学本科教学治理存在的问题来看，其之所以存在表层化、实际成效差等诸多问题，缘由至少如下，一是对启动和实施教学治理的困难和阻力估计不足，缺乏预见性。易言之，中国高等学校在启动和实施教学治理之前，较少作必要性、可能性和可行性的调查分析和论证，对启动和实施教学治理可能遇到的问题，特别是可能存在的困难和阻力缺乏了解。二是对为什么启动和实施教学治理、如何启动和实施教学治理以及启动和实施教学治理的可能结果等问题，缺乏必需的宣传、讨论和解释，忽视或弱化对启动和实施教学治理的促进、组织、引领工作。

本章认为，有计划地启动和实施本科教学由管理走向治理的组织变革，必须关注如下方面的内在的诉求或基本要求，一是促进和引领本科教学治理理念转变。启动和实施教学治理，理念转变是先导。如果人们在观念上不认可、不接受或者存在诸多的对启动和实施教学治理的误解、曲解，就会直接导致教学治理的阻力增大。但人们转变教学治理理念，并不是一蹴而就的事情，而是需要有组织地促进和引领，让人们认识到理念转变的必要性以及理念转变之于提高教学及管理质量的意义和价值。二是促进和引领本科教学治理组织结构变革。高等学校本科教学治理的一个重要任务和内容，就是改革、完善或创新教学治理组织结构，明确教学治理权力分配及权力的运行模式，重组、改组或创建教学治理中的权责关系。但改革、创新教学治理组织结构，也需要克服诸多阻力，如组织的惯性和惰性，治理权力的调整带来的不适应性等。因此，通过启动和实施教学治理，以强势的力量，促进和引领教学治理组织结构变革，就是可供选择的有效策略和途径。三是促进、组织和引领教学改革的全面推行和进一步深化。教学改革是提升办学水平、教学质量和人才培养质量的有效途径和手段，是高等学校本科教学治理的中心工作，推进和深化并持续展开教学改革，并不是一件容易的事情。因为改革不仅带来发展的新机遇及新环境，同时也伴随着诸多的舍弃或必要的代价付出。所以，让人们认识改革的意义和价值，接受改革以及成为改革的参与者和拥护者，既需要制度性强势力量的组织、促进和引领，也需要实证性利益获得的保障性验证和导向性引领，以使所有成员认可和接受教学治理。

基于上述的简要论析，本章认为，启动和实施高等学校本科教学治理，必须坚持促进、组织和引领性原则，决不能主观随意或错失良机。否则，可能直接导致启动和实施本科教学治理的阻力无谓增大，影响和制约全面推进的速度及实际成效。

五 针对性与可行性原则

从中国大学组织变革的现状来看，存在的一个较为明显的问题是启动和实施组织变革的外在控制性。掌控中国高等学校组织变革的重要力量主要来自教育行政主管部门。本章并不是否认教育行政主管部门对高等学校组织变革的统整性指导和引领，但这种统整性的指导和引领，几乎每次都不合逻辑地演变成"运动化"的发动和指令，所导致的结果是轰轰烈烈地响应和执行，但却又在悄无声息中结束，致使教育行政主管部门启动和实施的高校组织变革明显地呈现出"运动型"、"口号化"和"表层化"的特征，实效性不强。虽然造成这种状况的缘由是多样的，但缺乏针对性、可行性则是一个重要的原因。

所谓针对性，简要地讲，是指现实需要性，目标清晰性，明确的对象指向性或明确的问题指向性。启动和实施高等学校本科教学治理，首先，要在观念上清楚目前高等学校本科教学治理的现实是否需要。启动和实施的本科教学治理不仅主要指向未来或者未雨绸缪，也必须考虑现实。否则，忽视了现实需要，就缺失了启动和实施教学治理的现实理由，会直接带来对教学治理现实状况的干扰。因此，现实需要是衡量启动和实施教学治理是否具有合理性的一个重要指标。其次，是目标清晰性。为什么要启动和实施本科教学治理？其目标指向是什么？目前一个认识上的问题是，启动和实施本科教学治理的目的是什么，还是不清晰或者说是模糊的。即使是启动和实施的本科教学治理具有自身的合理性，但由于目标指向的模糊，就会在现实实践的层面上带来认识上的迷茫。"忠实执行"就成为基本的策略选择，"埋头拉车"却"不知抬头看路"。在这种情形下，启动和实施本科教学治理，其成效及结果就是不言自明的了。最后，是明确的对象指向性。启动和实施本科教学治理不仅要有系统整体性，还必须有明确的对象指向性。因为从宏观层面上讲，中国高等学校具有层次性和类型差异性，不同层次和类型的大学，面临的教学治理问题虽具有一定的共性，但又具有各自不同的情况。因此，启动和实施教学治理，必须在观念上清楚高校的层次和类型。否则，"一刀切"或"一盘棋式"地全面推行，势必导致启动和实施的本科教学治理缺乏针对性。从微观层面上讲，每所大学都有自身的情况和问题，在决策启动和实施本科教学治理时，必须在认识上明确问题在哪里，是观念上的问题，权力配置上的问题，管理机构的设置问题，管理制度问题，还是管理机制问题等。这样才能使启动和实施的组织变革具有针对性，而不是"眉毛胡子一把抓"，什么都改，什么都改不好，投入了不少的人力物力和财力，却"出力不讨好"，反而带来诸多的新问题。概言之，无论是在宏观层面还是在微观层面，坚持针对性是启动和实施高等学校本科教学治理的内在要求和应遵循的基本原则。

所谓可行性，简要地讲，是指现实的需要性、可能性以及可操作性。启动和实施本科教学治理是否可行，首先要立足于现实的需要，这是可行性的基本条件。其次就是是否可能。现实需要是一个方面，但是否具有启动和实施教学治理的可能，就必须全面分析和考量现实的条件是否支持，以及自身的改革方案是否合理，这是启动和实施教学治理的基本保障。再次就是可操作性。目前，中国高等学校本科教学治理所遇到的一个现实问题就是方案科学合理，却难以实施或实施起来困难重重，为什么会出现这样的情形？这是因为教学治理仅仅关注了方案自身的科学合理性，忽视了现实的可操作性。这也是目前大学启动和实施本科教学治理的现实困惑。比如，中国许多大学都在改革原来的校—系—教研室三级教学管理组织结构,增设学院这一组织管理层次。这是目前中国大学本科教学治理的重要表征,但由于大学自身的层次和类型不同,因此,实施校—院两级教学治理组织结构,就必须具体问题具体分析,制订出符合自身需要和特色的校—院两级教学治理组织结构,而不是盲目模仿和趋同。但现在的问题是,一些应用型高等学校盲目模仿研究型高等学校的模式,忽视了可能性和可操作性的问题,致使目前许多应用型大学的校—院两级教学治理组织结构,更多的是原来"系"一级的功能拓展,结果形式上是学院,实质上不具有学院的基本职能。

所以,启动和实施大学本科教学由管理走向治理的组织变革,必须本着针对性和可行性的原则,以避免盲目启动和实施高等学校本科教学治理,忽视了高等学校自身的现实需要性、可能性和可行性,盲目模仿,忽视对高等学校自身条件的全面分析,致使变革缺乏必需的针对性和可行性。

第三节　大学教学由管理走向治理组织变革的认识路径

所谓认识路径,其实质是指通过分析而确认行为的逻辑起点、目标取向及价值论框架等问题。如果不能在观念上清晰认识路径,就会在实践上造成教学治理目标取向的模糊甚至混乱,高等学校本科教学治理的价值论框架也就含混不清了。随之而来的问题是,本科教学治理的模式选择就可能出现盲目失误或简单套用国外或国内知名高校的模式,缺失了与自身条件相适应的特性和特色,甚至还会直接导致本科教学治理的诸多负效应。那么,启动和实施高等学校本科教学治理应遵循什么样的认识路径?

一　厘清大学自身的类型和层次

首先,在观念上厘清高等学校自身的类型和层次,是确认本科教学由管理走向治理组织变革认识路径的前提。

中国高等教育的类型与层次划分,主要是根据学科覆盖、学生规模与科研水平的标准进行划分的。1986年颁布的《普通高等学校设置暂行条例》规定，凡是称为大学的高等学校，需要在文科（含哲学、文学、历史、艺术）、政法、财经、教育（含体育）、理科、工科、农林、医药等八个学科门类中，拥有三个以上不同的学科作为主要学科，全日制在校学生计划规模达到5000人以上，并且强调了大学应具有较强的教学、科研力量和较高的教学、科研水平。凡称为学院和专科学校的，均需要在文科（含哲学、文学、历史、艺术）、政法、财经、教育（含体育）、理科、工科、农林、医药等八个学科门类中，拥有一个学科作为主要学科，学院要求全日制在校学生计划规模达到3000人以上，专科学校全日制在校学生计划规模达到1000人以上。随着中国高等教育的发展和大学数量的增多，高等学校的分类逐渐引起人们的关注与重视，成为高等教育研究的一个热点问题。但是，由于分类的标准与角度的不同，出现了不同的分类结果。武书连比较早地从学科比例与科研水平的角度，把中国大学划分为4类，即研究型、研究教学型、教学研究型和教学型。[1] 刘献君从办学层次的角度，将中国大学分为3类，即研究型、教学科研型（以本科教学为主）、职业技术型。[2] 王义遒[3]、马陆亭[4]等人将中国大学分为4种类型：研究型、教学科研型、教学型（教学型本科院校）、高职高专院校（高等专科学校和高等职业学校）。宣勇等人以大学的价值取向和组织目标为依据，将大学分为研究型大学（在不同大学中占比3%—5%）、教学研究型大学（在不同大学中占比10%—15%）、教学型大学（在不同大学中占比70%—80%）。[5] 以上几种不同的大学分类，在原来学科覆盖、学生规模与科研水平的基础上，关注了大学的功能，但仍然缺少人才培养目标的定位，没有明确体现出人才培养的不同规格要求。

随着高等教育由精英教育向大众化、普及化的快速推进，对高等教育的分类发展和多样化发展的要求越来越迫切。对大学进行分类，是为

---

[1] 武书连：《再探大学分类》，《科学学与科学技术管理》2002年第10期。
[2] 刘献君：《论高等学校定位》，《高等教育研究》2003年第1期。
[3] 王义遒：《多样化：我国高等教育大众化的关键》，《北京大学教育评论》2003年第4期。
[4] 马陆亭：《如何实现高等教育资源的优化配置——对我国高等学校层次类别的剖析》，《高等教育研究百期集粹》，《高等教育研究》1997年第2期。
[5] 宣勇、鲍健强：《现代大学的分层与管理模式的选择》，《高等教育研究》2005年第2期。

了指导大学进行准确的定位，避免不同大学的雷同化，推动高等教育由同质化向异质化发展，以适应经济社会发展对多样化人才的需求。这就从供给侧结构性改革的层面上，向高等教育提出了以人才培养定位为基础的高等学校分类发展、特色发展的命题。《国家中长期教育改革和发展规划纲要（2010—2020年）》强调："建立高校分类体系，实行分类管理。发挥政策指导和资源配置的作用，引导高校合理定位，克服同质化倾向，形成各自的办学理念和风格，在不同层次、不同领域办出特色，争创一流。"《国家教育事业发展"十三五"规划》进一步明确提出为推进高等教育分类发展、合理布局，要"以人才培养定位为基础建立高等教育分类体系"，努力形成高等学校科学定位、特色发展的局面。"以人才培养定位为基础建立高等教育分类体系"这一理念的提出，反映了新时代对高等教育提出的新要求，成为引领高等学校合理定位、特色发展的新航标。

教育部于2013年1月启动"应用科技大学改革试点战略研究"项目，旨在探索构建中国应用型高等教育体系，促进地方本科高等学校的转型发展。由教育部、国家发展改革委、财政部在2015年10月联合发布《关于引导部分地方普通本科高校向应用型转变的指导意见》中，确立了应用型的类型定位和培养应用型技术技能人才的职责使命，从而推动了中国高等学校"以人才培养定位为基础建立高等教育分类体系"，以"应用型"取代了"教学型"的分类体系。2017年教育部颁布的《关于"十三五"时期高等学校设置工作的意见》，以人才培养定位为基础，把中国高等学校从总体上分为研究型、应用型和职业技能型三大类型，明确了三种不同类型大学的人才培养定位："研究型高等学校主要以培养学术研究的创新型人才为主，开展理论研究与创新，学位授予层次覆盖学士、硕士和博士，且研究生培养占较大比重。应用型高等学校主要从事服务经济社会发展的本科以上层次应用型人才培养，并从事社会发展与科技应用等方面的研究。职业技能型高等学校主要从事生产管理服务一线的专科层次技能型人才培养，并积极开展或参与技术服务及技能应用型改革与创新。"首次从国家制度层面划分了研究型、应用型和技术技能型三种不同的高等学校类型，明确了不同类型高等学校的人才培养目标。

为全面贯彻落实《国家中长期教育改革和发展规划纲要（2010—2020年）》和《国家教育事业发展第十三个五年规划》，各省市人民政府为推进高等教育事业发展，提升高校办学质量，满足经济社会发展对不同类型人才的多元化需求，纷纷出台相关政策与建设方案，对高等学校实行分类管理、分类建设，引导高等学校明确办学定位，突出办学特色，克服同质化倾向，形成各自的办学理念和风格。如吉林省人民政府颁布《吉林省特色高水平大学、特色高水平学科专业建设项目实施方案》，提出建立以研究型高校、应用研究型高校、应用型高校、职业技能型高校为基本框架的高校分类体系。山东省人民政府为解决省内高等学校办学模式单一、同质化发展倾向，实施高校分类管理，启动特色名校建设工程，把省属高等学校分为应用基础型、应用型、技能型三种不同类型。北京市为"引导高等学校分类发展，在各自类型和层次上办出特色"，制定了《关于统筹推进北京高等教育改革发展的若干意见》，将市属高校分为高水平研究型大学、高水平特色大学、高水平应用型大学、高水平技能型大学四种不同类型。上海市制定了"规划引领、法规保障"的政策体系，印发了《关于深入推进高校分类管理评价促进高等教育内涵式发展的指导意见》，按照人才培养主体功能和承担科学研究类型等差异性，将高等学校划分为"学术研究、应用研究、应用技术和应用技能"四种不同类型。上海目前已完成全部62所普通高等学校的分类管理，其中包括13所学术研究型高校、10所应用研究型高校、17所应用技术型高校、22所应用技能型高校，实现高校"类型不同、要求不同、评价不同、支持不同"的分类管理。尽管各省市对高校的具体分类标准不同，并在一定程度上表现出不稳定性，但坚持"以人才培养定位为基础"对高等学校进行分类，成为高等学校分类的共同追求。

在中国高等教育的体系构成中，研究型大学处于顶层，启动"双一流建设工程"后，研究型大学主要是指进入"双一流"建设的高校，特别是进入世界一流大学建设的高校。应用型大学是中国高等教育的底座。其数量众多，类型多样：从学科分类看，有单科性、多科性、综合性的不同类型；从办学主体看，有省级政府、市级政府、行业、企业等不同办学主体；从教育层次看，有专科、本科、硕士、博士的不同教育层次。应用类高等学校数量众多，是中国高等教育大众化、普及化的主体。为增强教学管理组织变革的可行性与针对性,本章把应用型大学区分为应用研究型与应用型两种不同的类型层次(培养职业技能型人才的职业学院与专科学校不在本书的研究范围内)。应用研究型大学大多办学历史较长,教学科研实力较强,以应用型创新人才培养为价值取向;应用型大学办学历史较短,教学科研实力较弱,以知识的传授与生产一线高层次技术人才培养为价值取向。

不同层级和类型的高等学校,其学科专业的设置、学科专业优势、教学与科研的关系处理、教学治理的组织结构、权责关系、管理制度、运行机制以及质量要求等方面,也都呈现出差异和不同,所以,思考启动和实施教学治理组织变革,应首先明确高等学校自身的类型和层次定位。

二 明确大学自身的目标定位

研究型大学的目标定位确立在建设世界一流水平的大学上,围绕知识的创新、前沿技术生产,其发展目标更多地体现在学术追求和学术影响力上,体现在围绕国家的目标培养一流拔尖创新型人才和产出一批原创性科研成果上。研究型大学学科覆盖广,综合性强,以研究生教育为主体,具有多个一级学科博士授权点,以培养学术研究型拔尖创新型人才为主,具有本科—硕士—博士完备的人才培养体系,围绕国家重大需求,开展具有战略性、全局性、前瞻性基础研究,争做国际学术前沿并行者乃至领跑者。通过学科的交叉融合,提高拔尖创新型人才的培养水平,提升解决重大问题能力和原始创新能力,成为经济与科技发展的源泉、新技术与新发明的先导。如北京大学提出"双一流"建设的中长期目标是:到2030年,使北大整体水平处于世界一流大学前列,一批学科处于世界一流大学前列;到2048年,将北京大学建设成为顶尖的世界一流大学,主流学科全面位于世界一流大学前列。以学科交叉与融合为重点,提出"30+6+2"学科建设中长期目标:面向2030年,部署理学、信息与工程、人文、社会科学、经济与管理、医学等6个综合交叉学科群,着力提升解决重大问题能力和原始创新能力;面向更长远的未来,在学校层面布局和建设以临床医学+X、区域与国别研究为代表的前沿和交叉学科领域,培育新的学科增长点。

应用研究型大学以培养区域经济社会发展需要的应用型创新人才为使命，以建设高水平应用型大学为主要发展目标。在人才培养方面主要以本科教育为主，积极发展研究生教育，其中部分大学本科生教育和研究生教育并重，具有比较多的一级学科硕士点、一定数量的一级学科博士点；在科学研究上，以应用基础研究和应用研究为对象，以应用研究为重点，积极开展知识应用研究、技术开发研究、科技成果转化研究，服务区域经济建设和行业发展的需求。从学科设置来看，学科门类较为齐全，但与研究型大学相比，其学科的综合程度有限，优势和特色只是集中在某些学科领域。这一类大学多为建校历史较长、教学与科研能力较强的省属重点大学，立足本省，在全国同类高校中处于前列，培养区域经济社会发展需要的应用型创新人才。如山东科技大学明确提出"工科主导、特色鲜明的高水平应用研究型大学"建设目标，在"十四五"规划中制定了学校"三步走"发展战略：第一步，在2020年，确立省内高水平应用研究型大学的领先地位；第二步，到2025年，建成工科主导、特色鲜明的国内高水平应用研究型大学；第三步，到2035年，学校综合实力进入世界大学800强，跻身世界高水平应用研究型大学行列，建成实力雄厚、特色鲜明、发展强劲的高水平应用研究型科技大学。

应用型大学则是立足地方，为地方经济建设和社会发展培养急需的应用技术型人才，其主要发展目标是"在全国同类高校中有较为突出的办学特色和较高的办学声誉"。这些一类大学主要以培养本科生为主，其中许多学校是20世纪末以来从专科学校升格为普通本科院校，或是21世纪初由各地属教育学院、广播电视大学、职工大学等合并而成的新设本科院校。这些升格和新建的本科院校，其办学规模迅速扩大，办学实力不断加强，发展空间进一步拓宽。这些院校大部分布局在省会城市之外的中等城市，常常成为区域内唯一的高校，为本地区的经济建设提供智力保障与科技服务支持。因此，这一类大学主要是立足地方，为地方经济建设和社会发展培养急需的应用技术型人才。2012年山东省启动特色名校建设工程中，先后分两批共有15所高校进入应用型特色名校建设单位，其建设目标是"建设成为服务于山东区域经济社会发展，能够支撑现代产业体系的高素质应用型人才培养基地，在全国同类高校中有较为突出的办学特色和较高的办学声誉"。2020年山东省按照"同步推进，重点支持"的原则，在省属非博士、硕士学位授予权高校全面推进应用型本科高等学校建设，确立了山东交通学院等39所本科高等学校向应用型转型发展，以推动应用型本科高等学校转变办学思路，更好地服务地方经济社会发展；转变人才培养定位，培养德智体美劳全面发展的应用型人才；转变办学方式，开展产教深度融合、校企紧密合作；转变教育教学目标，促进学生实践动手能力和就业创业能力提升。

高等学校办学的目标绝不是单一的，而是具有体系性和层次多维度性的，而且目标体系中又存在主要目标和次要目标，长远目标、中期目标以及近期目标等。从主要和次要目标的区分来看，主要目标集中体现出高等学校自身的办学方向、办学理念以及自身的任务。如研究型大学，学术研究和人才培养是其主要目标，而且两者并重。如果仅仅重视学术研究而忽视或弱化人才培养，那么这种研究型大学就与那些专门性研究机构没有什么区别了。所以，在学术研究中展开人才培养活动，既重视学术研究的原创性、高深性以及前沿性，也要通过学术研究培养拔尖的创新型人才。应用研究型大学，并不是不重视学术研究，但主要是基于人才培养而开展应用研究。它不像研究型大学那样学术研究与人才培养并重，而是研究为教学服务，把应用研究成果转化为教学资源或材料。应用型大学则是以教学为主体，兼顾技术的开发与应用研究。应该说研究并不是这类高校的主要任务，培养社会经济发展所需要的应用型人才，是其主要的和基本的目标与任务。虽然也倡导科学研究，但不能因研究而冲击教学或过多地占用教学资源，特别是经费的使用。大学类型和层次不同，其办学目标、发展目标、人才培养目标也不尽相同。因此，大学启动和实施教学治理，必须要在观念上明确大学自身办学的主要目标。否则，就可能出现顾此失彼，忽视自身的条件和优势，盲目确定启动和实施本科教学治理的逻辑起点，或根本就不理性地思考本科教学治理的逻辑起点问题。

三 确认本科教学由管理走向治理组织变革的价值论框架

高等学校本科教学管理组织变革的价值论框架，其实质是为启动和实施本科教学由管理走向治理组织变革的实践确定边界。即本科教学治理中哪些是可以通过调整而完善的，哪些是必须革除的或重新设计抑或再设计，哪些是转型性的重组或改组，哪些权益是必须保护和保障的，哪些权益是必须舍弃的一种必然代价，哪些权益可以通过创新的方式得以补偿的；行政与学术、教学与科研之间的关系如何平衡或协调等等。概言之，高等学校领导者、变革者以及管理者等必须在价值论的范畴内清楚可为和不可为以及必需的坚守与保护、变革和舍弃。

首先，高等学校本科教学由管理走向治理组织变革目标的多维度性与不确定性。从概念意义上讲，目标是预设性的和观念化的结果，任何组织变革的目标，既是组织变革思想观念的直接反映，也为组织变革确定了明确的功能指向及变革行为的价值论框架。目标的确认不同，组织变革的任务也存在差异，因此，确认组织变革的目标，是启动和实施组织变革的关键。

高等学校本科教学由管理走向治理组织变革目标的多维度性表现为目标的多层次性与任务的多样性。高等学校本科教学由管理走向治理组织变革目标的多层次性表现为，一是寻求解决高等学校本科教学治理组织自身存在的问题，二是指向解决高等学校本科教学治理中存在的实际问题，三是寻求提高高等学校办学水平、教学管理质量、人才培养质量的路径及模式。从高等学校本科教学由管理走向治理组织变革任务的多样性来看，主要表现在如下方面：理顺校院两级在教学治理中的权责关系，改革和完善本科教学治理的运行机制；重组和健全基层教学组织，增强基层教学组织的活力、实力和凝聚力；协调教学治理中行政权力与学术权力的关系，推进行政权力与学术权力的相辅相成、同向同行；改革教学治理制度，创新教学治理体系，明确教师和学生在本科教学治理中的主体地位，发挥广大师生在本科教学治理中的功能作用；协调教学与科研的关系，牢固树立"教学中心""以本为本"的理念，提升本科教学质量和人才培养质量；积极探索构建学习型组织，创建健康和谐的教学治理组织文化等。

高等学校本科教学由管理走向治理组织变革目标的不确定性，则主要表现为缺乏具体指向性。如高等学校本科教学由管理走向治理的组织变革，关涉到诸多利益主体，不同的利益主体对组织变革的要求存在差异。如领导者更多地思考高等学校本科教学管理的整体利益，管理者更多地追求教学管理的实效性与教学任务的如期完成，教师和学生思考的是组织变革对自身所带来的影响，科研院所与企事业合作单位更多考虑的是对自身利益的维护等等。出于不同利益的思考，大学教学由管理走向治理组织变革的目标确认就会呈现出诸多的不确定性，所以忽略哪一方面的利益主体，都有可能影响和导致大学教学由管理走向治理组织变革阻力的产生。

高等学校本科教学治理目标的多维度性和不确定性，决定了高等学校本科教学治理的复杂性。因此，作为高等学校本科教学治理的领导者和变革者，必须以权变的、系统整体的思维视野，确定高等学校本科教学由管理走向治理组织变革的具体目标，因时因地，具体问题具体分析。否则，就可能直接导致目标的泛化或混乱，失去了高等学校本科教学治理的针对性与适宜性，从而影响高等学校本科教学由管理走向治理组织变革目标的有效达成。

其次，大学本科教学由管理走向治理组织变革的多样化开端与变革任务的内在一致性。如何启动和实施组织变革？卢因、莱维特、斯科特等不同研究者从不同的视角提出了不同的启动和实施组织变革的模型，但都是在一般意义上的理论探究。而高等学校本科教学治理，既是一个理论问题，更是一个实践问题。从现实的层面上讲，变革的方式不同，那么，启动和实施高等学校本科教学治理的路径以及手段则存在诸多差异，而且还会直接影响高等学校本科教学治理是否能够顺利实施并取得实际成效的问题。

选择和确认高等学校本科教学由管理走向治理组织变革的方式，并不是随意的，必须考虑与高等学校本科教学治理的任务是否适合或适宜的问题。没有通用一切的变革方式，任务和目标不同，变革的方式也应不同。如果需要对高等学校本科教学治理中的权力关系进行重新设计，那么简单化运用调整的方式是无法达成的；如果需要对高等学校本科教学治理的目标作出调整，那么选择"革命式"的方式则是过激和不适宜的。因此，选择高等学校本科教学由管理走向治理组织变革的方式，需要与变革的任务和目标联系起来系统思考，使变革方式方法与任务目标之间具有较高的契合性与适切性。

基于上述认识，启动和实施高等学校本科教学由管理走向治理组织变革的开端可以是多样化的：以改革教学管理理念为突破口，首先是思想观念上的转变，进而改革教学管理模式、完善教学管理制度，实现高等学校本科教学治理；以本科教学改革作为突破口，改革本科教学管理体制，创新本科教学组织模式，推进以本科教学改革为核心的教学治理；以本科教学质量治理为突破口，健全和完善本科教学质量治理组织机构，改革本科教学质量评估和监控机制，完善质量监控体系，推动本科教学治理；以调整改革本科教学治理组织结构为突破口，重新配置与调整本科教学治理的权责关系，有效协调行政与学术、教学与科研之间的关系，推动大学本科教学治理；以创新型、复合型、应用型人才培养改革为突破口，调整优化原来的学科专业结构，融合或重构课程体系，推动本科教学治理，等等。

因此，启动和实施高等学校本科教学由管理走向治理组织变革，其路径和方式是多样的，关键在于领导者、组织变革者如何确认教学治理中现实的、具有枢纽性的问题以及如何选择切入点。这就现实地需要高等学校本科教学治理的领导者、组织变革者全面地分析高等学校本科教学的内外部条件的变化，全面掌握高等学校本科教学及治理中面临的现实问题，确认问题的属性及其产生影响的性质和辐射力，从而确认高等学校本科教学由管理走向治理组织变革的切入口、路径及方式。所以，高等学校本科教学由管理走向治理的组织变革，其实并没有固定不变的模式，因时因地，全面及时地把握高等学校本科教学及管理中的问题，有针对性地启动和实施教学治理，而不是等待教育行政主管部门下达的改革指令。否则，教学治理就会落后于现实，造成教学治理缺乏现实性和明确的目标指向性，进而影响高等学校本科教学及治理的质量和效益。

最后，高等学校本科教学治理具有行政与学术的二元交叉性。与其他组织变革不同，高等学校本科教学治理的一个显著特性是行政与学术的二元交叉性。既是一种以科层属性的权力结构为基础的行政管理变革，也是一种以知识的保存、传授为基本活动的学术管理变革。这两者之间并不是单纯地平行延伸，而是交叉互动、相依共生，弱化或忽视哪一方面，都会直接影响教学治理的顺利实施。

高等学校本科教学治理需要行政方式和力量。本科教学治理是高等学校有目的和有计划的组织行为，内在地需要通过行政的方式和力量，制订并推行实施高等学校本科教学治理的相关制度和政策。如为什么要启动和实施本科教学治理，这是一个需要首先解决的问题。如果人们不认可、不接受，启动和实施教学治理就缺失了基本的支持和内在动力。因此，通过行政方式和力量，有组织有计划地宣传和引领，就成为必需和必要的策略和途径。再比如变革高等学校本科教学治理组织结构，是不能缺少行政手段和力量的，因为变革高等学校本科教学治理组织结构，一是直接关涉到权力结构的重新调整，二是直接关涉到权责关系的重新配置，这些方面，不通过行政手段和力量，是无法完成的。另外，本科教学治理涉及诸多教学管理职能部门之间的关系协调，特别是改革和完善教学资源的配置方式、经费投入的优先性、教学场所及教学设备的配置、实验室的建设等，这些方面都需要通过行政手段和力量来组织、控制和协调。概言之，启动和实施高校教学治理，行政方式和力量是不可或缺的，不能因为容易导致行政化而排斥或淡化教学治理中的行政属性。否则，就会直接导致教学治理的混乱和无序，反而影响高校教学及治理质量和效益的提升。因此，启动和实施高等学校本科教学由管理走向治理的组织变革，必须审慎思考行政问题。

高等学校本科教学治理的学术性，则主要体现在：其一，高等学校本科教学治理活动不是简单地控制或否定管理，而是需要了解和掌握相关管理知识和技术，如教育管理理论、教育行政管理理论、组织行为理论、管理心理理论以及高等学校课程理论、课程开发与设计理论、大学教学理论等，更新教学管理的理念，创新教学管理技术等，才能科学地展开治理活动。否则，教学治理要么转变为事务性的处理，要么就是行政化的指令，单调僵化，与高等学校本科教学实践缺乏内在的适切性。所以，学习和研究教学治理及相关教学理论，提升教学治理的学术性，是启动和实施高等学校本科教学治理的重要任务。其二，高等学校教学活动是学术性的，这也内在地要求教学治理必须尊重高等学校本科教学的规律和内在要求，特别是尊重教学活动中学术活动的方式和内在逻辑。教学管理者必须学习和研究学术治理，那种单纯地以行政来管理学术的方式必须加以改革，教学管理者理应成为教学研究者和教学改革的领导者，了解和满足高等学校本科教学中学术活动及治理的内在要求，从而提升大学教学治理能力和治理质量。

高等学校本科教学治理的这种行政与学术的二元交叉属性,是高等学校本科教学治理的重要特征。两者是高等学校本科教学治理中不可分割的两个方面,忽视或弱化哪一方面,都会直接造成高等学校本科教学由管理走向治理的偏失和无序,人为地造成教学治理系统整体的失衡。

第 五 章

新时代中国大学教学治理组织变革的分类探讨

在中国高等教育由大众化阶段进入普及化时期，高等学校表现出一种多质化存在状态，不同类型大学的办学定位、组织使命、教育功能与价值取向各不相同，必然要求具有与之相适应的组织机构。法国学者哈布瓦赫在为涂尔干《教育思想的演进》一书所写的序言中说："教育同社会的所有主要功能一样，也有属于其自身的精神，表现于学习计划、所授课程大纲、教学的方法，也表现于一副有形的身体。而这副身体作为一种物质的结构，既在一定程度上表现了这种精神，也在一定程度上影响了这种精神，有时在它上面留下自己的印记，偶尔还会限制它。"① 这里所谓的"有形身体"或"物质的结构"，指的就是大学的教学组织模式与架构。由于不同类型大学的组织使命与人才培养模式不同，其教学组织结构与教学治理模式也各不相同。本章重点是以研究型、应用研究型、应用型的类型划分，分析不同类型大学人才培养模式的特征，进而探讨与之相适应的本科教学治理组织变革与重构。

第一节 研究型大学本科教学治理组织的变革与重构

研究型大学处于高等教育系统的顶端，标志着一个国家高等教育的

---

① ［法］爱弥尔·涂尔干：《教育思想的演进》，李康译，上海人民出版社2006年版，第2—3页。

发展水平，肩负着为国家培养一流拔尖创新人才的使命。研究型大学开端于19世纪初期的德国，威廉·洪堡开创性地把"研究和教学相统一的原则"引进柏林大学的建设与发展，"把大学作为专心致志于真正的科学研究与科学教育机构的典型"①。19世纪后期，美国借鉴并发展了德国大学的模式，1876年创建的约翰·霍普金斯大学标志着美国现代研究型大学的诞生，1900年美国大学联合会的建立标志着研究型大学群体的形成。在中国则以"985工程""世界一流大学和一流学科"建设为标志，研究型大学建设进入了高潮。

一 研究型大学本科人才培养模式的基本特征

研究型大学通常需要有一批活跃在国际学术前沿、满足国家重大战略需求的一流科学家、学科领军人物和创新团队；研究型大学要办好一流的本科教育，培养拔尖创新人才；研究型大学要产出一流的科研成果，并能够及时转化为教学资源；研究型大学学科门类比较齐全，研究生教育和科研比重较大；研究型大学具有一流的科研平台和充足的研究经费，有效支持教师的科学研究；研究型大学教师科研任务重，教师数量充足，师生比比较低；研究型大学实行开放式、国际化的办学，拥有众多的外国学生、访问学者；研究型大学大多是规模较大的综合性大学，甚至是多校区的"巨型大学"等等，这些都是研究型大学不同于其他类型大学的显性特征。以下主要从本科人才培养视域出发探讨研究型大学的基本特征，为研究型大学本科教学治理组织变革提供依据。

(一) 精英教育理念与拔尖创新人才培养目标

美国教育社会学家马丁·特罗于1973年6月在巴黎的一次教育讨论会上，第一次提出了高等教育发展的三阶段：精英（Elite）阶段，大学生毛入学率在15%以下；大众化（Mass）阶段，大学生毛入学率在15%到50%之间；超过50%即进入普及（Universal）阶段。根据马丁·特罗的高等教育发展理论，中国在2002年高等教育毛入学率达到15.3%，标志着高等教育由精英教育正式进入了大众教育阶段；2019高等教育毛入

---

① ［德］弗·鲍尔生：《德国教育史》，滕大春、滕大生译，人民教育出版社1986年版，第126页。

学率达到51.6%，则标志着中国高等教育历史性地进入了普及化教育阶段。这种划分是根据毛入学率对整个高等教育的发展进行阶段划分的，不体现大学的功能与分类。经济社会的发展对人才的需求是多元的，既需要大量的应用技术人才、应用技能人才和高端劳动者，也急需各类拔尖创新人才。在高等教育普及化阶段以培养拔尖创新人才为使命的精英教育不仅是不可或缺的，而且显得尤为迫切和重要。英国德·朗特里主编的《西方教育词典》对什么是精英教育的解释是："精英教育，是针对社会中极少数人集团，通常称为尖子集团，应该得到与他们人数极不相称的庞大教育经费——既因为他们具有更大的内在价值，又因为通过对这些特殊的尖子的培养，领导和探索创新，能期望他们对社会做出更大的贡献。"① 在高等教育进入普及化的新时期，为服务国家重大战略需求，推动国家创新体系建设，坚守精英教育理念，培养拔尖创新人才，成为以"双一流"大学为代表的研究型大学的神圣使命。

教育部、财政部、国家发展改革委印发的《关于高等学校加快"双一流"建设的指导意见》中，明确提出"拔尖创新人才"培养目标。要求"双一流"大学深化教育教学改革，提高人才培养质量，率先确立建成一流本科教育目标，强化本科教育基础地位，把一流本科教育建设作为"双一流"建设的基础任务，加快实施"六卓越一拔尖"人才培养计划2.0，建成一批一流本科专业，大力培养高精尖急缺人才。根据教育部、财政部、国家发展改革委印发的《关于高等学校加快"双一流"建设的指导意见》，各省市人民政府及相关大学纷纷出台政策文件与建设方案，支持和落实研究型大学拔尖创新人才的培养。如北京市出台《关于统筹推进北京高等教育改革发展的若干意见》提出："支持以培养创新型人才为主，拥有入选国家'双一流'建设学科或在国际排名中达到一流水平学科的市属高校建设高水平研究型大学。"上海市颁布《上海高等教育布局结构与发展规划（2015—2030年）》，明确"学术研究型"高校以培养学术研究人才为引领，可授予博士、硕士和学士学位，学校以"综合性""多科性"为主。《北京大学世界一流大学建设方案》提出，坚持

---

① ［英］德·朗特里编：《西方教育词典》，陈建平等译，上海译文出版社1988年版，第85页。

立德树人，坚持教学育人、研究育人、文化育人、实践育人、全员育人相结合，重视基础，尊重选择，追求世界最高水准的教育，培养以天下为己任，具有健康体魄与健全人格、独立思考与创新精神、实践能力与全球视野的引领未来的卓越人才。《清华大学世界一流大学建设方案》强调，全面深化教育教学改革，探索建立实施价值塑造、能力培养、知识传授"三位一体"的培养模式，创新人才培养机制和模式，构建与世界一流大学相适应的学生工作体系，着力培养具有健全人格、创新思维、宽厚基础、全球视野和社会责任感的拔尖创新人才。《复旦大学世界一流大学建设方案》突出以"德才兼备、全面发展"为一流质量核心标准，以"人文情怀、科学精神、专业素养、国际视野"为复旦人才培养特色，为振兴中华、促进人类文明进步，培养各种领袖人才、行业栋梁及社会英才。复旦大学实施《2020一流本科教育提升行动计划》，形成基本覆盖全校文理医工各主要专业的本科"荣誉课程"，建立国际一流水准的本科专业课程体系，贯通本硕博培养体系，立足长远，培养一批具有原始创新能力的国际一流人才；试点实施"学程教育计划"，建设一批交叉学科项目，培育具备跨学科视野和能力、能适应未来行业发展变迁的创新人才。以上的表述尽管不完全相同，但是都体现了研究型大学在中国高等教育大众化与普及化阶段，坚守精英教育理念、培养拔尖创新人才的使命担当与价值追求。

（二）"科教融合"培养模式与研究性教学

研究型大学的突出标志是"研究"，既包括基础研究，也包括应用基础研究。《国家中长期科学和技术发展规划纲要（2006—2020年）》指出："基础研究以深刻认识自然现象、揭示自然规律，获取新知识、新原理、新方法和培养高素质创新人才等为基本使命，是高新技术发展的重要源泉，是培育创新人才的摇篮，是建设先进文化的基础，是未来科学和技术发展的内在动力。"习近平在《在科学家座谈会上的讲话》中强调："要加强基础学科拔尖学生培养，在数理化生等学科建设一批基地，吸引最优秀的学生投身基础研究。要加强高校基础研究，布局建设前沿科学中心，发展新型研究型大学。要尊重人才成长规律和科研活动自身规律，培养造就一批具有国际水平的战略科技人才、科技领军人才、创新团队。"① 应用基础研究是"为获得新的原理（机理、规律）性知识而进行的独创性研究。它主要是为达到某一具体实际应用目的或目标"。"应用基础研究的一个重要方面是为了发展基础研究成果，以便最终实现实际应用。"② 应用基础研究紧紧围绕经济社会发展与国家安全的重大战略需求，突出关键共性技术、前沿引领技术、现代工程技术、颠覆性技术创新，在技术领域中能够代表世界高技术前沿的发展方向、对国家未来新兴产业的形成和发展具有引领作用的重大技术，具有前瞻性、先导性和探索性，是一个国家高新技术创新能力的综合体现。研究型大学是培养拔尖创新人才的重要阵地，是中国基础研究和高端前沿技术领域原始创新的主力军，是解决关系国民经济重大科技问题、实现技术转移和成果转化的生力军。

"科教融合、相互促进"，从合作办学的层面，是科研院所与高等学校的结合；从高校内部治理的层面，是科研机构与教学机构的结合；从教学科研组织的层面，是教学院系与科研院所的融合；从师生关系的层面，是研究活动与教学活动的融合，表现于研究性教学改革与学生参与教师的课题研究。《上海高等教育布局结构与发展规划（2015—2030年）》提出："全面推进落实'985工程'、'211工程'配套支持和重点建设，统筹引导、加快推进一流大学和一流学科建设。探索科教融合、协同创新的办学模式，由上海市人民政府和中国科学院共同举办高起点、高水平的上海科技大学。汇聚国际国内优质高等教育资源，建立由中美合作举办的上海纽约大学。"西安交通大学以"大平台"建设为抓手，在已有国家重点实验室、工程（技术）中心、工程实验室、教学实验基地等平台的基础上，积极谋划建设新的国家级科研基地和大科学装置，积极建设具有国际一流水准的科研教学基地（中心），积极与企业共建一流的育人平台，深度促进科教融合，为培养一流的创新拔尖人才、开展一流的科学研究创造一流的条件，构筑与世界一流大学相适应的科教融合新高地。中国科学技术大学为推进世界一流大学建设，坚持科教融合的

---

① 中华人民共和国中央政府网站，http：//www.gov.cn/xinwen/2020-09/11/content_5542862.htm。

② 计承宜：《关于应用基础研究概念的剖析》，《中国科学基金》1991年第1期。

办学体制和培养模式，深化科教融合体制机制的创新性改革，发挥科教融合的综合优势，推进改革，实现深度融合、协同创新；坚持在高水平科学研究过程中培养高层次创新人才的原则，深化和完善"科教融合"的体制机制，建设科教融合学院，深入实施学院（系）、教研室建设高水平研究所及科研实力最强的实验室等一系列举措。

研究性教学是拔尖创新人才培养的必然选择。一是积极开展研究性教学和研究性学习改革，改革传统的课堂教学方法，推进探究式、讨论式、启发式、项目式和混合式等研究性教学方法的改革，培养学生的创新性思维和批判性思维；坚持问题导向，组织引导学生开展研究性学习，提高学生发现问题、分析问题和解决问题的能力。二是研究活动与教学活动的融合，把最新科研动态与科研成果引入课堂教学内容，使研究资源及时转为教学资源，采取得力措施鼓励学生参与教师的课题研究，培养学生的研究兴趣，全面促进学生科技创新思维和科技创新创业能力的提升。三是实施小班研讨。小班研讨是开展研究性教学、培养拔尖创新人才的基本要求，如四川大学深入实施"探究式、小班化"课堂教学及多学科知识面教育，努力培养学生的想象力、创造力和探索未来的潜质；西安交通大学深入开展教学改革，推进大班授课小班辅导、讨论式、探究式、混合式等多元化教学方法改革；厦门大学推广混合式教学、翻转课堂、"大班授课、小班研讨"等新型教学方式。华裔美国物理学家李政道认为，精英教育要培养创新人才，需要"一对一"教学，他曾经指出："我一直认为，要培养出善于创新的人才，需要'一对一'的精英教育。钱学森先生当年在美国留学时，就经常接受他的老师冯·卡门教授'一对一'教育。我所谓'一对一'，并不是一个老师只教一个学生，而是说一个老师可以教多个学生，但必须抽出时间进行'一对一'的教育。"[①]这种一对一的教育需要打破课堂与课外的界限，对教育教学活动在时间与空间上进行拓展。因此，全面落实本科生导师制，建立全方位、全过程、多层次的学业指导体系，实现从学涯规划、育人育才到就业与创业辅导的全链条指导和引导服务，便成为研究性教育教学的制度性选择。

---

① 李政道：《创新人才需"一对一"培养》，《中国社会工作》2010年第33期。

（三）学科专业交叉融合与通识教育

随着新一轮科技革命、产业变革蓬勃兴起以及科学探索加速演进，新技术、新经济、新产业、新业态不断涌现，人类的生产模式、生活方式和价值理念也在发生深刻的变化。由于科学的快速发展，新知识的大量产生，实现了许多技术突破，这些新科技催生了以跨界融合为特征的新产业新业态，如"大数据＋""人工智能＋""虚拟技术＋""基因技术＋"等。新产业新业态的快速发展产生了对知识复合、学科专业融合、实践能力强的新型人才的迫切需求。

为满足新时期经济社会发展的需求，研究型大学加大了对学科专业交叉融合的改革力度。北京大学于2007年正式成立元培学院，就体现出跨学科组织本科专业、跨学科培养专门人才的教育理念和制度优势，先后设立了"政治学、经济学与哲学"（2007年）、"外国语言与外国历史"（2011年）、"古生物学"（2014年）、"数据科学与大数据技术"（2015年）等跨学科本科专业，致力于培养面向未来的跨学科人才。2017年发布的《北京大学一流大学建设高校建设方案》提出，坚持"以队伍建设为核心，以院系建设为基础，以学科交叉与融合为重点，以体制机制改革为动力"的学科建设指导思想，围绕理学、信息与工程、人文、社会科学、经济与管理、医学等6个综合交叉学科群，推动战略性、全局性、前瞻性问题研究，着力提升解决重大问题能力和原始创新能力。浙江大学积极探索跨学科人才培养新模式，推进"多学科交叉人才培养卓越中心"建设试点，搭建交叉复合型拔尖创新人才培养平台。推动专业重组，形成大口径培养、多方向出口的新型专业，探索复合专业和新兴特色专业建设。着力建设与产业密切相关的新兴工科专业和特色专业，推动理科向工科交叉延伸，培养"新工科"人才。华中科技大学面向国民经济、人类健康和社会发展等领域的等重大需求，有组织地开展学科交叉。推动重大医疗仪器设备、环境与健康大数据、脑科学等多学科交叉；推进智能制造、新材料、机器人、大气水资源、可再生能源等领域的理工协同；加强文科与优势学科及"互联网＋"的结合。营造学科交叉文化氛围，促进学科交叉融合和新兴学科发展，拓展学科发展空间，催生学科新的增长点。上海交通大学聚焦学术前沿，推进跨学科协同发展的机制改革，以人员双聘、多聘为纽带，鼓励学院牵头建设学术领域特色鲜明的交叉平台。以任务为牵引，以团队为支撑，创新体制机制，为培育新兴学科生长点提供土壤。鼓励各院系作为责任主体在海洋科学、先进制造、人工智能、人口健康等方向建设一批目标任务明确、领军人物突出、人才梯度合理、团队分工有序、流动机制完善的跨学科、跨院系交叉学科研究团队，在创新能力提升、人才培养等方面形成集聚和规模效应。厦门大学为推进学科的交叉融合，突破学科界限，打破行政壁垒，建立以问题为中心的科研管理模式、以重大项目为纽带的人才流动机制、以多学科交叉融合为导向的资源配置机制，打造公共服务平台，推动学科交叉融合，培育新的学科增长点；加快发展新兴交叉学科，支持基础学科之间、基础学科与应用学科之间、自然科学与人文社会科学之间的交叉与融合；加强交叉学科专业课程建设，打造跨文化、跨学科、宽视野的通识课程群和体现学科特色的专业核心课程群，鼓励开设前沿性、研究性、实践性、综合性课程和交叉学科课程，建设一批优质在线开放课程。实施跨学科试验班计划，按照一级学科、学科群设置研究生课程计划，全面推进本科课程、本研课程互开互选。

精英教育强调人的全面发展，重视综合素质与通用能力、学术前沿与科学创新、基础宽厚与批判思维、实践能力与全球视野的教育和培养。因此，通识教育和个性化培养的融合就成为拔尖创新人才培养的必然选择。北京大学落实以学生成长为中心和"加强基础、促进交叉、尊重选择、卓越教学"的教育理念，建立了通识教育与专业教育相融合的多样化人才培养体系，促进院系和教师更加关注教学、更加关注学生。对专业核心课程体系进行重新梳理，进一步加强通识教育核心课程体系建设，支持和鼓励学部、学院、系部、教师建设多层次有特色的跨学科本科课程组、项目和专业，使本科生在全校范围内自由选课和选专业。南京大学坚持"学科建设与本科教学融通，通识教育与个性化培养融通，拓宽基础与强化实践融通，学会学习与学会做人融通"的人才培养理念。南京大学构建了以多元化培养、个性化发展为显著特征的"三三制"本科创新人才培养体系，即以学生发展为中心，将本科培养过程划分为"大类培养""专业培养""多元培养"三个阶段和"专业学术""交叉复合""就业创业"三条发展路径的本科生培养模式。2014 年，南京大学"三三制"培养方案获国家教学成果特等奖。复旦大学实施《2020 一流本科教育提升行动计划》，推进"通识教育—拔尖培养—多元选择"有机结合的复旦教育教学改革，基本形成具有中国特色世界一流的本科生教育体系。构建通识与多元选择有机结合的"2+X"培养体系，通过设立本科荣誉项目、强化创新创业教育、完善第二学位和第二专业教学方案、扩大学生转专业机会等，不断努力满足各类学生个性化学习与发展的需求；启动实施"学程教育计划"试点，推进交叉学科项目建设，着力培养具有跨学科视野和能力、适应未来行业发展的创新型人才。中国海洋大学坚持"通识教育为体，专业教育为用"的本科教育理念，形成了通识教育和专业教育紧密结合、科教融合协同育人的创新创业和拔尖人才培养体系。

二 研究型大学本科教学治理的组织变革与重构

中国研究型大学承担着国家、社会的诸多重托和希冀，教学、科研以及社会服务的任务繁重，特别是承担着基于学科交叉融合的拔尖创新人才培养重任。传统的教学科研体制以及相应的组织结构，已很难适应新形势下拔尖创新人才培养和科学研究创新发展的需要。因此，变革原来的教学科研体制及相应的组织结构，重新调整、重组、改组或再设计教学与科研体制及组织结构，或新增大型综合交叉的研究院或研究中心，或重组、改建或重建基层教研组织等，使教学组织与科研组织、通识教育与专业教育在拔尖创新人才培养的基点上协调一致。从这一层面上讲，研究型大学本科教学管理组织变革的重点在于教学组织与科研组织、通识教育与专业教育的调整与重组、交叉与融合。

（一）基于学科交叉融合，构建多元多重的柔性矩阵组织

研究型大学的本科教学治理组织变革，必须思考中国高等教育发展的现实，立足于研究型大学自身发展的需要以及自身发展的目标定位。规划和设计教学与科研的组织结构，不宜盲目模仿国外研究型大学的套路增加学部或学群等组织，而是应在横向与纵向的改组、重组或重建的层面上寻求变革，特别是加大研究院与学院、研究所与学系在教学与科研上的多维联系与合作。就中国高等学校发展改革的现实而言，改革原来"校—系—教研室"三级管理的组织结构，增设学院，形成"校—院"两级管理的组织结构，已经是中国高等学校内部治理组织结构的巨大变革，而且如何发挥学院在研究型大学教学与科研方面的功能最大化，还

仍在探索的实践过程中。进入 21 世纪，高新技术迅猛发展，新技术、新产品、新产业不断涌现，使研究型大学面临着前所未有的严峻挑战。研究型大学必须首先思考如何在新技术革命中不断产生新知识、新技术、新思想，为社会发展和企业进步提供供给侧服务，进而担负起引领社会的重任。为满足新产业新业态的快速发展对知识复合、学科融合、创新能力与实践能力强的新型人才的迫切需求，研究型大学本科教学治理组织需要在学院制改革的基础上继续深入内部管理体制综合改革，重组、改组或变革教学组织与科研组织。

如伯顿·R. 克拉克所说："现代大学里存在着许多矩阵结构，教授和学生不但加入了系科，而且还加入了地区研究中心，或是加入问题研究所和本科住读学院。我们还可以观察到'三重矩阵'现象。例如，一个教授同时为一个历史系、一个远东研究中心以及一个侧重理科或教育的比较研究组织或其他某个社会部门服务。"[①] 研究型大学规模庞大、本科生与研究生数量多、学科与专业门类齐全，因而呈现出多元、多重的柔性矩阵结构。目前，中国研究型大学大多在整体组织结构上改变了过去的那种直线—职能型的组织结构，从组织结构的层面上把高校治理的组织扁平化，这在一定程度上缓解了行政权力与学术权力之间的紧张关系。对于目前中国高等教育治理体制改革的现实来讲，具有一定的适宜性。在教学与科研的组织结构的改革上，构建多元、多重的柔性矩阵型组织结构是比较适合中国研究型大学的改革实际的。校级层面负责教学与科研的整体规划和决策，学校之下或按学科门类设置学部，协调所辖学院整合资源，构建学术分类管理平台；或在学校之下按学科门类或一级学科设置学院，跨学科门类设置校级综合研究机构或研究院，在跨学科的复合、融合、整合中实现知识的创新与复合型、创新型人才培养。在学院的层面采取学院与研究中心并置，研究机构或研究中心挂靠学院，有利于在学院层面统筹教学与科研，协调行政权力与学术权力，形成科教融合、学科专业交叉融合，提高人才培养、科学研究与社会服务的水平。学院下按一级学科或二级学科设置学系，按研究方向设置研究所，

---

① [美] 伯顿·R. 克拉克：《高等教育系统——学术组织的跨国研究》，王承绪等译，王承绪校，杭州大学出版社 1994 年版，第 211 页。

学系与研究所交叉融合，系不再是具有行政职能的组织，而是承担教学任务的基层教学组织；研究所也不再是行政单位，而是跨学科专业的研究机构。如此，学院才真正成为教学与科研的实体组织，并能够依据自身的条件以及学科专业优势，整合和统筹学院内教学与科研资源。每个教师既承担教学系的教学任务，同时又可以按照自身专业方向和研究兴趣承担或参与科研机构的研究课题或研究任务。校级综合性研究机构或研究院，承担大型跨学科门类的研究任务。这种研究组织机构，可以借鉴筑波大学的特别课题研究组的组织机制，具有临时性，可以随科研项目的立项而成立研究团队，依据研究任务的需要调配相关研究人员，这些研究者并不属于校级研究机构，完成研究任务后，团队解散，成员回归于原属组织或单位。这就在组织机制的层面上确保校级研究机构的独立性，研究成员的流动性以及跨领域、跨学科专业综合性。既有利于研究型高校的科研创新和高水平研究成果的产出，有利于研究型高校与社会的联合协作，又有利于研究者的成长。

根据以上的分析，本章对研究型大学"科教融合"的矩阵组织结构图示如图5—1至图5—4。

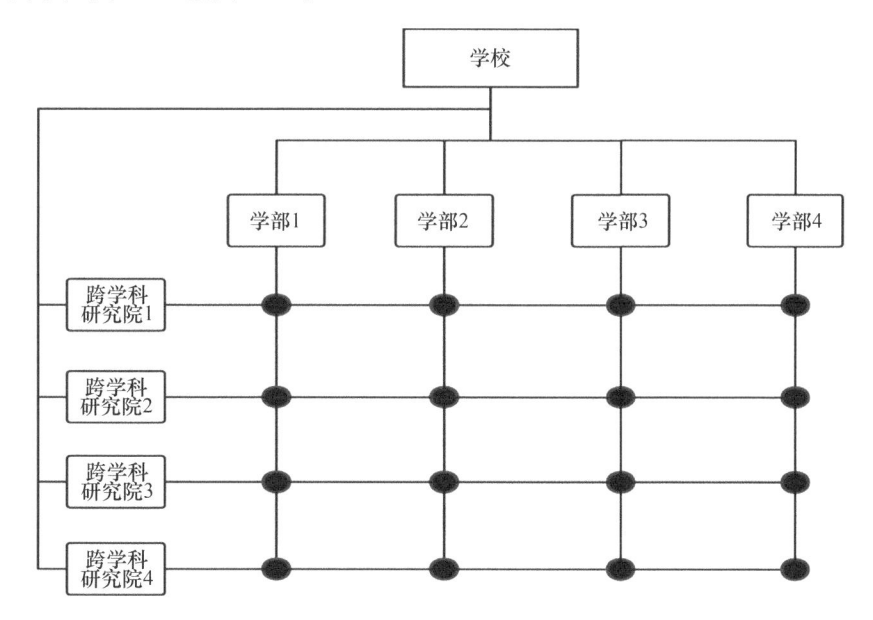

图5—1 研究型大学"科教融合"类型1

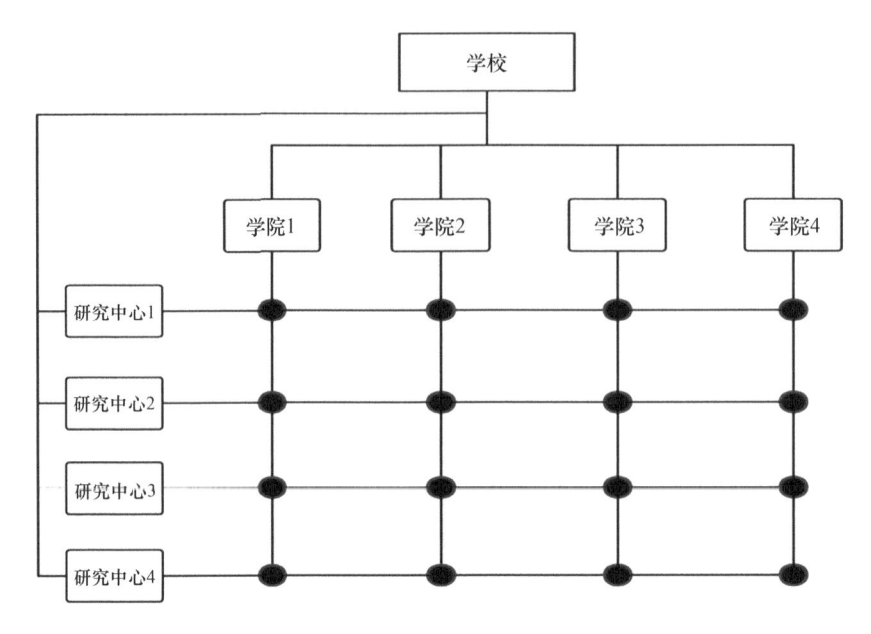

图 5—2 研究型大学"科教融合"类型 2

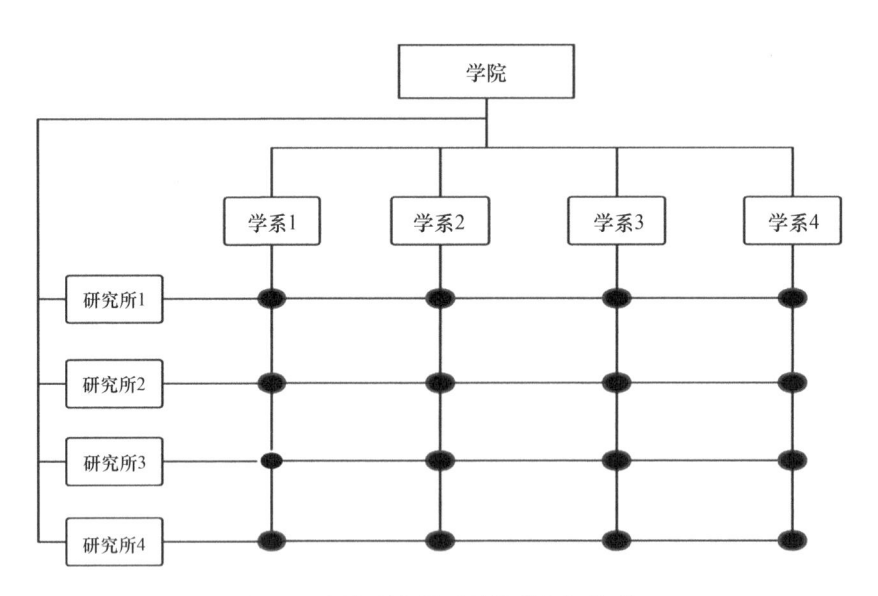

图 5—3 研究型大学"科教融合"类型 3

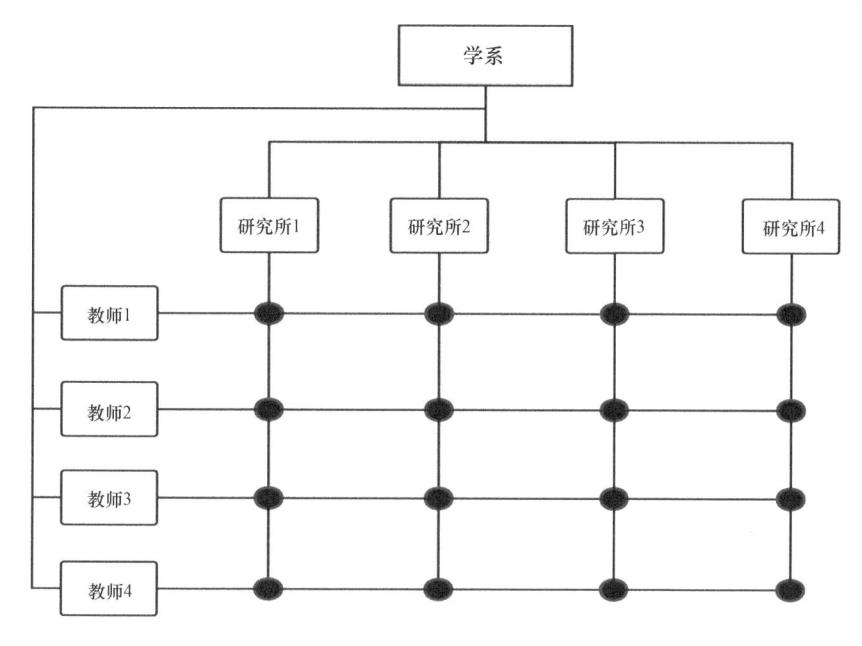

图 5—4　研究型大学"科教融合"类型 4

资料来源：笔者自制。

建立通识教育与专业教育相统一的人才培养体系，实现通识教育与个性化培养的融通，培养厚基础、宽口径、强能力、善创新拔尖人才，是多年来研究型大学教育教学改革的重要内容。许多学校实行"2＋X"本科生培养模式改革。"2"代表本科阶段的学习需要在通识教育和专业培养两方面夯实发展基础；"X"则是学生在两年的通识与专业的基础性学习后，根据自己的兴趣或规划选择专业进阶、跨学科发展、创新创业等发展路径，进入个性化发展性学习。其中的"跨学科发展"一般要求至少修读两个非本专业的学程。为适应这一人才培养模式改革的需要，本科生院与各种住宿书院应运而生，形成本科人才培养的多重矩阵组织。本科生院与住宿书院组织的设立，使学生的学籍不再属于二级学院的学术性系科，而是属于本科生院以及本科生院之下的住宿书院。住宿书院聚焦学生全面发展的第二课堂、文化育人的生活园区、师生共享的公共空间、学生自我管理的教育平台，成为大学生学习、文化、生活的共同体。二级学院则属于专业教育学院性质，摆脱了学生事务与学籍管理，专注于知识传授和知识创新。卢晓东在《本科生院是一流本科教育组织模式变革的重要方向》中认为，中国研究型大学设立本科生院和住宿书院的教育组织模式，与牛津、剑桥、哈佛、耶鲁等高校教育组织模式非常相似。而牛津大学与剑桥大学的住宿学院模式是向中世纪巴黎大学学习的结果，因此提出："本科生院和住宿学院制度是向古老大学组织模式的一种复归。"① 本科生院与住宿学院的设立，对研究型大学"人类培养""专业培养""多元培养"的阶段进程与"专业学术""交叉复合""就业创业"的发展路径具有积极的推进作用，构建起通识教育书院制和专业教育学院制相结合的育人新体系，形成了住宿书院与二级学院的多重矩阵组织。

通识教育与专业教育矩阵结构如图5—5、图5—6所示。

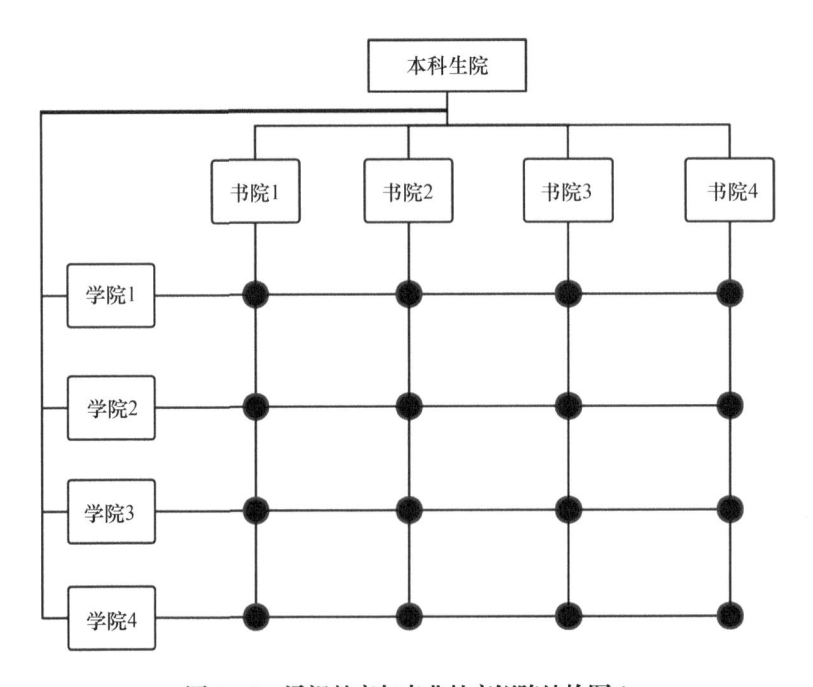

图5—5　通识教育与专业教育矩阵结构图1

---

① 卢晓东：《本科生院是一流本科教育组织模式变革的重要方向》，《中国大学教学》2017年第4期。

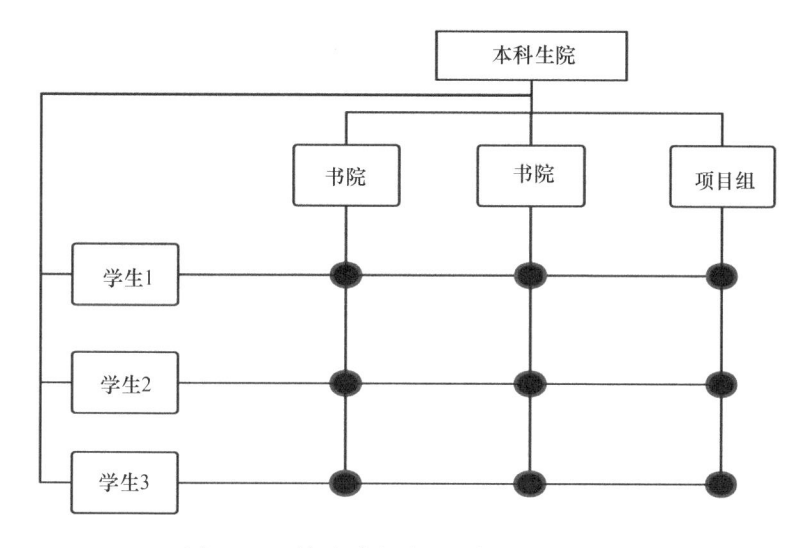

```
                    ┌─────────┐
                    │ 本科生院 │
                    └────┬────┘
         ┌───────────────┼──────────┬──────────┐
         │          ┌────┴───┐ ┌────┴───┐ ┌────┴───┐
         │          │  书院  │ │  书院  │ │ 项目组 │
         │          └────┬───┘ └────┬───┘ └────┬───┘
     ┌───┴───┐           │          │          │
     │ 学生1 │───────────●──────────●──────────●
     └───────┘           │          │          │
     ┌───────┐           │          │          │
     │ 学生2 │───────────●──────────●──────────●
     └───────┘           │          │          │
     ┌───────┐           │          │          │
     │ 学生3 │───────────●──────────●──────────●
     └───────┘
```

图 5—6　通识教育与专业教育矩阵结构图 2

资料来源：笔者自制。

研究型大学教学治理组织变革的多元、多重的柔性矩阵组织结构，既能够充分发挥学院办学的主体性和积极性，又能够在组织结构的层面上确保教学与科研的内在联系以及两者之间的相对独立，摆脱过去那种相互牵制、低效能以及缺乏灵活性的组织结构和机制，在组织上有效保障科教融合与学科专业交叉融合的实现。

（二）整合优化行政治理组织，加强和完善本科生院的治理模式

校长作为学校的行政负责人，行使高等教育法等规定的各项职权，全面负责教学、科研、行政管理工作。校长办公会议是学校行政议事决策机构，是校长行使职权的基本形式，行政部门是保障学校运行的行政管理和服务机构，根据校长的授权履行职责。二级学院是开展人才培养、科学研究和社会服务的主体，院长作为学院行政负责人，全面负责本学院的人才培养、科学研究、社会服务以及其他行政管理工作。随着中国高等教育的快速发展，中国的研究型大学大多膨胀为巨型大学，其所担负的人才培养、科学研究、社会服务、文化传承与国际交流的使命也越来越重要。与之相伴随的是学校的内设行政管理部门的增加，分工越来越细，管理人员越来越多。许多学校把科研管理部门具体细分为科学研

究部、社会科学部、先进技术研究院、融合创新研究院等不同的管理部门。在教学管理部门中，教务管理、创新创业教育、现代教育技术、本科招生、教师教学发展中心、实验教学中心等或单独设置管理部门，或归属于不同的行政管理机构。这种组织状况造成了机构重叠、职能交叉、政出多门的弊端。因此，有学者提出，优化学校职能部门设置，"大学的核心行政机构可以精简为三院两部，即本科生院、研究生院、科学技术发展院、财务部和人力资源部。为了加强对行政管理部门的统筹协调，可以设立教务长、秘书长、总务长和总会计师岗位统筹这些部门，行政副校长兼教务长、秘书长、总务长。"① 这种改革的构想有利于高校行政管理部门的整合优化，推动教学治理模式的转型。

在研究型大学的教学治理体制中，加强和完善本科生院的治理模式。通过设置本科生院整合本科教学资源、深化本科教学改革、理顺本科教育体制、优化本科管理模式、提升本科办学水平，有利于形成本科教育教学质量治理的长效机制。实施本科生院治理模式，既不是原来教务处功能的简单放大，也不是相关职能部门的简单拼组，而是教学治理理念、治理模式、领导体制的根本性变革。通过设置本科生院改变机构重叠、职能交叉、政出多门的弊端，形成职能聚合、任务聚合、服务聚合的服务治理效应。所谓职能聚合，是指本科生院不是相关行政治理部门的简单拼组、叠加，而是根据服务治理的功能进行有效整合、融合，形成治理体系的闭环，机构设置与育人任务契合、匹配。任务聚合，是指在本科生院内取消科室设置，实现组织的扁平化，以项目为牵引，突破治理壁垒，交叉任职，变部门间协调为内部协同，提高服务治理的效率。服务聚合，是指面向师生的服务不再是条块分割式，而是提供整体性服务，以聚合式精细化为师生提供一站式服务，有效提升服务治理的效能。目前，在中国研究型大学中已有南京大学、浙江大学、复旦大学、山东大学、西安交通大学、武汉大学等高等学校实施本科生院治理模式。如南京大学本科生院内设综合办公室（数据中心）、本科招生办公室、学生思想政治教育中心、教学运行服务中心、学生发展支持中心、教育教学发

---

① 周光礼：《大学校院两级运行的制度逻辑：国际经验与中国探索》，《高等教育研究》2019年第8期。

展与评估中心、教师教育发展中心,撤销教务处和学生处。按照"充分交叉、融为一体"的理念,推进治理模式与育人方式、治理追求与育人需求、治理机构与育人任务、治理绩效与育人绩效的融通,围绕育人的中心任务突出服务治理,形成科学、高效、友好的聚合式、精细化的行政服务治理机构。浙江大学本科生院整合教务治理、学生工作、本科招生、教学研究等职能,变单一的多部门的分散决策治理为统一高效治理,增强面向教师和学生的教学服务功能。中南大学本科生院的内部设置,分为综合办公室、培养管理办公室、医学教育办公室、创新创业教育办公室和招生办公室,各办公室没有科技机构和岗位的设置,实行扁平化的组织管理。

(三)完善三级学术组织,加强学部的协同力与领导力

学术性是大学组织最为根本的属性特征,要确立学术权力在现代大学治理中的作用和地位,就必须完善以学术委员会为载体的学术权力系统,真正使教授治学落到实处。实行学部制的研究型大学形成了学校—学部—学院三级学术组织,学校学术委员会作为校内最高的学术机构,是在学校的层面统筹行使学术事务的决策、审议、评定和咨询等职权,学校学术委员会根据学科建设、教师聘任、教学指导、科学研究、学术道德等工作需要,设立若干专门委员会,具体承担学校相关职责和学术事务。学校在学部、学院(系)、研究院(所、中心)设立学术委员会,作为所在单位的最高学术组织,统筹行使内部学术事务的决策、审议、评定和咨询职权,发挥在学科建设、学术评价和学术发展等学术事项上的应有的作用。相比较而言,研究型大学学校一级和学院(系)一级的学术组织与管理权能相对成熟和实在,学部一级的学术委员会则比较虚化。如有的研究型大学把学部学术委员会定义为"学校学术分类的咨询评议性组织",从一个方面反映了学部权能的虚化。学部是学科专业的联合体,是跨学科、跨专业、跨学院、跨系所的合作组织,凝聚学科共识、汇集学科力量,建立联合协同机制,为"大学科""大专业"建设、跨学科合作研究、跨专业人才培养以及科研教学的深度融合构建协作平台,形成不同学科专业协同的规则与机制。正如北京大学社会科学学部主任张静教授在学部致辞中所说:"根据学科发展和人才培养的规律,多学科、跨学科的学习和研究无论对于一个大学的发展、一个大学教师队伍

的建设还是对于一个大学学生的培养都是极为重要的，于是，大学设立了相关领域的多学科、跨学科建设平台，这就是学部。"① 因此，增强学部权能，提升学部的作用与价值，便成为研究型大学完善学术权力组织系统的重要一环。

中国研究型大学目前主要是按一级学科设置院系。从统计分析中我们可以看出，中国C9大学的学院设置数量不断增长，学院设置的学科层次主要集中于一级学科。在"双一流"大学建设中，为改变学科专业划分过细、口径过窄以及学科专业的老化、碎片化问题，对学科专业进行融合交叉成为必然选择，因而进行"大学科""大本科""大交叉"建设与改革成为研究型大学学科专业发展的基本趋势。如西安交通大学打破传统一级学科框架，按照工学、理学、医学、人文社科四大类进行学科建设。中山大学全面推进"大本科"人才培养改革。"大本科"人才培养的核心内容是"五个融合"，即学科和专业的融合、本科教育与研究生教育的融合、德育与智育的融合、第二课堂和第一课堂的融合、科研与教学的融合。构建以"宽厚基础"与"促进融通"为特色的"大理科""大工科""大文科"的三大基础课支撑平台，促进跨学科专业的研究性教学，提高学生运用多学科知识解决复杂问题的能力。建立在一级学科或二级学科基础上的学院制，难以适应这种"大学科""大本科""大交叉"的学科专业改革发展的需要，学部的设置便成为研究型大学内部组织变革最具有现实意义的选择。要发挥充分学部的协同作用，必须增强学部的权能，一是学术治理重心下移，从学校下移到学部，由学部让渡到学院和学科，学部学术委员会不仅仅局限于"学术分类的咨询评议性组织"，而是学部学术事项的审议、决策、评定和咨询议事机构，学部学术委员会既接受学校学术委员会的指导和监督，向校学术委员会汇报工作。同时对学部相关学院（系）、研究院（所）具有指导和监督的职责，使学部的职责由虚变实。二是加强学部组织建设。学部部务委员会由学部主任、副主任以及所属学院（系）院长（主任）、研究中心主任、研究所所长组成，下设学术委员会、教学指导委员会，学部主任、副主任任学术委员会、教学指导委员会主任。相关学院（系）院长（主任）不再

---

① 张静：《主任致辞》，北京大学门户网站，https://fss.pku.edu.cn/xbgk/zrzc/index.htm。

进入学术委员会、教学指导委员会。学部下设办公室，处理学部日常事务。通过加强学部组织建设，增强学部的协同力、领导力和相关学院、研究机构的执行力与交叉融合性，有效推动基于学科交叉融合的拔尖创新人才培养。

第二节 应用研究型大学本科教学治理组织的变革与重构

在中国高等教育的系统构成中，应用研究型大学是介于研究型大学和应用型大学中间的一个类型层次。如果说研究型大学属于"国家队"，发展目标是建设世界一流大学和一流学科，是以知识的创新、关键核心技术的突破、学术型创新人才的培养作为其组织使命，其教学管理组织结构的变革是立足于科教融合、学科专业交叉，强化科研育人，建立科学研究与人才培养相互融合、相互促进的教学治理机制。那么应用研究型大学则是属于"省级重点队"，发展目标是立足省域，面向行业，综合实力进入国内同类高校前列，其核心是"应用研究"，是以理论知识的应用、高新技术的研发、应用型创新人才的培养作为其组织使命。因此，应用研究型大学教学治理组织变革不能模仿或袭用研究型大学的套路或方式，应该立足于这一类大学的实际，根据自身的组织使命与组织特征进行教学治理组织的变革与重构。

一 应用研究型大学本科人才培养模式的基本特征

尽管应用研究型大学作为一种新的大学类型的提出是最近几年的事情，但是伴随加强应用、突出特色、内涵发展、分类管理的高等教育改革，应用研究型大学处在不断地孕育、实践、发展和成长的过程中。为引导高等学校由重上层次向重特色、重内涵发展的方向转变，促进高等学校科学、合理定位，建立科学的高等学校分类体系，实行分类管理，山东省率先提出"分类指导、内涵发展、强化特色、提高质量"的主题。2011年发布的《山东省高等教育内涵提升计划（2011—2015年）》中提出，把山东省属高校按照应用基础人才、应用人才、技能人才三个培养方向，着力打造3—5所应用基础人才培养的特色名校，10—15所应用型人才培养的特色名校、20所技能型人才培养的特色名校。应用基础人才、应用人才、技能人才三个不同的培养方向划分，是在坚持应用导向的基础之上对山东省属高等学校的分类管理。2012年山东省启动特色名校建设工程，将所有省属高校分为应用基础型、应用型、技能型三类，山东科技大学、山东农业大学、山东中医药大学、山东师范大学、青岛大学5所高校被确定为首批应用基础型特色名校建设单位，其建设目标是"建设成为适应山东经济社会发展需要的高层次创新人才培养基地。在人才培养、科学研究、社会服务、文化传承和管理水平等方面，达到国内同类院校先进水平"。2020年山东省启动以"筑高峰""冲一流""强特色"为主要内容的高水平大学建设方案，其中山东师范大学、山东农业大学、山东科技大学、青岛大学四所应用基础型特色名校成为"冲一流"建设单位，济南大学则是作为应用型特色名校成功进入"冲一流"建设单位。这5所"冲一流"大学平均拥有一级学科博士点10个以上、一级学科硕士点28个以上，其建设目标是用5年的时间，进入国家一流学科高等学校建设行列或综合实力进入国内同类高校前列，建成服务山东省"八大发展战略"的标杆大学。在山东省应用基础型特色名校的建设过程中，表达的就是应用研究型大学建设与发展的探索和实践。

　　应用研究型大学是在高等学校分类管理持续深入，在"双一流"带动下各省市着力推动高水平大学建设的背景下正式提出的大学类型。上海市对高等学校的分类管理经历了顶层设计、统筹规划、全面推进三个阶段。2014年，《上海市教育综合改革方案（2014—2020）》提出要对上海高校进行分类管理、分类评价。2015年出台了《高等教育布局结构与发展规划（2015—2030）》，对高校分类管理的目标、依据作了明确规定。2018年上海颁布了中国第一部促进高等教育改革发展的地方性法规《上海市高等教育促进条例》，将高校分类管理评价工作法制化。为进一步落实规划和法规系列要求，2018年中共上海市委组织部等6部门联合印发了《关于深入推进高校分类管理评价促进高等教育内涵式发展的指导意见》，纵向维度按照人才培养主体功能和科学研究类型划分为学术研究型、应用研究型、应用技术型和应用技能型四种高校类型，横向维度按照学科专业设置划分为综合性、多科性、特色性三种高校类型，构成了上海市高校的"十二宫格"分类体系。上海市全部62所普通高校的分类结果是，13 所学术研究型高校主要培养学术研究型人才，以研究型人才为主体，10 所应用研究型高校主要是培养应用研究型人才，17 所应用技术型高校主要培养专门知识和技术应用人才，22 所应用技能型高校主要培养以专科层次为主的操作性的专业技能人才。其中对应用研究型大学在培养层次上要求覆盖本科—硕士—博士，面向行业以"多科性"或"特色性"为主。

吉林省依据高等学校人才培养主体功能及其主干学科专业集中度，对省属高等学校实行分类管理，建立以应用研究型、应用型、职业技能型作为基本框架的高等学校分类体系。在 2018 年发布的《吉林省特色高水平大学、特色高水平学科专业建设项目实施方案》中，明确提出全面推进应用研究型大学建设，加强科学研究、转化应用与人才培养相结合，支持一批学科建设基础好、综合办学水平高的高等学校进入全国同类高等学校的前列。《吉林省特色高水平学科专业、特色高水平大学申报基本条件》中，对应用研究型大学的申报基本条件规定，申请立项建设大学应为博士学位授予单位，本科人才培养定位于培养具有较强理论基础、应用研究能力和创新能力的复合型人才。科学研究要求在应用研究、成果转化与人才培养相结合方面成效突出，具有 1 个以上符合学校办学定位的优势特色学科群，同时要满足以下条件中的 2 项：一是博士生在学规模 100 人以上；二是硕士生在学规模 2000 人以上；三是第四轮学科评估有 2 个以上（含 2 个）学科评价为 B⁻以上；四是立项建设省特色高水平学科占学校学科总量的 30% 以上。

由以上省市对应用研究型大学的基本条件要求可以看出，应用研究型大学在人才培养上，是以应用型创新人才培养为使命。以下重点从本科人才培养的视域探讨应用研究型大学的基本特征，为探索应用研究型大学教学管理组织变革提供依据。

（一）以应用型创新人才为重点的多样化培养目标

应用研究型大学大多具有较长的办学历史，师资力量较强，教学科研水平较高，形成了自己的优势学科专业、特色学科专业、重点学科专业和品牌特色学科专业，拥有一定数量的博士学位、硕士学位授予点以及省部级以上的科学研究平台。但是，从总体上来说，其学科专业发展不够均衡，特别是在高等教育大发展的扩张阶段，为适应地方经济社会发展的需求，新发展的学科专业数量较多，从而使不同的学科专业间表现出一定的差异性。应用研究型大学以应用型创新人才培养作为根本使命，基于学科专业多样化的实际，表现出基于应用的多样化人才培养目标。

应用研究型大学是以应用型创新人才培养为根本目标，也就是培养以应用研究、技术开发研究和科技成果应用研究为重点的高级专门人才，立足于知识的应用，致力于技术的创新，面向区域经济社会发展的需要，培养应用型创新人才，开展知识应用和科技服务工作。但是，由于应用研究型作为一种介于研究型和应用型之间的大学类型，其自身表现出一种多质性，以及应用研究型大学学生个性化发展的多样性，因此应用研究型大学表现出基于应用性的多样化人才培养目标。如青岛大学作为地方综合大学和山东省应用基础型人才培养特色名校立项建设单位，为适应山东省、青岛市经济社会发展需求，学校确定了"培养具有深厚的人文底蕴、高度的社会责任、科学的批判思维、强烈的创新精神、开阔的国际视野、扎实的专业基础"的创新型、复合型、应用型人才培养目标。为充分发挥综合性大学优势和科研资源优势，学校坚持以一流学科引领一流本科建设，以一流专业建设为抓手，以一流课程建设为突破口，创新人才培养模式，推动应用型、复合型、创新型人才培养，体现了基于应用研究的多元化人才培养。

山东农业大学作为山东省应用基础型特色名校工程建设单位及"冲一流"高水平大学建设单位，坚持"学用结合、学以实为贵，育人为本、学术至上"的人才培养理念，明确厚基础、强能力、重实践、广适应，能够在经济社会发展中发挥重要支撑作用的高水平应用型人才培养目标，坚持分类培养，把"高水平应用型人才"的培养目标，具体细分为"拔尖型、创新型、专业型、复合型"四种类型的人才。"拔尖型"人才培养通过选拔优秀学生进入"齐鲁学堂"，实行"本硕博贯通"培养制度、制定个性化培养方案，培养在未来相应学科领域内的学科带头人和骨干。"创新型"人才培养面向有继续深造意向的本科生，将其培养成为在未来相应行业中科技发展的中坚力量。"专业型"人才定位适应区域经济发展、行业发展需求，在本专业所服务的行业领域直接就业，未来成为相应行业的创业带头人和骨干。复合型和专业型人才培养的对象定位在多数本科生。"复合型"人才定位在区域经济发展中较为宽泛的专业和行业领域就业，将来能在相应行业科研生产一线发挥组织管理作用的优秀人才。创新型人才和拔尖型人才的培养，是在满足复合型和专业型人才培养的基础上，针对学生不同的发展潜能、发展意向，面向区域经济社会发展对不同类型人才的需求而作出的人才培养定位的设计。根据"拔尖型、创新型、专业型、复合型"四种不同的人才类型定位，学校从学科专业实际的出发，制定了富有针对性和个性化的培养方案：一是培养"拔尖型"人才。发挥国家重点实验室、国家重点学科、国家工程实验室、国家工程技术中心等平台的优势，结合卓越农林人才教育培养计划项目的实施，设立"齐鲁学堂"。在农业科学和生命科学等优势学科专业，选拔优秀学生开展拔尖型农林人才培养工作，实行弹性学习年限，实行"本硕博贯通"培养制度，制定个性化培养方案。将其培养成为未来相应学科领域内的学科带头人和骨干。二是培养"创新型"人才。为激发学生的创新潜能，发挥学校研究生教育的优势，学校在优势学科试行"创新人才培养"工作，对有继续深造意向的学生，按照"4+X"培养模式，学生提前进入导师实验室，在导师指导下进行科学训练和研究，使其在完成四年本科阶段教育后，更快地适应研究生阶段的学习和研究，将其培养成为在未来相应行业中科技发展的中坚力量。三是培养"专业型"人才。发挥学校重视应用研究、社会服务、实践教学，以及适应区域经济发展、行业发展需求的优势，选择对专业具有浓厚兴趣、愿意在本专业所服务的行业领域直接就业的学生，按照"3+1"培养模式进行培养，着力强化实践能力和创业能力培养，将其培养成为相应行业的创业带头人和骨干。四是培养"复合型"人才。发挥学校学科门类齐全的优势，对具有较强的发展基础和潜质、愿意在更宽泛的专业和行业领域就业的学生，主要按照"1+X"培养模式，通过校内修读双学位、校外修读互认学分（包括国内其他高校和境外高校的互认学分）等途径，培养学生的综合素质能力，提高学生的就业竞争力，将其培养成为在未来相应行业科研生产一线发挥组织管理作用的优秀人才。①

---

① 山东农业大学：《2019—2020学年教学质量报告》，山东省教育厅网站，http://edu.shandong.gov.cn/。

(二) 学科专业建设的一体化

学科是一个具有内在特征与相对独立的知识体系,人类所有的知识划分为自然科学、农业科学、医药科学、工程与技术科学、人文与社会科学五大门类。专业是中国高等学校本科教育根据社会专门职业需要设置的学业门类,中国高等教育依据学科分类,划分为哲学、经济学、法学、教育学、文学、历史学、理学、工学、农学、医学、军事学、管理学、艺术学13个学科门类,在13个学科门类下设若干个一级学科类,如经济学门类下设4个一级学科类、文学门类下设3个一级学科类、理学门类下设12个一级学科类、工学门类下设31个一级学科类,在每个一级学科类下设若干个二级学科,这些数量众多的二级学科即通常我们所说的本科专业。学科作为科学研究的载体,是在特定的研究领域与知识体系框架内,追求学科知识体系的拓展与精深,强调的是知识生产与技术创新。专业作为人才培养的载体,面向社会不同职业领域对人才的知识、能力、素质要求,培养高质量的专门人才,强调的是知识的传播与应用。学科与专业构成大学的两大基石,是建设高水平本科教育、培养一流人才的"四梁八柱"。但是,学科与专业建设的目标与着力点又各有侧重,学科的发展目标是发现知识、创新技术,成果标志是发表论文、出版专著、科技研发、专利发明和成果转化等。学科建设主要集中于人才引进、科学研究、科研仪器设备购置、科研项目支持与成果奖励、学术平台搭建与学术交流活动等。在资源配置上由于受经费与资源条件的制约,学科建设不可能全面推进、遍地开花,需要整合资源,突出重点与特色,在人力、财力、物力上向重点学科倾斜,全力培育打造。这往往也容易造成学校在"冲一流"学科建设中,采取重奖高层次课题和高水平成果,花重金引进高端人才的措施。这种做法固然在一定程度上推动了学科的发展与水平,但也造成了人才的无序流动,助长了教学与科研的浮躁之风,导致专业建设与教学工作的边缘化与失衡。专业建设的目标则是根据国家和地方经济建设和社会发展需求,培养出各类高素质专门人才。专业建设的内容主要是深化本科专业供给侧结构性改革,对专业进行动态调整,存量升级、增量优化,加强专业教学团队建设、课程建设、教材建设、实验平台与实践基地建设,适应新时代对人才的多样化需求,灵活设置专业方向,及时调整专业人才培养方案,定期更新教学大纲,科学构建课程体系。因此，专业建设注重需求导向、整体提升，保障人才培养质量。但是，在"冲一流"的目标追求与"办大学就是办学科"的语境中，重学科建设与科学研究、轻专业建设与教学工作的问题也越来越严峻，因此，加强学科与专业的一体化建设则显得尤为重要。

加强学科专业建设一体化，推进专业建设与学科建设深度融合，成为近年来应用研究型建设与改革的重要内容。山东师范大学作为山东省应用基础型特色名校建设单位与"冲一流"高水平大学建设单位，重视学科专业一体化建设。该校统筹政策规划、组织结构、资源配置，将学科建设与专业建设相结合，相互协作、相互支撑，通过学科建设提升专业建设水平，建立起学科建设与专业建设协同发展的良性发展机制。学校启动实施学科振兴计划，制定《学科振兴计划实施方案》《学科振兴计划管理办法（试行）》，推动学科的健康发展。学校不断完善专业分类建设方案，建立动态管理与调整机制，逐步优化专业结构，提高专业建设整体水平。在全面梳理和深入研究分析本科专业建设现状的基础上，遵循"优化结构、提升水平，分类评价、协调发展，突出品牌、强化特色"的总体要求，构建与学校办学定位和办学优势相匹配，与地方经济社会发展需求相适应，结构合理、特色鲜明、协调发展的本科专业结构体系。青岛大学在应用型特色名校建设与"冲一流"高水平大学建设中，大力推进专业建设与学科建设深度融合，加强顶层设计和目标引领，夯实学科和专业两大基石，提升协同创新和内涵建设能力，突出开放共享和资源整合，深化学科专业建设一体化。重构基层教学科研组织，将学科与专业的组织领导、管理体制、规划建设机制以及评估和激励机制一体化，以学科建设引领专业发展。发挥学科建设的主导作用，以学位点引领强化专业建设与学科建设深度融合，学科建设创造的科研成果为专业建设、课程建设、教材建设等教育教学工作提供最新的学科知识和专业资料，促进学科建设与专业建设相辅相成，互通互融。

"学科、专业都与知识有关，这是学科、专业一体化建设的基础。"① 如果说研究型大学在学科与专业的关系中，突出学科，淡化专业，研究

---

① 周光礼、姜嘉乐、王孙禺等：《高校科研的教育性——科教融合困境与公共政策调整》，《高等工程教育研究》2018年第1期。

"高深学问",重视知识创新,坚持面向世界科技前沿的关键核心技术突破,实施博雅教育,培养研究型、学术型创新拔尖人才。那么,应用研究型大学则是以应用型创新人才培养为中心,学科与专业并重,教学与科研兼顾,统筹学科建设与专业建设,协调教学与科研的关系,着力于学科专业的一体化建设。"学科建设与专业建设存在事实上的资源与发展冲突,又存在内在的依附性、统一性与协同性。"① 其统一性与协同性主要表现为学科为专业提供支撑,专业为学科提供依托,两者相互依存、协同发展,以提高人才培养质量。学科建设与专业建设的统一性与协调性以课程为媒介和载体,学科发展的成果以课程与教材的新内容、研究性与创新性的新实验、毕业论文与设计的新选题为中介,实现向人才培养的有效转化;专业建设与发展则是依据国家和地方社会经济发展对人才的多样化需求,对课程的教学内容、教学方法、教学手段提出新要求,推动了学科的分化与交叉、融合与发展。鉴于以上的分析,应用研究型大学专业与学科的一体化建设,需要统筹队伍建设与资源配置,消除学科与专业发展的冲突,协调教学与科研的关系,基于学科与专业建设的内在肌理,在基层组织建设中实现学系(教研室)与研究所(研究室)的协同与融合。

(三)产学研深度融合的培养模式

应用研究型大学以应用型创新人才培养为中心,以知识应用研究、技术开发研究、科技成果转化研究为重点,为区域经济、科技和社会发展服务。特殊的使命向应用研究型大学提出了"产学研融合"的更高要求,也对教学和科研管理的组织结构变革提供了内在的要求。

产学研合作就其一般意义来说,是指生产企业、高等学校、科研院所之间的合作。通常是指以企业作为技术需求方与以高等学校、科研院所作为技术供给方之间的合作,通过技术创新所需各种资源的有效组合,提高产业技术创新能力,促进经济的持续发展,在产学研结合的经济功能层面,企业发挥着主体作用。从大学人才培养层面"协同育人"的理念出发,则赋予了产学研合作更丰富的内涵要求。它既包括生产企业、

---

① 钟秉林、李志河:《试析本科院校学科建设与专业建设》,《中国高等教育》2015年第22期。

高等院校、科研院所之间异质资源的转化、互补、交流与创新，也包括合作主体在协同育人中对人才在知识、能力、素质以及创新创业方面的培养；既是在教育、科技、经济与社会的大系统中构建应用型创新人才培养的有效载体，也是立足地方、需求导向、校企合作的人才培养新模式；既包含了"教育与生产劳动相结合"的实践能力要求，也体现了知识经济时代对高等学校创新型人才培养的特殊使命。因此，在产学研"协同育人"的层面，高等学校发挥着主体作用。"高校要牢固树立主动为社会服务的意识，全方位开展服务。推进产学研用结合，加快科技成果转化，规范校办产业发展。"尽管在产学研的合作中仍然存在"产学研用结合不紧密""教育与科技'两层皮'""教学与科研不协调"等问题，但是经过多年的推进，产学研合作已经由政府立项资助推动模式向自发合作伙伴模式推进。由单向性的技术知识输出提升为双向性的不同知识互补，由相互间的一般性支持向产学研一体化深度融合发展，各种协同创新中心、创新联盟、创新社群等纷纷成立。这种产学研一体化既是应用研究、技术开发研究等创新活动的一体化，也是教育与生产实践、科研与教学活动的一体化。围绕高等学校人才培养、科学研究、社会服务三大功能而展开的产学研一体化，内在地要求在学校—学院—专业—课程各个层面，形成以学校为主体，行业、企业、地方政府参与的教学管理组织。

二 应用研究型大学本科教学治理组织的变革与重构

目前，中国应用研究型大学本科教学治理的组织结构主要有以下几种形态：学校—学院—学系—教研室、学校—学院—学系—学科组、学校—学院（系）—研究中心、学校—学院—学系/研究所—教研室/研究室、学校—学院—学系、学校—学院—教研室等几种不同的组织结构形式。从中我们可以看出，应用研究型大学均实行了学院制。但是，目前的二级学院要么是口径过窄、学科层次偏低，局限于一级学科或二级学科，包容性差；要么是学科专业结构庞杂，跨学科大类偏多，资源稀释，交叉性弱。作为基层学术组织，有学系、研究中心、研究所、教研室、研究室、学科组等不同的形式，表现出基层学术组织的多样性，但基层学术组织的积极性、主动性没有得到有效激发，组织形态仍然是封闭、单一和刚性的,缺少开放性和柔性。因此,应用研究型大学围绕人才培养的多样化、学科专业建设的一体化、产学研的深度融合的培养模式,其教学治理组织变革的重点是学院以及学院下设的基层教学组织。

(一)加大学院与学科专业的整合力度,增强学院的包容性与自主性

中国大学二级学院(系)设置数量过多、教学管理幅度过大,是一个比较普遍的现象。在中国研究型大学中,由于办学历史悠久,在长期的发展过程中形成了比较深厚的学科传统与特色,进行学院与学科专业的整合缺少现实的可行性。因此,通过在学校与学院之间设置学部,作为跨院所、跨学科、多学科联合与协同、融合与交叉的平台,便成为研究型大学培养学术型拔尖创新人才的合理选择。应用研究型大学与研究型大学相比学科专业的综合程度有限,发展不够平衡,学科群的发育不够成熟,优势和特色只是集中在某些学科领域,加大对学院、学科专业的整合具有必要性和可行性。

加大对学院的整合优化,有利于应用研究型大学多样化人才培养目标的实现。学院是人才培养的主体,应用研究型大学作为介于研究型大学与应用型大学之间的一种大学类型,兼有精英化教育与大众化教育的某些特征,遵循应用型创新人才培养的基本目标,表现出人才培养的多样化特征。应用研究型大学人才培养的多样化,要求学院具有更大的包容性与开放性。因此,加大学院与学科专业的整合优化,也是应用研究型大学人才培养的客观需要。按照学科门类设置二级学院,也就是按照哲学、经济学、法学、教育学、文学、历史学、理学、工学、农学、医学、管理学、艺术学的学科分类进行学院设置。因为学科门类大多包含若干个一级学科,具有更大的包容性,便于构成学科与专业群落,为多样化的人才培养、科学研究与社会服务提供开放性、交叉性的平台。中国应用研究型大学学科门类较为齐全,学院与学科专业数量众多,是一个比较普遍的现象。如青岛大学设有36个学院和医学部,102个本科专业,涵盖文学、历史学、哲学、理学、工学、医学、经济学、管理学、法学、教育学、艺术学11个学科门类。山东农业大学设有21个学院,94个本科专业,涵盖农学、理学、工学、管理学、经济学、文学、法学、艺术学、教育学、医学10个学科门类。济南大学设有23个学院,99个本科专业,涵盖经济学、法学、教育学、文学、历史学、理学、工学、

医学、管理学和艺术学 10 个门类。山东师范大学设有 24 个学院，88 个本科专业，涵盖哲学、经学、法学、教育学、文学、历史学、理学、工学、管理学、艺术学 10 个学科门类。但学院的设置无论是按学科门类、跨学科门类，还是按一级学科设置，没有一个恒定不变的标准和数量要求。各大学要紧紧围绕人才培养目标的有效达成，从有利于资源的整合共享，有利于管理的精干高效，有利于教学科研的相互促进，有利于学科专业的良性发展等方面出发，进行学院的整合优化。实行大学院制，按学科门类或学科群对学院进行整合，减少学院数量，缩小管理幅度，提升管理效能。

在对学院进行整合优化的同时，要落实学院办学主体和教学管理主体地位，加强二级学院的权能，切实赋予学院自主权，积极推动教学管理中心下沉到学院，人才培养责任落实到学院，学科专业建设主体下放到学院，使学院在师资队伍建设、专业建设、人才培养模式、课程设置、资源配置、职称评定、津贴分配等方面享有自主权。学校对学院实行宏观调控和目标管理，拥有统筹规划权、监督考核权、审核审批权、评价奖惩权、引导指导权、党纪政纪约束权等。学院全面负责本院的教学、科研以及师生的思想政治工作；按照学校章程和有关规章制度，制定学院的教学管理制度；按照学校的总体发展规划，制定和实施本院师资队伍建设、学科专业建设、课程建设及教学改革计划；按照学校的人才培养总目标，制定学院的专业人才培养目标；按照学校的本科教学质量管理要求，制定并落实教学环节的质量标准要求；负责本院学生的教育治理工作，负责本院教职员工专业技术职务评聘及推荐工作等。

专业结构的调整优化与学院的整合优化同步推进。按照严控增量、优化存量的原则，密切结合地方经济社会发展的需求，在专业结构的优化调整中，科学处理好"舍"与"得"、"减"与"增"、"少"与"多"、"大"与"强"的关系，进一步增强应用研究型大学学科专业建设与地方经济建设和社会发展的契合度与适应性，提高资源利用效率，激发学院办学活力。近年来，应用研究型大学为构建与学校办学定位和办学优势相匹配，与地方经济社会发展需求相适应，结构合理、特色鲜明、协调发展的本科专业结构体系，加大了专业结构调整力度。在全面梳理和深入研究分析本科专业建设现状的基础上，遵循"优化结构、提升水平,分类评价、协调发展,突出品牌、强化特色"的总体要求,在专业自评、学校量化评估、专家论证、学术委员会决议的基础上,形成本科专业优化调整方案,有的大学停招专业数量多达20个以上。但是为避免资源的闲置与浪费,专业结构的调整优化与学院的整合优化需要一体考虑,同步推进。

应用研究型大学教学治理组织结构变革,虽把自主权力下放于学院,但在横向结构上,需要推进校校、校所、校企、校地的密切合作,还应设置相应的跨学科领域的研究中心、研究院。这些研究中心和研究院分为有实体性和虚体性两种类型,实体性机构有稳定的研究队伍,虚体性研究机构的成员,除服务人员外,分属于不同学院和研究所,以项目课题组合研究团队。研究中心、研究院同时向学生开放,吸收学生参与研究活动。学院作为实体性管理主体和管理中心,依据自身的条件和学科专业优势,整合、协调已有学科专业或增设新专业。

(二)激发基层教学组织的活力与凝聚力,增强基层组织的柔性与融通性

应用研究型大学学科与专业并重,教学与科研兼顾。如何统筹学科与专业的一体化建设,协调教学与科研的关系,是应用研究型大学教学管理组织变革面临的重要课题。实行学院制以前,教学任务主要由系来承担。实行学院制改革之后基本上是"院实系虚",学院成为实体单位,教学组织与管理主要由学院承担,这为跨学科和跨专业设置综合性课程提供了条件。但具体执行教学任务的组织是否还是学院?这是目前必须解决好的问题。有些高等学校是把过去的教研室改组为学科教学组,由学科教学组承担专业教学任务,学科教学组成为最底层的教学组织单位;而有的高等学校则按学科课程群组的方式,把学科课程群组作为执行教学任务的基本单位。单纯地从教学组织与管理的层面上讲,这两种教学组织方式确实有着合理性。但值得关注的是,学院的科研任务由哪些组织来完成,而且教学与科研的关系又是如何处理的?本章认为这种教学及管理的组织结构仍然是僵硬和封闭的,对于学科专业的一体化建设、教学与科研的协调带来组织结构上的阻隔,仍没有较好地处理学科与专业、教学与科研之间的关系。学科建设与专业建设仍然是两股道上跑的车,各自为政,教师仍是局限于自身的所属专业,跨学科和跨专业性的

教学和研究，仍较难以展开。

应用研究型大学本科教学治理的组织结构变革，需要以学院为重点，以学系为关键，提升基层教学组织的活力、动力与凝聚力，扩大基层组织的柔性化与开放化，有效推动学科与专业、教学与科研、教师与学生之间的紧密结合与良性互动。在学科门类或学科群的基础上进行学院的整合优化，在一级学科或学科群的基础上整合学系，构建学校—学院—学系/研究中心—课程模块教学团队（教研室、课程组）/研究所。在这种四层级的组织结构中，按照行政事务上移、学术权力下沉的原则，行政事务主要集中于学校和学院二级管理，学系/研究中心与课程模块教学团队（教研室、课程组）/研究所作为基层学术组织，是开展教学、科研的主体，是学术活动的大本营，从而构成具有柔性与开放性特点的扁平化基层学术组织。这种组织结构改变了原来"院实系虚"的状态，使学系"由虚变实"，在学科建设、专业建设、课程建设、队伍建设、资源配置等方面，拥有实在的权力。学系（研究中心）主任作为学术领导，既是学科负责人，也是专业负责人，统筹学科建设与专业建设、教学工作与科研工作，在教学与科研的各项工作开展中享有充分的自主权，从而形成学科与专业、教学与科研相互支撑、良性互动的耦合体。在应用研究型大学底层教学组织的构成中，相较于教研室与课程组，课程模块教学团队具有更强的跨学科专业的融合性、教学科研相一致的协同性以及教学团队构成的开放性。教师在学系与课程模块教学团队（教研室、课程组）的基层教学组织中，归属相对稳定，任务相对明确，所有教师根据应用研究型大学人才培养的需要进入基层教学组织，承担相应的教学工作。在研究中心与研究所的基层科研组织中，则相对灵活，根据研究项目的需要进行组合，在研究项目的开展中，建立灵活多样的本科生参与教师研究项目的人才培养机制，把本科生参与教师科研的情况作为教师绩效考核的重要内容。要提升基层教学组织的活力、动力与凝聚力，一方面要健全和完善基层教学组织的相关制度，明确基层教学组织的职责，按照权责一致的原则，赋予基层教学组织在人、财、物方面相应的权力，提供必需的场地、经费和人员保障，选聘高水平教授担任基层教学组织负责人；另一方面要加强对基层教学组织的绩效考核，建立长效激励机制，有效助推基层教学组织研究教学、改革教学，提高教学的积极性与主动性，增强基层教学组织的活力与动力、感召力与凝聚力。

增强基层教学组织的柔性与融通性。既体现于学院内部不同的基层教学组织与科研组织、学科与专业之间的协同融合，教师在不同的基层教学组织与科研组织的交叉任职，资源的共享与人员的灵活流动等方面，也体现于立足地方、服务社会所开展的校企、校所、校地合作。产学研合作是应用研究型大学人才培养的基本模式，而产学研合作只有下沉到学科、专业与课程，才能够使校企、校所、校地合作落到实处、走向深处，实现真正意义上的深度融合。以往的校企、校所、校地合作常常是上热下冷，学校与学院的积极性相对较高，学系与学科专业等基层组织则是被动和冷漠的，从而使校企、校所、校地合作流于形式和表面，导致"产学研用结合不紧密""教育与科技两层皮""教学与科研不协调"等问题，无法实现产学研的深度融合。要推动产学研合作落地、落实、落细，必须充分调动基层教学组织与科研组织的积极性与主动性。

（三）完善二级学术治理组织，推进教务处职能的整合与转换

应用研究型大学按校、院两级设立相关学术组织，在校级层面上，设有学术委员会与教学委员会，通常学术委员会办公室设在科技处，教学委员会办公室设在教务处。在校级职能部门的设置职能分工中，教务处负责教学工作，科研处负责科研工作，人事处负责教师的引进、职称评聘，教学、科研与人事工作大多由不同的校领导分管。就现状来看，领导机构设置齐全，分工清晰并各施其责。但问题在于是否容易出现多头领导？用何种组织机制把各领导机构整合为有机的整体而不是各守"疆域"？特别是教务处与教学委员会之间权力关系的协调，教务处与科研处以及相关职能部门之间权力关系的协调，以及教务处与相关学院在教学管理中关系的协调等问题，仍是目前应用研究型大学在教学管理中所面临的重要问题。

学校学术委员会是教学、科研及学术评议的最高权力组织，由教授或专家学者组成，履行对学校学术事务的咨询、评议、审议和决策，是落实教授治学，发扬学术民主，保障学校学术决策规范，进行科学的学术管理和领导的组织。校级学术委员会根据教学工作、科学研究、学科专业建设、教师聘任、学术道德等工作需要，可以设立相关的专门委员会。各专门委员会根据学校学术委员会的授权及其章程进行工作，同时

要接受学校学术委员会的指导和监督。校级学术委员会由学校不同教学科研机构的教授及具有正高级专业技术职务的人员组成,对担任学校及职能部门领导职务的委员,有明确的数量限制,扩大了不同学科专业的专家教授在学术委员会的比例,打破传统的仅由学校、部门、学院相关领导构成的体制惯例。当然,校级学术委员会,并不是群众性的组织,专家教授应是知名的,或者在某一研究领域具有一定权威性的学术带头人。应用研究型在校级学术委员会之下,根据实际需要可以分设人文社会科学与自然科学学术委员会,一是负责学术委员会授权的学术评议和审议工作,二是分别负责人文社会科学和自然科学的学科和专业建设。校级学术委员会分设两个学科专业性学术委员会,强化了学术委员会的职能以及领导教学与研究管理工作的力度,成为应用研究型大学教学与科研学术决策和治理的重要组织。同时,为促进应用研究型大学教学与科研、学科建设与专业建设协调一致,在学校学术委员会下设秘书处,作为常设的联络、协调、服务机构,把分别设置于科技处的学术委员会办公室和教务处的本科教学指导委员会办公室进行剥离,整合到学校学术委员会秘书处,在顶层设计中消除教学与科研、学科建设与专业建设的"两层皮"现象。

本科教学指导委员会是学校学术委员会下设的专门委员会,是学校关于本科教学工作的关键性的权力组织。事关学校全局性的本科教学及管理问题,应该由本科教学指导委员会负责讨论、规划,报请学术委员会决策。本科教学指导委员会作为负责学校教育教学事务的专家组织,对学校教学工作有关问题进行审议、评议、指导、监督和咨询,其主要职责是:审议学校本科人才培养和教学改革的重大政策与措施;审议专业建设计划,指导教学督导和教学评估工作;审议学校各类课程建设和教材建设规划,检查和评估课程教学质量;审议学校教学改革与教学建设方案,组织评审各类校级教学改革项目,负责审定推荐省级和国家级教学改革项目;审议各类教学奖的评选标准与评选办法,负责评审各类校级教学奖并推荐省级教学成果奖。学校本科教学指导委员会由各学院教学委员会选举推荐的教育专家与教学名师委员、学生委员会选举推荐的学生委员、理事会选举推荐的行业企业委员、分管教学的副校长及其委派委员组成,教务长是教学委员会的应有成员。在学校本科教学指导委员会之下，设立专业教学委员会、教学督导委员会、本科教学质量评估和监督委员会。专业教学委员会集中讨论各学院关于教学计划、课程设置、教学改革与研究。教学督导、质量评估和监督委员会主要职责是：有计划地对各教学环节进行全面检查，协助学校实现对教学质量的监控；就学校重大的教学工作决策提供咨询和建议；在听课过程中及时和任课教师进行沟通，帮助教师改进授课方法，提高教学水平；根据学校的要求，对部分教师的教学质量和部分课程进行有针对性的检查，并做出评价；向学校职能部门推荐教学质量优秀的个人及先进教学经验，并提出改进教学管理、修订教学文件的建议等。

健全和完善学院一级的学术组织是落实学院办学自主权的重要方面，也是加强学术权力、民主管理与教授治学的重要举措。院级学术委员会与教学委员会分别由相关学系推选的专家教授委员、院学生会推荐的学生委员、院级理事会推荐的行业企业委员组成。其中各学系的系主任作为院长的委派委员，进入院级学术委员会与教学委员会。学院学术委员会作为教授治学和民主治理的重要组织形式，依照学院学术委员会工作条例，就学院的学科专业建设、专业技术职务聘任、人才引进、学术研究、学位授予等工作进行咨询、评定、审议或决策。院教学委员会对本学院的人才培养和教学改革方案、学科专业建设计划、课程建设和教材建设规划等进行审议；检查和评估课程教学质量；指导教学督导和教学评估工作；审议和推荐教学改革项目和教学改革成果。学院学术委员会和教学委员会接受学校学术委员会、教学委员会的指导，学院的重大事项和决策，应充分听取学院学术委员会、教学委员会的咨询意见。

在应用研究型大学教学管理组织变革中，教务处处于一个特别重要的位置。为充分发挥教务处在教育教学改革和人才培养中的作用，首先需要加强整合，消除教学工作的多头领导现象，合理放大教务处的职能。在横向管理部门中减少交叉与重叠，把创新创业教育、军事教育、劳动教育等统一纳入教务处的组织治理之中。把独立设置的现代教育技术教学部、许多学校隶属于人事处的教师教学发展中心合并到教务处，成立教师教学支持中心，为教师教学信息化手段运用、教育教学理念更新、教学方法与教学手段改革、教学能力与教学水平提升提供支持与服务。

其次是教务处的职能转换。教务处作为学校教学治理职能部门，不是作为一个管理层级而存在，而是协助校长和分管校长负责教学委员会有关决议的组织实施。教学治理重心下移学院之后，教务处的主要工作是在宏观层面上对全校教学工作进行组织与协调、服务与支持、引领与研究、考核与评估。但是，目前教务处的治理工作仍是忙于微观事务，疏于宏观研究。在课程计划、选课、排课、调课以及学籍管理等方面服务的效率较高，而在学校的层面开展教学改革、专业建设、课程建设、产学研合作、教学质量监控体系建设等方面的研究存在明显不足。虽然有的学校教务处成立了教学研究科，但开展教学研究的意识相当薄弱，自身的研究能力明显不足。把教学研究科的工作局限于对学校教改项目的管理，背离了教学研究科的初衷。另外，学校重视对教务处处长的配置，教务处处长大多是从学院业务成绩突出、组织协调能力较强的院长中选拔而来。这种双肩挑的院长具有较好的学术背景，有利于在教学治理中加强和突出学术管理。但带来的问题是，许多应用研究型大学的教务处处长是博士或硕士研究生导师、学科带头人、专业负责人，选拔到教务处长长的岗位上后，不同程度地存在"身在曹营心在汉"的现象，念念不忘的是自己的学科专业，无暇或无心于教学改革研究。以上几个方面的原因导致教务处在宏观管理方面，存在服务与支持的效率不高、教育思想理念的引领不足、学校发展行动研究不力、成果导向教育认识不深、教学质量监控管理不严等问题。因此，伴随教务处的职能转换，加强服务型、研究型、专业化教务处建设，便成为应用研究型教学治理领导体制变革的重要内容。

第三节　应用型大学本科教学治理组织的变革与重构

应用型大学是中国高等教育体系中的主力军，承担着高等教育大众化、普及化的历史重任，为区域经济社会发展培养"数以千万计专门人才"。应用型大学数量众多，占普通本科高校总数的80%左右。2020年，山东省按照"同步推进，重点支持"的原则，在省属非博士、硕士学位授予权高校全面推进应用型本科高校建设，确立了山东交通学院等39所本科高校向应用型转型发展，占全省普通本科高校总数的76.5%。应该说研究型大学属于"国家队",以"学科"为核心,以"研究"为重点,发展目标是建设世界一流大学和一流学科,聚焦于基础研究和应用基础研究,肩负知识创新、学术发展与创新型人才培养的重任;应用研究型大学是省属重点大学,教学与科研并重,学科与专业一体化发展,以知识应用研究、技术开发研究、科技成果转化研究为重点,为区域经济、科技和社会发展服务,以应用型创新人才培养为基本使命。那么,应用型大学则属于"地方队",具有"以培养应用型人才为主""以培养本科生为主""以教学为主""以面向地方为主"的共同特点。① 应用型大学坚持以教学为中心,科研为教学服务,强化专业,立足地方,产教融合,肩负为地方经济社会发展培养应用型专门人才的重任。

一 应用型大学本科人才培养模式的基本特征

关于应用型人才的讨论在20世纪90年代就开始了,不过当时只是集中在专科层次的研究,专科层次的讨论始于对德国应用科技大学办学经验的引进和介绍。1999年以来,随着高等教育大众化的加速发展和新型本科院校的大量涌现,本科及以上层次的应用型人才及其培养作为一个研究主题,逐渐引起人们的关注,成为高等教育研究的焦点。特别是2008年金融危机的爆发,大学生就业难上加难,高等学校人才培养标准与社会经济的发展、企业需求的矛盾日益突出。面对大学生的就业困境,部分地方高校提出向应用转向,开始了应用型人才培养改革的探索。2012年发布的《国家教育事业发展第十二个五年规划》中,第一次明确提出"应用型本科学校"的概念,要求"地方高等学校以培养应用型、技能型人才为主"。2015年10月,教育部、国家发改委、财政部联合下发了《关于引导部分地方普通本科高校向应用型转变的指导意见》,要求转型高校"把办学思路真正转到服务地方经济社会发展上来,转到产教融合校企合作上来,转到培养应用型技术技能型人才上来,转到增强学生就业创业能力上来,全面提高学校服务区域经济社会发展和创新驱动发展的能力"。至此,应用型大学建设与应用型人才培养改革已经上升到国家战略层面,表明国家建设和区域经济社会发展,急需高等学校培养

---

① 潘懋元:《什么是应用型本科?》,《高教探索》2010年第1期。

大批不同类型、层次和规格的高素质应用型人才。高等学校必须承担起这一历史责任和使命，这就要求高等学校特别是地方高校必须确立应用型人才培养的办学定位和目标定位，从学术型或理论型向应用型人才培养转变。

经过几年的改革与探索，地方本科高等学校转型发展业已形成共识，普遍确立了应用型大学建设与应用型人才培养的办学定位与培养目标。但在观念上还有一系列问题需要进一步廓清，如有的应用型本科高校是由高职高专升格而来，本科高等学校培养的应用型人才与职业院校培养的应用型人才有何不同或差异？如何正确把握理论与实践、知识与应用的关系？在高等教育大众化的快速发展过程中，许多地方高等学校都在向综合化的方向发展，为降低办学成本，追求规模效益，设置了大量的文科专业。如果说理工科通过优化调整专业布局、加大实践应用性课程和增大技能训练等举措来培养应用型人才，那么，文科专业是否也可以套用或移植理工科的这种培养思路和模式？文科专业的应用性体现在哪里？等等，尚有一系列的问题都需要地方本科高等学校在转型发展中进行重新思考和决策。以下主要依据应用型本科教育的内在要求，探讨地方本科高等学校应用型人才培养的基本特征，为应用型大学本科教学治理组织变革提供依据。

（一）应用为本的人才培养目标

地方应用型本科高校人才培养目标最显著的表征就是"应用"，这里所说的"应用"既包括操作性技术技能应用，也包括理论向应用的转化以及知识的应用性开发。[①]

普通本科高等学校所培养的应用型人才，主要是面向社会生产和生活领域中的职业群和行业岗位。在应用型人才知识、能力和素质方面的要求，并不是单纯地强调技术的熟练程度和岗位对应性的操作技能，而是突出强调既要有扎实的知识基础、应用性专业知识和应用技能，又具有转化和应用理论知识的实践能力以及一定的创新能力。在知识、能力、素质三要素中，知识要素是基础要素。应用型本科人才的知识结构包含

---

① 刘焕阳、韩延伦：《地方本科高校应用型人才培养定位及其体系建设》，《教育研究》2012年第12期。

工具性知识、人文社会科学知识与自然科学知识和专业知识。专业知识包括：一是专业基础知识，指应用型本科人才必须掌握本学科的基础知识与基本理论；二是专业方向知识，指直接面向职业或岗位的知识，是应用型本科人才知识体系的核心。能力要素是核心要素，是知识学习追求的目标，包括专业应用能力和综合能力。素质要素则包含基本素质和职业素质两个方面。应用型人才与学术型人才的本质区别就在于应用型人才具有较强的专业应用能力，能够直接适应社会相应的职业与岗位。因此，应用型人才培养目标的确定要注重"基础"，达到本科人才的一般质量要求，更要强调"应用"，突出应用能力的培养。由于应用型本科人才所从事的工作性质，要求他们必须具备比较扎实的理论基础知识、较强的岗位工作能力和一定的可持续发展的潜力，能够适应生产技术发展和产业升级带来的新要求。这就需要应用型本科教育课程必须具有一定的系统性、完整性，从而达到本科教育的基本质量要求。应用型本科在课程体系的建构上，不同于高职高专在技能型人才培养的课程设置仅仅局限于追求功用性知识和技术的获得，从而避免知识结构不完整、知识基础不牢固、发展后劲不足等问题。

如何认识和定位文科专业的应用型人才？虽然2011年教育部印发的《学位授予和人才培养学科目录（2011年）》把高等学校的学科门类划分为14种，但在传统上，人们仍把哲学、经济学、法学、教育学、文学、历史学和艺术学统称为"文科专业"或"人文社会科学专业"。这些学科虽统称为"文科专业"，涉及的学科门类确实广泛。这些不同的学科门类相互之间虽然在学科的内在逻辑上存在更多的分歧而不是整合，但在知识形态属性、作为知识存在的意义和价值上却有某些共性：总体上，它们都缺乏自然科学的"硬"度，即缺乏科学严谨的重复实验的信度和效度，而是具有描述性、解释性、理解性（悟辩性）、价值性和精神性等属性特征，有比较明显的理论偏好和文化旨趣。所以，在教育活动中，文科专业多侧重于专业理论知识体系的讲授，虽也重视实践，但也只是验证理论知识的手段或简单地完成理论与实践相结合。

正是文科专业所呈现出的这种属性特征以及人才培养的特点，致使其应用性较之于理工科而言相对较弱。其实，文科专业绝不缺乏应用的属性和应用的价值。特别是现代经济社会的发展，社会生产和社会生活领域中的诸多分工，走向专业化又走向多元能力的融合，既需要大批工程师、高端技术科学家、大批技术技能型专业人员等，但同时也需要大批从事社会治理、经济服务、文化服务的多层次、多类型的文科专业的高素质应用型人才。可以说，文科专业有着广泛的社会需求，其应用性能体现在社会生产和社会生活的各个领域。概要地讲，文科专业的应用性主要体现在：其一，以知识保存和传播服务社会，如为基础教育培养大批高素质专业化教师、为社会输送大批文化艺术服务工作者和社区管理工作者等。其二，以专业化的知识和专门能力服务社会，如为社会培养从事经济领域的专业工作者、会计、法官、律师、历史文化工作者等；为社区培养大批法律工作者或法律咨询工作者或援助者、为企事业单位培养文秘人员、人力资源开发人员等。其三，以复合型专业知识服务社会，如国际文化交流人才，国际商贸、翻译和法律人才等。可见，文科专业仍有多种类型的应用属性和发挥作用的适应领域，其关键是如何与社会需要相连接把文科专业的应用性开发出来，如何以开放、创新的视野来思考文科专业的应用性人才培养问题。所以，文科专业的应用性不是体现在技术的操作层面，而是体现在知识服务和知识的开发应用上。

（二）知行合一的人才培养过程

在《国家中长期教育改革与发展规划纲要》中，强调"注重知行合一。坚持教育教学与生产劳动、社会实践相结合。开发实践课程和活动课程，增强学生科学实验、生产实习和技能训练的成效。充分利用社会教育资源，开展各种课外及校外活动。"习近平总书记在讲话中多次强调大学生要"于实处用力，从知行合一上下功夫"，"做到知行合一、以知促行、以行求知"，高等教育要"重视实践育人，坚持教育同生产劳动和社会实践相结合"等等。所谓的知行合一，强调的就是理论与实践、知识与应用、学与做的相统一、相结合。知行合一是面向一切大学生和高等学校提出的要求，对于应用型人才的培养则尤为重要。教育部、国家发改委、财政部联合下发的《关于引导部分地方普通本科高校向应用型转变的指导意见》，要求转型高校"按照工学结合、知行合一的要求，根据生产、服务的真实技术和流程构建知识教育体系、技术技能训练体系和实验实训实习环境"，提出建立以提高实践能力为引领的人才培养流程，实现专业链与产业链、课程内容与职业标准、教学过程与生产过程对接。加强实验、实训、实习环节，实训实习的课时占专业教学总课时的比例要达到30%以上，建立实训实习质量保障机制。"地方本科高校培养的是适应社会需求的应用型人才，他们的知识、能力、素质具有鲜明的特点，理论基础扎实，知识面广，实践能力强，综合素质高，并有较强的科技运用、推广、转换能力等。"因此，应用型本科高等学校人才培养"着重要求理论知识与实践能力的最佳结合"①。但是在地方本科高校应用型人才培养的实践过程中，在理论与实践、知识与应用、学与做、知与行的关系上，依然不同程度地存在偏向一端的两种不同倾向。

一方面在部分地方综合性大学和师范院校中，虽然提出了应用型大学建设与应用型人才培养的办学定位和人才培养目标定位，但不同程度地存在错位现象。这主要表现为专业人才培养目标与学校的应用型人才培养总目标错位，契合度不够，难以形成有效支撑；专业人才培养目标与课程体系错位，课程体系依然停留于"学术型"的构成，重理论轻实践，实践教学依附于课堂教学，无法保障应用型人才培养目标的达成。在这一类高校中实践教学通常是依附于课堂教学，把实践教学仅仅看成是课堂教学的一种延伸和与补充。这样的一种认识在很大程度上影响和制约实践教学在课程体系中应有的地位和作用，也必然会影响实践教学的实施与效果。以能力为本位的应用型人才培养课程体系要求重新定位和认识实践教学在课程体系中的重要地位，建立更为科学、合理、有效的实践教学体系。在实践教学的内容上，需要把课程实验、专业实习、毕业设计等实践教学形式和生产一线进行紧密结合整合，设置独立实践教学的课程模块，增大实践教学的课时与学分比例，进一步强化实践教学的针对性与应用性。应用型本科人才培养在教学方式上，强调教学过程与生产实际的紧密结合；与实际职业岗位密切衔接，注重教学过程的生成性与发展性；在教学的场地与时间方面表现出比较强的灵活性与弹性，在空间与时间上由课堂与教室，扩展到产学研的合作单位，使学生在见习、实习、实训中完成从理论到实践的过渡，由学校到职场的转换，从而体现出应用型人才培养过程中，其教学过程、教学方式、教学方法

---

① 潘懋元、车如山：《做强地方本科院校——地方本科院校的定位与特征研究》，《中国高教研究》2009年第12期。

的实践性。

另一方面在部分新建本科院校和由职业学院、职工大学、专门性专科学校等组建而成的本科院校中，不同程度地存在把应用型大学混同于职业院校的做法，重实践轻理论。在实践课程的设置中缺少科学性、系统性与合理性，甚至有的学校人文社科类专业部分基础性、概论性、素养类课程，都安排了三分之一或一半的实践课时，有的课程在没有先行理论教学的前提下设置为实践课。因此，对于这一部分新建本科院校，一是要根据课程的性质、目标、大纲、内容要求，进行必要性、可行性、科学性论证，合理设置人文社科类专业课程实践，突出适切性与契合度，避免实践课程的虚置、重复、低阶与碎片化。二是要遵循"理论与实践相统一、课内与课外相统一、校内与校外相统一"的路径，围绕应用能力培养，由第一课堂向第二课堂有效延伸，由课内到课外，由校内到校外，拓展应用能力培养的时间与空间，功夫在课外，不能逆向地把能够在第二课堂完成的任务内聚和回流到第一课堂的教学计划中。

在应用型人才的培养改革与学校的转型发展中，需要进一步厘清和准确把握理论与实践、知识与应用、学与做、知与行的关系，找到理论与实践的最佳结合。加强实践，并不意味可以忽略理论知识。专业理论知识具有抽象性特征，是学生理解专业核心概念、增强专业认知、提高专业反思的基础。在加强实践教学的同时，不能把应用能力与实践教学学时学分简单化理解，要科学构建系统性、递进性和互动性理论体系与实践体系。地方应用型本科高校不同于高职高专。从能力结构来看，作为高职高专培养的应用技能型人才，最大的特征就是能够熟练操作，精细且精准；地方应用型本科院校，也要求学生能够熟练操作，同时还要具有对问题的分析、诊断与改进的能力。从知识结构来看，高职高专的应用技能型人才立足职业岗位，对于知识的掌握是要点式的；地方应用型本科高校对人才的培养则是立足于专业，对于专业知识的要求是系统和完整的。因此，应用型大学要求在加强实践教学的同时，不能轻视理论教学，要坚持理论与实践并重，理论与实践互渗，使理论教学具有实践性品质。实践教学拥有理论性指引，突破单纯理论教学的抽象性困境，改变实践教学因缺乏理论指引而导致机械模仿的低层化，使理论与实践相辅相成。按照"时间全程性、内容系统性、形式多样性"的原则，构建和优化实践教学体系,依据知识、能力、素质提升的理论逻辑和实践逻辑,形成专业认知、观摩、见习、实习、研习相贯通全程性实践教学体系。通过理论指引,改变实践教学的机械性模仿与低层次重复;通过应用实践,实现专业理论的高阶性与知识应用的创新性,从而实现理论与实践的并重、互动、互渗,达到理论与实践的最佳结合与统一。

(三) 立足专业、服务地方的价值取向

应用型大学大多在地市级城市小学,部分在省会一级的城市小学。公办大学的办学经费主要来自地方政府的财政支持,立足地方,需求导向,为地方经济发展服务,培养区域社会经济发展所需要的应用型人才,便成为应用型大学的基本目标与使命。应用型本科高校需要植根地方,强化服务地方意识,为地方经济建设与发展提供全方位的服务,如为地方现有的企业提供咨询服务和指导,帮助地方新开办的企业制定企业发展规划,协同地方企业开展应用研究,把学校研发的新产品、新技术转让给地方的相关企业,帮助培训企业员工等等。通过技术开发、技术转让、技术咨询与技术服务,对地方企业开展全方位的服务和支持,推动地方经济健康发展,使企业产生与地方高等学校合作的内在动力和积极性,从而在学生见习、实习、实训等方面赢得企业的大力支持,使企业成为地方高校稳固的实习基地,以此为契机推动校企的深度合作,使学校与企业形成紧密融合、合作共赢的伙伴关系。

应用型大学主要是以本科培养为主体,以教学为中心,学术研究并不是应用型大学的主要任务,为地方经济发展服务,培养社会经济发展所需要的各类专门人才,是其主要的和基本的目标与任务。应用型大学虽然也强调科学研究,但毕竟只是锦上添花。因此,应用型大学应立足于自身的实际条件,采取积极发展的策略提升学校的社会知名度、影响力以及人才培养质量,切不可盲目攀高或盲目跨越。如果说研究型大学是立足于学科,应用研究型大学坚持学科专业一体化,那么教学型大学则是立足于专业,坚持专业本位。

专业设置的依据有两个方面,一是学科分类,二是社会需求。由于地方应用型本科高校对社会的直接适应性要求比较高,在专业设置方面应主要考虑社会需求。在社会需求方面,有全国和区域之分,而应用型本科高校主要是立足地方,为地方经济建设和社会发展培养人才,围绕产业链与创新链调整优化专业设置，形成能够发挥学校优势的特色专业集群。地方本科高校在专业设置方面既要及时把握新时代对新型应用人才的需求，同时又要避免盲目赶时髦、追热门、求数量的不良倾向。以地方经济建设和产业调整的需求为导向，积极探索以交叉融合为特征的新型专业建设，集中有限的人力、财力、物力办好地方急需、基础较好、特色鲜明的专业。通过推进学科专业的交叉融合、灵活调整专业方向、建立课程超市等方式，形成大口径培养、多方向出口的新型专业。

对传统专业的改造主要通过专业、方向的复合增强应用性。其一是通过"专业复合"培养应用型人才。"专业复合"主要依据基础与应用相结合的原则实施，侧重于基础知识与技能应用的结合。"专业复合"可以在两个专业间实施，特殊需求也可在三个专业间实施。通过实施"专业复合"，一方面弥补了基础专业教育缺乏应用性培养的不足，盘活了学校现有专业教育资源的优化配置，体现专业内涵建设的理念；另一方面还能够依据区域经济社会发展需求，培养多类型、多规格、高素养的应用型人才。其二是通过"方向复合"培养应用型人才。"方向复合"主要是在同一专业内实施，一方面拓展了学生的专业应用范围，弥补了专业教育方向单一或过窄的缺陷；另一方面能够充分优化和利用专业的教育资源，凸显出专业方向的辐射力，同时也成为新的专业方向的生成机制。专业复合与方向复合打破了原有的课程设置框架，带来课程体系和教学内容的变革，增强了人才培养的应用性与针对性。

（四）产教融合的人才培养模式

产教融合是"教育必须与生产劳动相结合"的教育方针在经济建设新时代的深化与丰富，从教育活动展开的微观层面出发，产教融合是指生产活动与教育教学活动的融合，具体表现为教育教学过程与生产过程的结合，教育教学内容与生产技术技能的结合；从教育与产业关系的宏观层面出发，产教融合是指教育系统（主要是高等学校）与产业系统（行业、企业）的融合，实现高等学校与行业企业的融合互动，推进专业链与产业链、课程内容与职业标准的融合对接。校企合作是产教融合的载体，应用型大学要积极融入以企业为主体的区域、行业技术创新体系，以解决生产生活中的实际问题为导向，广泛而深入地开展科技服务与应用性创新活动，使应用型大学成为区域、行业的科技服务基地、技术创新基地。通过校企校地合作，加强产业技术技能积累，促进先进技术的转移与应用，从而实现技术的突破与创新。因为在现代社会，知识的生产不再仅仅局限于智力活动，而是进入了实际的生产过程，并且在实践应用的过程中得到不断地创造、创新。另外，通过产教融合、校企合作，形成应用型大学与企业的异质性资源互补，使高等学校的科学技术知识与企业的产业技术知识双向交流，共同构成应用型人才培养的优质资源。与应用研究型大学突出强调"产学研一体化"不同，应用型大学更多的是在知识传播与技术应用的层面，突出产教融合与校企合作，强调了知识与技术生产的地方性、情境性与溢出效应。

强调应用，产教融合，必须搭建起校地合作、校企合作的平台。因此，推进校地合作、校企合作是进行应用型人才培养改革的关键性举措。但是，在遵循互惠互利的市场原则下，高等学校与地方企事业单位合作培养应用型人才的工作推进，却步履维艰，困难很多。其中除了高等学校自身的因素之外，另一个重要原因在于作为用人单位的企业没有表现出足够的热情，明显存在校"热"企"冷"现象，致使合作难以迈出实质性的步伐。单从学生实习的层面来看，存在的问题也比较多。如在企业实习的时间不够，实习内容以参观为主，学生很少有动手操作的机会，很难在企业有组织成规模地开展实习等。对校地、校企合作这个问题，需要高等学校进一步提高对其重要性的认识，放开眼界，敞开胸怀，开放办学，积极"走出去"，寻求与地方、企业的合作，为应用型人才培养改革搭建校企合作的平台。在这方面地方高等学校要采取更加积极主动的态度，改变企业的消极被动，以积极的态度与合作热情，调动企业的合作积极性。在寻求合作的过程中肯定会遇到一些困难和问题，但要知难而进，使企业能够变被动为主动。在这方面实际上国外一些校企合作开展很好的国家，也曾经面临同样的问题。如美国的高等学校与企业之间的合作关系，可以上溯到19世纪的后期，但高等学校与行业企业之间大规模正式合作则是从20世纪70年代末期开始的。在80年代的初期，美国的社会与公众对高等学校的教育教学质量提出广泛的质疑，企业对于从大学生中新聘用员工的素质多有抱怨，知识经济对劳动力素质提出了更高的要求，美国企业在国际市场上遇到其他国家尤其是日本强有力的挑战。为了赢得竞争，企业与高校合作的积极性得到激发。这种种因素推动了高等学校与行业企业之间合作的蓬勃发展。从 1983 年到 1988 年短短的五年之中，美国高等学校与企业合作伙伴关系的数量从 42000 个猛增到 140800 个。

校地校企合作，是实现学以致用人才培养目标的必由之路和最佳突破点。通过校地、校企合作为应用型人才培养搭建坚实的平台，创新高等学校与地方、行业、企业联合培养的模式，使地方、行业、企业成为高等学校建设与发展的"利益相关者"。在专业建设方面，要因需而设，从区域经济社会发展实际需求出发，充分调研和论证，科学预测区域、行业、企业对人才的需求趋势，培育新的专业增长点，积极增设能直接为区域经济建设服务适应劳动力市场就业变化的新专业，形成校企合作的专业建设共同体。在专业方向设置方面，因岗而设，要围绕应用型人才培养改革的总体目标，坚持面向应用，结合行业企业的岗位需求灵活设置专业方向，使方向课程模块具有较大的弹性与组合性，以便为学生将来的就业与专业发展提供多样多元的选择。基于专业方向课程模块，校企合作进行开展课程和教材建设。

二 应用型大学本科教学治理组织的变革与重构

从整体上讲，中国研究型和应用研究型大学的本科教学治理组织结构已从过去的那种"校—系—教研室"三级组织结构转变为"校—院"两级。研究型大学本科教学治理组织变革的重点在学科，关键在交叉与融合，通过"学科交叉"实现科学研究的前沿性与原创性、学科建设的高水平与引领性；通过"科教融合"，处理好教学与科研的关系，实现科研育人。应用研究型大学本科教学治理组织变革的重点在学院，通过学院整合与学系等基层教学组织变革，处理好学科与专业、教学与科研之间的关系，推动产学研深度融合，提高应用型创新人才培养质量。那么，应用型大学本科教学治理组织结构如何进行变革？变革的重点又在哪里？这需要根据应用型大学本科人才培养的基本特征探讨其教学治理组织结构的变革。

尽管中国不同类型的高等学校都处在不断地发展与扩张之中，相比较而言，应用型大学毕竟不像研究型大学和应用研究型大学那样，有着学科门类较为齐全的综合性，所以从整体上看结构不是那么复杂。从学科来看，应用型大学学科基础比较差、学科意识比较淡、学科凝聚力比较低，缺少高水平的学科带头人；从科研来看，科研水平和能力有限，难以围绕方向形成科研团队，缺少高层次的科研项目和经费支持。因此，在本科教学治理组织结构的变革上，相对来说也不是那么复杂。教学治理组织结构不复杂，并不意味着教学治理组织结构变革就简单。根据应用型大学本科人才培养的基本特征，应用型大学本科教学治理组织变革主要表现在以下几个方向。

（一）学校主导与学院（系）自主相结合，建立校院（系）两级多元开放的教学治理组织

从高等学校本科教学治理的组织层级上讲，校级教学治理的变革仍是应用型高等学校本科教学治理组织变革的重点，但是应用型大学在校级层面常设性的教学治理权力组织，如学术委员会、教学委员会等。与研究型大学和应用研究型大学相比，其实没有多大的变化。也就是说，应用型大学与研究型大学、应用研究型大学的学术委员会和教学委员会的权力及职能，并不是人们想象的有多大差别。在机构设置的权力配置和责权关系的组织原则上，其实没有多少差别。应用型大学在校级本科教学治理组织与领导体制变革的关键问题，主要是如何处理权力下放和权力集中、分权治理和统一管理的关系问题。

由于应用型大学中许多是前几年由不同类型的学校合并组建而成，这一类应用型大学面临的一个首要问题是干部、教师、资源、专业的整合与融合，需要改变其各自为政、分割松散的状态；另外，为加强对这些新建应用型本科院校的领导力量，更新办学理念，提升办学水平，加快转型发展。各地教育行政部门加大从重点大学和办学历史较长的大学，选拔管理能力强、学术水平高、教育理念新的干部，到新建应用型本科学校担任校级领导。因此，实行学校主导型的教学治理是新建应用型本科高等学校的合理选择。突出学校层面的领导与主导，通过学校职能部门加强对内部教学事务的协调与管理、对全校教学资源的调控与整合、对学科专业建设与课程建设的协同推进、对人才培养模式改革与学生创新创业统筹规划，切实保障教育教学效果，提高教学治理的效率。

本章认为，应用型大学教学治理层次较少，治理的幅度较大，较适

合直线—职能式的组织结构与领导方式。学校高层教学治理组织直接把相关教学管理的决策、制度、要求等下达于院系,由院系具体执行。但学校高层教学治理组织并不是把关于教学治理的决策、制度和要求像"开处方"式地具体指挥,而是提供基本的框架,院系依据自身条件和优势,在框架内自主决策学院内部教学组织和治理问题,如学科与专业建设,课程开发与设计,教学评估与监控等,都享有一定的自主性。所以,学校与学院(系)之间必须创建反馈机制,既能够执行校级的任务,又能够充分尊重院系的权力。这种反馈机制,主要应体现在定期上报制、审议咨询制、督导制等组织化和制度化安排,这一职责应该放在教务处的职责范围内。因为教务处负责全校教学工作,其直接治理者是分管教学的副校长,这是一个治理组织的直接上下级关系。另外,分管教学的副校长还直接主持教学委员会,这就为权力的畅通提供了基本的机构设置和组织机制。

应用型大学的院系,主要是根据学校的要求,对所属各专业、各个教学环节的安排进行统一的领导和治理。但院系的教学治理组织与领导体制变革,直接关系到教学及治理质量。在过去,教研室是最基层的教学和研究组织,主要负责对所属各门课程的各个教学环节进行组织和治理,并开展教学研究活动。但这种教学的组织领导仍不能解决跨学科专业问题,而且把教学治理局限于教学活动的组织,这就在教学领导层面,缩小了自身的功能。本章认为,教学的治理与领导并不仅仅局限于教学活动及教学活动改革,还有更为重要的任务,这就是学院的学科专业设置、综合性课程开发与设计,而过去的教研室并不具有这样的职能。因此,院系教学治理组织与领导体制的改革,不仅体现在把教学管理权力分化为院系学术委员会和教学委员会,重要的是把院系的教学管理权力再分解到教研室与教学团队,落实到专业负责人。

在应用型大学校院两级教学治理组织与领导体制的设计与变革中,还必须要考虑校地校企合作育人对教学治理组织提出的新要求,落实地方、行业、企业多方参与,增强教学治理组织的开放性。地方高等学校转型发展与应用型人才培养表现于组织结构变革的一个重点,就是由封闭走向开放,提高地方高等学校应对环境变化和需求的能力,形成高等学校、地方政府、行业企业共同参与、多方联动的开放性教学治理的组织结构体系。教育部、国家发改委、财政部联合下发的《关于引导部分地方普通本科高校向应用型转变的指导意见》："建立学校、地方、行业、企业和社区共同参与的合作办学、合作治理机制。校企合作的专业集群实现全覆盖。转型高校可以与行业、企业实行共同组建教育集团，也可以与行业企业、产业集聚区共建共管二级学院。建立有地方、行业和用人单位参与的校、院理事会（董事会）制度、专业指导委员会制度，成员中来自地方政府、行业、企业和社区的比例不低于50%。支持行业、企业全方位全过程参与学校管理、专业建设、课程设置、人才培养和绩效评价。"为了加强校地、校企合作，许多应用型地方大学都成立了服务地方办公室，专门负责与地方政府、行业企业的联络、协调、沟通，推动校地、校企合作，合作协议签订和挂牌仪式轰轰烈烈。但是"雷声大雨点小"，停留于纸面的多，落实到行动上的少。要使校地校企合作走向深处、落到实处，使产教融合落地生根，就必须落实到专业建设、课程建设与人才培养的过程中，这就需要应用型大学的教学组织必须做出积极的响应，增强教学组织的开放性。

地方高等学校在转型发展的过程中，要推动产教融合、校地校企合作，构建开放性教学治理组织结构。一方面要在学校层面建立和完善有地方政府、行业企业、用人单位共同参与的理事会制度、专业指导委员会制度；另一方面要采取得力措施，推动二级学院建立由地方政府、行业企业、用人单位共同参与的院理事会制度、专业指导委员会制度。有学者指出："学院是大学组织开放的短板，要促进学院的开放性，让学院能够直接了解和响应社会需求。学院组织开放性程度弱，从表面上来看，是学院获取信息能力不强，但实际上是学院转型动力不足的问题。应用型大学建设要自上而下和自下而上相结合推进改革，转型要注重激发学院的动力和智力。"[①] 提高学院的组织开放性，更重要的是要落实到基层教学组织与教师的层面。首先需要变革教学治理组织结构，建立起激励性、支持性的治理体系与管理机制，调动基层教学组织和广大教师适应外部社会需求的能力和积极性。在教师队伍建设方面，形成校企双向合

[①] 陈霞玲：《应用型大学组织开放性研究——基于100所国家项目示范校的调查》，《职业技术教育》2019年第16期。

作交流机制,构建开放型的教学团队。其次要重视在职专业教师的职业经历与职业能力培养,有组织有计划地安排教师到合作企业挂职,通过生产一线的工作经历使教师更新实践类知识,及时了解和掌握新的实践技能,进一步丰富实践经验与强化实践能力;从行业企业聘请高水平的管理人员与工程技术人员,担任兼职教师,定期为学生开设讲座和课程,负责指导学生专业实习实训和毕业设计等。在实践教学方面,要进一步拓宽实践教学渠道,按照互惠共赢的原则,校企共建实习实训基地,增强人才培养的针对性、实用性、专业性与行业性,为学生应用能力的培养搭建坚实的平台,形成校企联合培养的机制。

(二)完善教学质量治理组织体系,加强对实践教学的多元监控管理

坚持"聚焦质量,应用为本"的理念,完善教学质量保障组织体系建设,把所有与教育质量有关的质量管理活动纳入体系,实现教育过程中影响教育质量的一切因素可控,从而形成一个有明确任务、职责、权限、相互协调、相互促进的教育质量治理的有机整体,构建由决策、咨询、运行、监控、评估等机构构成的教学质量保障组织体系。学校党委常委会、校长办公会作为教学工作决策机构,根据地方经济社会发展需求,研究确定应用型人才培养总目标,围绕应用型人才培养决定学校教学管理与改革的重大事项等。学术委员会、教学指导委员会、教学评估专家委员会作为教学工作审议咨询机构,主要负责审议学科专业建设与课程建设规划,审定专业、课程以及主要教学环节的质量标准,审核毕业生毕业和学位授予资格,对校内的院系评估、专业与课程评估、课堂教学与实践教学评估提供指导与咨询服务等。教务处等职能部门与院系作为教学管理与运行机构,主要负责整个本科教学工作的组织实施和运行管理。教学质量评估处、教学督导组作为监控和评估机构,主要负责监控日常教学运行和教学基本状态,开展对学院、专业、课程以及课堂教学和实践教学的质量评估与监督,采集、整理、反馈教学与教学管理信息,跟踪持续改进的效果等。在校院两级督导中,校级督导组坚持督导结合,以督为先,督导兼顾的原则;院级督导组坚持督导结合,以导为先,督导并重的原则。充分发挥教学督导在稳定教学秩序、规范教学活动、推进应用型教学改革、提高应用型人才培养质量等方面的积极作

用。根据各个不同机构的职能,明确各机构之间的运行关系,形成紧密衔接、运行有效的本科教学质量保障的组织体系。

根据应用型人才培养要求,强化实践教学,突出学生的应用能力培养,重点加强对实践教学的质量监控。一方面是完善实验教学治理办法,严格落实实验教学大纲要求,规范实验教学实施,保证实验开出率。积极推进实验教学改革,整合专业课程实验教学内容,独立设置专业综合实验课,广泛开设综合性、设计性实验。对实验教学进行单独考核,严格考核标准。另一方面根据学生就业需求,加强校地、校企合作,进一步扩大顶岗实习范围,强化学生实践能力和创业能力培养,提高实践教学的针对性和实效性。李培根院士提出"实践活动尽可能依靠业界人士",因为"大多数学校的实践计划是靠教师及教学辅助人员制定的,而且往往是闭门造车。一方面,这种实践活动往往缺乏目的性,并不适应业界的需求。业界人士参与指导的实践活动则紧密结合业界的实际需求,这种实践活动是活的,或曰更有生命力;另一方面,教师制定的实践活动往往容易程式化,连实践对象也可能是老的,很难跳出旧有的框框。对于学生而言,这种实践通常就是被动实践。而业界人士指导的实践因为是针对新的对象,也不囿于固有的程式,因此对于学生而言可能是主动实践"[①]。顶岗实习使学生能够在置身于企业的生产与管理过程中,体验企业生产与管理的真实氛围,能够在完成生产任务的同时,获得相应的专业知识与职业技能。这就需要进行开放性实践教学组织建设,形成校内校外相结合的实践教学治理组织。聘请企业技术人员和管理人员担任学生的实践导师,落实实践教学的双导师制;进一步完善顶岗实习管理办法,加强对实践教学与定岗实习质量的管理与监控,严格考核,保障实习实训的教学效果。

建立和完善应用型大学的人才培养质量标准,将学习者实践能力、就业质量和创业能力作为评价教育质量评价的主要标准。以应用型人才培养目标和质量标准为依据,对教学建设、教学改革、课堂教学、实践教学以及教学要素和环节实施全方位、多层次检查评估,审核教学效果是否达到了质量标准要求;采用多种方式,征集用人单位对人才培养质

---

① 李培根:《论开放式高等教育》,《高等教育研究》2007年第9期。

量的评价，评估培养结果是否符合培养目标要求，是否适应社会经济发展需求。建立质量改进的联动机制，明确责任制。校长办公会负责全面部署协调教学质量改进工作；教学质量评估处和教务处等有关职能部门根据校长办公会提出的意见和要求，制定具体的教学质量改进措施和方案；各教学单位及有关部门根据教务处等职能部门下达的教学质量改进任务认真落实，并及时反馈教学质量改进情况；学校教学质量监控中心负责对教学质量改进情况进行跟踪检查与评估。教学质量改进工作的评估结果，与部门、单位年终考核挂钩。

坚持本科教学质量监控常态化，推动本科教学质量评估监控紧紧围绕日常教学活动而展开，最大限度地调动广大师生参与教学质量的评估与监控。一方面，教师的教学活动和学生的学习效果是教学质量评估与监控的主要内容与对象。另一方面教师与学生是教学质量评估监控不可或缺的主体。他们不仅应该广泛参与各主要教学环节质量标准的制定，而且在"全程监控""全面监测"的过程中，教师和学生都应该深度参与，从而形成真正意义上的"全员参与""全域评价"的本科教学质量监控，进而有效推动质量意识、质量责任、质量要求内化为教师教学、学生学习、教学治理共同的价值追求和自觉行为实践，培育和形成自省、自律、自查、自纠的质量文化。

（三）加强教研室与专业教学团队建设，提高基层教学组织的能动性

2020年山东省教育厅、山东省财政厅联合印发了《关于推进应用型本科高校建设的指导意见》，按照"同步推进、重点支持"的原则，在省属非博士、硕士学位授予权高校，确定了山东交通学院、山东政法学院、济宁医学院等39所高校全面推进应用型大学建设。我们对这39所应用型大学的教学管理组织结构进行调研，主要存在以下几种不同的形式：学院（校）—学院—教研室、学院（校）—学系—教研室、学院（校）—学院—学系—教研室，由此可见，教研室仍然是应用型高等学校主要的基层教学组织，在学校教学管理的中间层次存在学院与学系两种不同的组织形式。

对于应用型大学来说，基层教学组织变革的重点是教研室与专业核心教学团队。教研室作为应用型高等学校的教学组织"基座"，是按照专

业、课程（一门或几门性质相近的课程）的教学科研人员的组织单位，是中国高等学校传统的基层教学组织形式。但随着高等教育的发展，教研室的功能在弱化，职责在虚化，地位在边缘化，教研室研究教学、改革教学以及老中青教师"传帮带"的传统逐渐失落。因此，为激发教研室的活力，提升教研室的实力，增强教研室的凝聚力，需要对教研室进行重组和改组，使教研室由封闭走向开放，按照专业核心课程群或专业方向课程模块设置教研室，推动教学治理重心下移到课程。在专业方向设置方面，因岗而设，围绕应用型人才培养改革的总体目标，坚持面向应用，结合行业、企业的岗位需求设置专业方向，使课程模块具有一定的弹性和较大的组合性，在方向模块的基础上，以教研室为载体形成校企合作团队，联合开展课程建设、教材建设、教学改革。健全教研制度，规范教研流程，增强研究意识，培育合作文化，柔化组织网络，提高教师对教研室的归属感和课程教学的能动性。

专业质量是应用型大学的核心竞争力，应用型大学重视专业建设，突出专业本位，着力打造品牌专业、特色专业，增强学校的核心竞争力。提高应用型人才培养质量，必须在基层教学组织中建立以专业为基点的自治单元，加强专业负责人的权责，提高专业核心团队成员适应外部环境需求与应用型人才培养的能力和积极性，激发专业作为基层教学组织"自治单元"的能动性。"如果要在组织内广泛建立自治工作群体，必须有这样一种管理氛围，即必须发展一种自我调节的工作结构以对未来的环境变化做出反应。"① 应用型大学要采取切实措施对专业进行放权赋能，提高专业自身的环境应变能力与生存发展的竞争能力。以专业建设为重点，校企合作建立专业指导委员会，共同确定专业质量标准，制定专业矩阵，确定专业负责人。专业负责人的职责内容主要包括主持制定本专业建设规划及实施措施；主持本专业人才培养方案和课程标准的制定及教材建设工作；负责本专业教学改革和教学评估工作，制定本专业师资队伍建设规划和实验实训室建设规划，在学院统一领导下推进专业团队建设，带领本专业教师开展教学研究与科学研究工作等。但是，在当下

---

① ［美］埃德加·沙因：《组织心理学》（第三版），马红宇、王斌译，中国人民大学出版社 2009 年版，第 193 页。

应用型高等学校的专业负责人，有许多是由学院院长和副院长、离开了教学岗位的职能部处领导担任，甚至由学校领导兼任专业负责人的情况也不在少数。这种专业负责人脱离"专业"、负责人"不负责"的组织状况，严重影响了基层教学组织功能的发挥，挫伤了一线教师的积极性。因此，专业负责人要从一线教师中选拔德才兼备、教学科研成绩突出、具有较强团队精神与组织协调能力的教师担任，使专业负责人名副其实。在专业负责人的带领下，加强专业内涵建设，凝练专业核心课程，打造专业核心教学团队，把专业建设、课程建设、人才培养质量、生源与就业情况，与专业负责人以及专业核心团队成员的年度与聘期考核、津贴与奖励、职务晋升等密切关联，从而激发专业作为基层教学组织"自治单位"的活力、能力与凝聚力，增强教师作为专业核心团队成员的责任感、紧迫感与忧患感。李志义在《"113"应用型人才培养体系改革》中，结合沈阳化工大学关于应用型人才培养改革的研究与实践，提出了校企协同化育人、家庭化培养、个性化指导的"三化"育人机制。其中在"家庭化培养"中，专业负责人是大家长，专业核心团队的每位教师则是小家长。在这个家庭中，不仅要管老师教什么、怎么教和教得怎么样，还要管学生学什么、怎么学和学得怎么样；不仅要管把企业请到学校来，还要管把学生送到企业去。"个性化指导"，是每位专业教师作为小家长"承包"几个学生作为自己的孩子，组成一个小家庭，教师作为小家长不仅要指导"孩子"的学习，还要负责他们品德教育、日常行为、毕业就业等。每位教师根据自己"孩子"个性、兴趣、爱好，推荐他们参加相关的科技创新小组，帮助他们选择项目，提高学生的创新创业能力。[①] 这种"家庭化""个性化"培养解决了专业只管教师不管学生、教师只管教书不管育人的问题，消除了师生间的冷漠感和距离感，使学生时时处处感受到家庭的温暖与关爱。这种培养机制对于应用型大学的人才培养改革提供了许多有意义和价值的参考与借鉴。

基于以上的分析，本章认为，应用型大学本科教学管理组织结构有以下两种较为适宜的选择模式。

[①] 李志义、袁德成、汪滢等：《"113"应用型人才培养体系改革》，《中国大学教学》2018年第3期。

一是学院（校）—学系—教研室作为一种传统模式，仍然适用于应用型大学，特别是新建应用型本科高校。学系建立在一级学科或二级学科的基础上，依据专业方向课程模块设置教研室。为充分发挥教研室的积极性，增强教研室活力、实力与凝聚力，首先要取消教研室的行政职能，定位于教学学术组织，以发挥其组织教学和展开教学研究的功能。其次，改组、重组或重建教研室，如实行教授研究室制度，把教授研究室作为基层教学和科研的学术组织加以建设；把教研室改为开放性的教学研究组织，使教研室成为教学讨论和学生指导室，教师可以就教学问题展开讨论和经验交流，也可以向学生开放，直接指导学生的学习和科研等。这些做法，一方面能够在组织结构改革的层面上发挥基层教学组织的作用；另一方面彰显教学基层组织教学研究的学术性，转变教学研究非学术的偏见，组织和引领教师加强教学研究，以全面提升教学质量。

二是学院（校）—学院—专业教学团队。这种教学治理组织结构比较适宜于办学历史较长、规模较大、学科专业较多的应用型大学。在这种模式中取消了系一级的组织形式，基于专业核心课程成立教学团队，把原来的教研室成员依据学科专业归属纳入相应的教学团队。教学团队作为基层教学组织负责对专业课程教学活动进行组织与安排，开展相关教学研究活动，促进教师专业发展。在教学上，专业对学院来说就像自己的产品。学院的专业设置和专业质量不仅对学院来说是性命攸关的大事，而且也应该与教师的职业发展与待遇息息相关。在美国如果由于某专业因招不到足够学生而被撤销，该专业的老师在原则上不受教师终身制保护。随着专业撤销，学院可以将他们辞退。因此，专业质量的好坏直接关系到本专业所有教师的饭碗。如果专业好，大家待遇高；如果专业差，大家待遇低；如果专业撤销，大家失业。[①] 应用型大学的教学质量保障的重点是专业质量，要保障各专业培养的学生能够很好地满足社会的需求，具有就业竞争力，就必须提高专业的教育教学质量。因此，在基层教学组织中设立专业核心课程教学团队，增强教师专业的归属感、

[①] 赵炬明、高筱卉：《关注学习效果：建设全校统一的教学质量保障体系——美国"以学生为中心"的本科教学改革研究之五》，《高等工程教育研究》2019年第3期。

专业建设的紧迫感、专业发展的忧患感是非常必要的。同时在学院之下设立研究所，研究所的构成是开放和动态的，打破原来的专业教学组织结构，教师根据项目需要和自己的研究方向进入不同的研究所与研究项目，这样又能够在一定程度上增加课程内容的综合性、交叉性，通过科研达到促进教学的目的。

结　　语

　　本书立足于中国高等学校本科教学管理改革的现实，以组织变革相关理论为基础，采用文献分析、历史研究、比较分析等方法，对中国大学本科教学管理组织变革及其现代化演进进行全面、系统的研究，并对中国大学本科教学管理组织的变革与重构进行了分类探讨。

　　走向治理的大学本科教学管理组织变革是一项系统而复杂的综合性工程，是合目的性和合规律性辩证统一的组织行为。因此，启动和实施大学本科教学管理组织变革，必须具有计划性和目标引领性。所以，对大学本科教学管理组织变革提出理论构想，不仅是合理的，而且也是必要和可行的。但对于不同层次和类型的大学，在构建自身教学管理组织变革的模型时，还需要审慎思考自身办学定位、目标取向、人才培养规格定位以及自身的传统和优势，不可盲目套用他人经验。否则，既缺失了自身特色，又不能合理地解决自身问题，还会带来诸多新问题，此前中国高等学校教学管理组织变革的经验教训就已经说明了问题。

　　走向治理的大学本科教学管理组织变革是一个过程，而不是一个教学管理事件，这就需要高等学校领导者、管理者具有理性的意志品性，做好长期坚持的心理准备。如果领导者、管理者仅仅把组织变革作为常规性的教学管理事件，那么，教学管理组织变革就会表面化、形式化。这不仅直接导致教学管理组织变革难以取得成效，更为关键的是对广大教师产生的负面影响。"改不改，变不变"，这是领导的事，如果教师有这样的观点，就失去了推进本科教学管理组织变革的核心力量。因此，大学本科教学管理组织变革，绝不是领导者和管理者的事情。虽然教学管理组织变革有诸多标志性关键构件，但从根本意义上讲，教师是教学管理组织变革的核心力量。

大学本科教学管理组织变革，涉及大学管理的各个层面，设计合理的组织结构，合理配置权责关系，改革本科教学管理领导体制等，都是重要的任务和内容。因此，大学本科教学管理组织变革及其现代化演进，肯定会遇到诸多新问题，创新是一个基本的策略和途径。所以，科学合理地组织领导团队，改革管理组织，创新治理结构，充分发挥群体智慧就显得尤为重要。

中国大学本科教学从管理走向治理的组织变革，任重而道远。本书只是抛砖引玉，把诸多问题和思考呈现出来，为众多研究者和不同类型的大学领导提供思考和分析的材料。

参考文献

一 中文著作

别敦荣:《大学管理与治理》,中国海洋大学出版社 2021 年版。

常桐善编译:《美国大学本科教育:学习成果评估》,科学出版社 2020 年版。

高平叔编:《蔡元培教育论著选》,人民教育出版社 2011 年版。

贺国庆、王保星、朱文富等:《外国高等教育史》,人民教育出版社 2006 年版。

联合国教科文组织国际教育发展委员会编著:《学会生存——教育世界的今天和明天》,华东师范大学比较教育研究所译,教育科学出版社 1996 年版。

娄成武、史万兵:《研究型大学管理模式研究》,高等教育出版社 2005 年版。

马廷奇:《大学转型:以制度建设为中心》,社会科学文献出版社 2007 年版。

潘懋元主编:《中国高等教育百年》,广东高等教育出版社 2003 年版。

曲士培:《中国大学教育发展史》,北京大学出版社 2006 年版。

苏勇、何智美编著:《现代组织行为学》,清华大学出版社 2007 年版。

孙培青主编:《中国教育史》,华东师范大学出版社 2000 年版。

魏文斌:《现代西方管理学理论》,上海人民出版社 2004 年版。

吴志功:《现代大学组织结构设计》,北京师范大学出版社 1998 年版。

许玉林主编:《组织设计与管理》,复旦大学出版社 2003 年版。

宣勇:《大学组织结构研究》,高等教育出版社 2005 年版。

杨小微：《全球化进程中的学校变革：一种方法论视角》，华东师范大学出版社 2004 年版。

郑燕祥：《教育领导与改革：新范式》，上海教育出版社 2005 年版。

中华人民共和国教育部高等教育司编：《研究性学习和创新能力培养的研究与示范》，高等教育出版社 2010 年版。

钟秉林主编：《世纪之交的中国高等教育——大学本科教学改革》，高等教育出版社 2006 年版。

二　中文译著

［美］达雷尔·R. 刘易斯、詹姆斯·赫恩：《美国公立研究型大学——为新时代公共利益服务》，杨克瑞、王晨译校，河北大学出版社 2008 年版。

［美］德雷克·博克：《回归大学之道：对美国大学本科教育的反思与展望》，侯定凯、梁爽、陈琼琼译，华东师范大学出版社 2012 年版。

［英］杰勒德·德兰迪：《知识社会中的大学》，黄建如译，北京大学出版社 2010 年版。

［美］乔治·凯勒：《大学战略与规划：美国高等教育管理革命》，别敦荣主译，中国海洋大学出版社 2005 年版。

［美］詹姆斯·杜德斯达、弗瑞斯·沃马克：《美国公立大学的未来》，刘济良译，北京大学出版社 2006 年版。

［德］卡尔·雅思贝尔斯：《大学之理念》，邱立波译，上海人民出版社 2007 年版。

三　中文论文

别敦荣：《论高等教育内涵式发展》，《中国高教研究》2018 年第 6 期。

陈霞玲：《应用型大学组织开放性研究——基于 100 所国家项目示范校的调查》，《职业技术教育》2019 年第 16 期。

陈兴明：《新一轮高校管理体制改革的实质、特点与方向》，《江苏高教》，2002 年第 2 期。

褚宏启：《教育治理：以共治求善治》，《教育研究》2014 年第 10 期。

贾莉莉：《学科视角下的中美研究型大学学院设置比较分析》，《中国高教研究》2009 年第 7 期。

李志义、袁德成、汪滢等:《"113"应用型人才培养体系改革》,《中国大学教学》2018 年第 3 期。

刘焕阳、韩延伦:《地方本科高校应用型人才培养定位及其体系建设》,《教育研究》2012 年第 12 期。

潘懋元:《什么是应用型本科?》,《高教探索》2010 年第 1 期。

石中英、安传迎、肖桐:《我国 C9 大学与英美顶尖大学学院设置的比较研究》,《高等教育研究》2020 年第 8 期。

赵炬明:《打开黑箱:学习与发展的科学基础(下)——美国"以学生为中心"的本科教学改革研究之二》,《高等工程教育研究》2017 年第 4 期。

钟秉林、李志河:《试析本科院校学科建设与专业建设》,《中国高等教育》2015 年第 22 期。

周光礼:《大学校院两级运行的制度逻辑:国际经验与中国探索》,《高等教育研究》2019 年第 8 期。

四　外文著作

Ehrle E. B. and Bennett J. B., *Managing the Academic Enterprise: Case Studies for Deans and Provosts*, American Council on Education, NY: Macmillan Publishing Company, 1988.

Hackman J. R., *Groups That Work (and Those That don't): Creating Conditions for Effective Teamwork*, San Francisco: Jossey-Bass, 1990.

Haridimos T. and Christian K. et al., *Oxford Handbook of Organization Theory*, NY: Oxford University Press, 2003.

Peffer J. and Salancik G. R., *The External Control of Organizations: A Resource Dependence Perspective*, California: Stanford University Press, 1995.

五　外文论文

Argote L. and Ingram P., "Knowledge Transfer: A Basis for Competitive Advantage in Firms", *Organizational Behavior and Human Decision Processes*, Vol. 82, No. 1, 2000.

Druskat V. U. , "The Content of Effective Teamwork Mental Models in Self - Managing Teams: Ownership, Learning and Heedful Interrelating", *Human Relations*, Vol. 55, No. 3, 2002.

Edmondson A. C. et al. , "Speeding up Team Learning", *Harvard Business Review*, Vol. 25, No. 10, 2001.

Edmondson A. C. , "The Local and Variegated Nature of Learning in Organizations: A Group - Level Perspective", *Organization Science*, Vol. 13, No. 2, 2002.

Gibson C. B. , "From Knowledge Accumulation to Accommodation: Cycles of Collective Cognition in Work Group", *Journal of Organizational Behavior*, Vol. 22, No. 2, 2001.

Gibson C. B. and Vermeulen F. V. , "A Healthy Divide: Subgroups as a Stimulus for Team Learning Behavior", *Administrative Science Quarterly*, Vol. 48, No. 2, 2003.

Levine J. M. and Higgins E. T. , "Development of Strategic Norms in Groups", *Organizational Behavior and Human Decision Process*, Vol. 82, No. 1, 2000.

Marks M. A. and Mathieu J. E. , "A Temporally Based Framework and Taxonomy of Team Processes", *The Academy of Management Review*, Vol. 26, No. 3, 2001.

Staber U. and Sydow J. , "Organizational Adaptive Capacity: A Structuration Perspective", *Journal of Management Inquiry*, Vol. 11, No. 4, 2002.